湖北省社科基金重大项目课题“网络舆情研判体系建设与实践”研究成果

网络舆情标准体系建设理论与实践

徐迪　张梅贞　周小情　编著

WUHAN UNIVERSITY PRESS
武汉大学出版社

图书在版编目(CIP)数据

网络舆情标准体系建设理论与实践/徐迪,张梅贞,周小情编著.—武汉:武汉大学出版社,2013.11
ISBN 978-7-307-12108-9

Ⅰ.网…　Ⅱ.①徐…　②张…　③周…　Ⅲ.互联网络—舆论—标准体系—研究—中国　Ⅳ.G219.2

中国版本图书馆 CIP 数据核字(2013)第 265371 号

责任编辑:程牧原　　责任校对:汪欣怡　　版式设计:马　佳

出版发行:**武汉大学出版社**　(430072　武昌　珞珈山)
(电子邮件:cbs22@whu.edu.cn　网址:www.wdp.com.cn)
印刷:湖北恒泰印务有限公司
开本:720×1000　1/16　印张:18.5　字数:247 千字　插页:1
版次:2013 年 11 月第 1 版　2013 年 11 月第 1 次印刷
ISBN 978-7-307-12108-9　定价:42.00 元

序

当今社会处于以互联网为标志的信息时代，互联网一直是诞生奇迹的地方，许多行业因互联网而兴起。近期我们观察到，人力资源和社会保障部正式推出了网络舆情分析师职业培训，这标志着“网络舆情分析师”作为一个新兴职业，正在从后台走向前台，开始在公众面前亮相。

事实上，近些年无论是学术界、政界还是商界，都对网络舆情产生了很大兴趣，投注了大量热情。我们知道，舆情并不是因网络而生，传统的社会舆情久已存在，但它肯定是因网络而热。造成这种热的原因，主要是网络技术的传播特性。与传统农耕时代和工业时代不同，信息时代最主要的特征是信息成几何级数爆炸增长，原先是信息饥渴、知识饥渴，如今是信息爆炸导致了海量信息环境下知识选取的困难。“大数据”、“云计算”等新技术、新领域对我们来说既是机遇又是挑战。同时，也有思想潮流、社会现实等多种因素同频共振的综合作用。互联网的发展改变了社会结构和社会关系，带来了信息传播和生活方式的双重变革。它不仅重塑了信息传播格局，还促成了网络化生存的基本态势。

伴随着阿尔文·托夫勒笔下的“第三次浪潮”的冲击，互联网的迅猛发展所释放出来的能量加剧了各类风险问题，处于转型阶段的中国正面临着众多突如其来的社会矛盾与摩擦。在此过程中，政府和公众都在从未接触过的领域和议题中逐渐经受锻炼。多元化思潮导致的网络舆情激增引起了政府的高度重视，网络舆情事件接连不断，大量舆论热点通过互联网这一平台折射出不同层次的社会问题，而且也涌现出了一批“意见领袖”。互联网的发展为公众介入公共政策打开了一条参与之道，它消除了政治参与的一些现实障碍，激发了网民的政治参与热情，改变了政治参与的方式。网络不仅改变了人们的互动结构和参与结构，还改变了信息的占有与分配结构，为民意的表达拓展了新的空间。网络舆情已成为我国政治生活、社会生活和文化生活中不可或缺的一部分。中央和地方政府对网络舆情高度重视、积极回应，因此互联网也成为政府治国理政、了解社情民意的新平台。

本书力求建构符合中国话语体系的舆情研究范式，并非盲目地舶来西方的理论概念。“舆情”本是一个中国式的概念，它的源起有着特定的中式文化情境，与西方新闻传播学界定的“公众舆论”存在诸多差异。本书的主要立足点是当前我国政府管理部门的工作实践，它是按照我国国情的现状和社会发展的特点来进行写作的。它完整地呈现了中国概念、中国元素、中国话语。理论要有实践的支撑，才算是扎根土壤。有中国概念的提炼、中国元素的加入、中国话语的阐释，舆情理论才能更符合国情实际，才能真正解决舆情管理问题。

本书最大的特色，在于它立足于实践，而又不拘泥于个案。从方法论上看，本书从系统论的整体角度，观察网络舆情从出现（甚至上推到社会事件发生或出现苗头时）直至消亡的全过程，提出网络舆情工作应包括监测、研判、预警、处置、评估五个环节，环环相扣。这种扁平化操作模式，与以往层层上报、相互割裂的传统管理模式相比，无疑是更符合互联网传播规律的管理模式。

从体例上看，本书上、中、下三编层次清晰、逻辑严密，将基础理论、操作流程和实践案例三者有机结合，既有理论深度和思想高度，又充分涉及制度层面和实务层面，最后也阐述了具体实践细节。这样的编排使得全书更加实用且耐读，既能帮助科研院所的理论工作者们接触一线的网络管理实务，又适合政府舆情管理部门和企业舆情监测部门操作培训，进行从业指导。

当然，对网络舆情的分析研究，不仅涉及新闻传播学，而且还需要哲学、政治学、经济学、管理学、社会学、心理学，甚至计算机、数量分析等跨学科的背景知识，非常难以把握。这本书当然也存在一些缺陷，比如，在宏观理论视野上把握得还不够，舆论引导的方法技巧体现得较少等。但瑕不掩瑜，期待这本书经过进一步打磨修订，能够不断地总结，不断地升华。

武汉大学新闻与传播学院　副院长

强月新

目　录

上编　基础篇

中编　操作篇

下编　实践篇

上编
基础篇

第一章　网络社会与网络舆情

第一节　网络社会的兴起与治理

互联网（Internet）始于1969年的美国，又称因特网，是全球性的网络，是一种公用信息的载体。互联网从产生到繁荣，给人类的文明生活造成了巨大的冲击。移动互联网、云计算、物联网、智慧城市、下一代互联网等新兴技术的运用，让互联网再次迎来了百花齐放却又混乱复杂的转型期。人类由于互联网而加快了发展的步伐；同时，互联网也由于人类的不断进步而不断变化着。它的虚拟化、自动化、大数据、混合云、多中心一体化等热点技术使IT系统变得更加高效、敏捷、开放。它给人类带来了多姿多彩的生活，也为社会的管理带来了许多前所未有的新挑战。一个不可忽视的事实是，互联网已成为思想文化信息的集散地和社会舆论的放大器，其社会影响力越来越强。所以，充分发挥互联网在社会治理中的重要作用，把互联网建设好、利用好、管理好，是各国政府都十分关注的事情，也是中国政府执政兴国的重要战略资源。

一、中国互联网发展的历程和现状

1. 中国互联网发展的历程

中国互联网发展的历程大致经历了以下五个阶段：起步期（1987—1993年）、基础建设期（1994—1996年）、内容建设期（1997—1999年）、快速发展期（2000—2002年）、全面发展期（2003年至今）。

(1) 起步期

“1987年9月20日，钱天白教授发出第一封电子邮件，成为使用中国互联网产品的第一人；1989年11月，中关村地区教育与科研示范网络（简称NCFC）正式启动；1993年6月，NCFC专家们在CCIRN会议上利用各种机会重申了中国连入Internet的要求。”① 这是中国互联网发展的起步阶段。

(2) 基础建设期

这个阶段是以基础设施建设为主，四大Internet主干网的相继建设，奠定了中国信息高速公路的基础。这四大主干网分别是：中国科技网（CSTNET）、中国公用计算机互联网（CHINANET）、中国教育与科研计算机网（CERNET）、中国金桥信息网（CHINAGBN）。此时，互联网进入Web1.0时代，可以将图形、音频、视频信息集合于一体，网络信息拥有了链接功能，而且易于导航。信息可以动态更新，放在不同的站点上，只需要在浏览器中指明这个站点就可以了，避免了将大量的图形、音频和视频信息放在一起占用很大磁盘空间的弊端。

(3) 内容建设期

这个时期主要是以内容建设为主，中国互联网进入了一个空前活跃的时期，商业应用和政府管理齐头并进。“自从1997年1月1日，人民日报主办的人民网进入国际互联网络，成为中国开通的第一家中央重点新闻宣传网站，其他以内容生产为主的网站纷纷建立了起来，其中包括一些商业网站。1997年4月18日至21日，全国信息化工作会议在深圳市召开。会议通过了《国家信息化九五规划和2000年远景目标》，将中国互联网列入国家信息基础设施建设，并提出建立国家互联网信息中心和互联网交换中心。”② 中国网民开始成几何级数增长，上网从前卫行为变成了一种生活需求。

① CNNIC统计系统，http://159.226.203.163/vote/vote2.asp? id=34，2010-06-11。

② CNNIC统计系统，http://159.226.203.163/vote/vote2.asp? id=34，2010-06-11。

一场互联网革命在短短的三年时间里传遍了整个中国。

（4）快速发展期

这个时期恰好正是互联网从 Web1.0 时代向 Web2.0 时代过渡的时期，在国家政策的鼓励和扶持之下，互联网行业抓住机遇，发展速度一日千里，由以前的互联网应用水平很低迅速发展成互联网应用大国，信息化浪潮风起云涌。在这个时期，中国移动和中国电信开始着手打造互联网产业链，高等学校纷纷开办网上教育，网上银行、网络游戏和电子商务开始发轫，网络媒体成为中国的第四媒体。人民网、新华网、“中国网、央视国际网、国际在线网、中国日报网、中青网等获得国务院新闻办公室批准进行登载新闻业务，率先成为获得登载新闻许可的重点新闻网站”①。

（5）全面发展期

互联网正式进入 Web2.0 时代，主要特征是信息即时互动和超级链接。用户既是网络内容的使用者，也是网络内容的创造者，网络营销开始大行其道，创造出一种全新的商业模式。Web2.0 技术主要包括博客（BLOG）、RSS、百科全书（Wiki）、网摘、社会网络（SNS）、P2P、即时信息（IM）等。

随着应用多元化阶段的到来，互联网逐步走向繁荣。经国务院新闻办批准刊登新闻的网站达到 150 家左右，网络媒体正在变成主流媒体。另外，网络游戏、即时通信、短信业务、网上交易、网上银行、网上教育、网上招聘、企业信息化建设、网络广告、电子信箱、网络论坛、博客、微博、微信等，都有了不同程度的飞速发展。

2. 中国互联网发展的现状

Web1.0 时代，人们上网接受信息；Web2.0 时代，人们上网分享信息；而 Web3.0 时代，人们把网上网下联系了起来，也就是说，人类进入了网络社会时代。只要你愿意，你就可以把你的物

---

① CNNIC 统计系统，http：//159.226.203.163/vote/vote2.asp？id=34，2010-06-11。

品、你的思维用在你所处的任何一个利益的节点上，从你开始往外拓展，形成一个链或一个圈。网络成为一个纽带，将不同利益链的个人和组织联系在一起，改变了人们对世界的看法，也改变了人们对世界的描述，虚拟世界不再是虚拟的，而是现实世界的一个重要组成部分，互联网上的图景成了现实图景的一个真实映像。也就是说，人类已经开始进入 Web3. 0 时代。

作为世界上第一个网络用户大国，中国的互联网的发展进入了百舸争流的时代，发展势头强劲，发展空间庞大。2013 年 7 月 17 日，中国互联网络信息中心（CNNIC）发布了第 32 次《中国互联网络发展状况统计报告》。报告显示，“截至 2013 年 6 月底，中国网民规模达到 5. 91 亿，互联网普及率为 44. 1% 。网民规模增长进入平台期，手机成为新增网民第一来源，应用热点逐渐向手机端转移。网民增长空间开始向低学历、农村和中老年人群转移。网民中农村人口占比为 27. 9% ，规模达到 1. 65 亿，在 2013 年上半年新增的 2656 万网民中，农村网民达 1445 万人，占到 54. 4% ，成为中国互联网的重要增长动力”①。

手机上网的普及是农村网民增长的主要原因，其可移动、便捷等特征，为受网络、终端等限制而无法接入互联网的人群和地区提供了使用互联网的可能性。手机端网民增速很高，目前，中国手机网民规模达 4. 64 亿，较 2012 年底增加 4379 万人，网民中使用手机上网的人群占比提升至 78. 5% 。在新增加的网民中，70% 使用手机上网，手机成为新增网民的第一来源，作为第一上网终端的地位非常稳固。自 2012 年上半年起，手机超越台式电脑，成为第一大上网终端。3G 的普及、无线网络发展，为手机上网奠定了用户基础和网络基础。

2013 年上半年的整体情况是，网民互联网应用状况基本保持着 2012 年的发展趋势，发展较为平稳。即时通信一跃成为第一大

① CNNIC：《第 32 次中国互联网络发展状况统计报告》，http：//www.cnnic.net.cn/gywm/xwzx/rdxw/rdxx/201307/t20130717 _ 40663. htm，2013-07-17。

上网应用，网民规模继续上升；电子商务类应用继续保持快速发展；电子邮件、论坛/BBS等传统互联网应用的使用率继续走低。这半年来，应用的创新激发了手机网民的快速增长，诸如微信、地图、购物、打车等基于真实生活的应用成了网民的新宠，提升了手机网民的使用黏性，成为推动互联网发展的新动力。

经历了十年跨越式的全面发展时期，互联网成为中国最为重要的基础设施之一，在国民经济和社会各领域中的影响和地位更加突出。互联网在政治生活和社会生活中成为广大民众表达诉求、参政议政、交流信息、讨论问题、调节情绪的一种重要载体，成本低、速度快、便捷高效。一些诸如“民意直通车”、“直通中南海”、“我向总理报民生”、“对部委领导说”、“对书记省长说”、“××留言板”等网络问政平台不断涌现，一轮又一轮的参政议政热潮接连掀起，继而催生了民权理念和大众政治的勃兴。互联网已成为汇聚民意、民声、民智，展现民生、民主、民权的重要平台，成为广大网民论时事、谈问题、提建议的“大会堂”。很多党政部门和领导干部在编制政治议程、决策行政事务时，都要到网络上来探听民意。诸如征地拆迁、养老保险、房价调控、医疗改革、反腐倡廉等涉及民生的重大议题，都有网民的声音。

二、互联网是当代先进生产力的主要标志

“互联网的首要特性、首要功能不是媒介，而是代表生产力发展水平的生产工具。生产工具是生产力发展水平的客观尺度，当代社会生产力最具标志性的工具，就是互联网。以信息技术为核心的先进生产工具，正在使社会生产力发展到一个新的阶段，人类社会也由工业社会向信息社会转变。”① 目前，中国已经建成全球最大规模的互联网基础设施，网络通达所有乡镇，互联网成为推动经济社会发展的新引擎。

第32次《中国互联网络发展状况统计报告》里的数据显示，

---

① 王中桥：《提高领导干部网络执政和舆论引导能力》，《长江日报》2012年5月19日。

使用网上支付的网民规模达到2.44亿，使用率提升至41.4%。与2012年12月底相比，网民规模增长2373万，增长率为10.8%。其中，手机在线支付网民规模较2012年增长了43.0%。在网络娱乐类应用方面，手机网络音乐、手机网络视频、手机网络游戏和手机网络文学的用户规模相比2012年底分别增长了14.0%、18.9%、15.7%和12.0%。在网络购物方面，网络购物网民规模达到2.71亿人，网络购物使用率提升至45.9%。与2012年12月底相比，2013年上半年购物网民增长2889万人，半年度增长率为11.9%。团购网民数为1.01亿，使用率提升至17.1%，较2012年底提升2.3个百分点。与2012年12月底相比，团购网民规模增长了21.2%。在网上预订过机票、酒店、火车票和旅行行程的网民规模达到1.33亿，占网民比例为22.4%。其中，16.8%的中国网民在网上预订火车票，与2012年12月底相比，使用率增长2.8个百分点；9.1%在网上预订机票，7.6%在网上预订酒店，5.3%在网上预订旅行行程。随着IPV6、移动互联网、云计算、物联网等技术应用的发展，以互联网为代表的信息网络对国民经济和社会发展的引领和支撑作用将进一步显现。

三、互联网是当代最具影响力的大众媒体

与传统媒体主要是提供信息内容服务不同，网络媒体主要是提供信息传播平台。“短短十几年来，新媒体迅猛发展，出现了融报纸、广播、电视、杂志等为一体的多媒体，特别是Web2.0时代使人人有了传播平台，‘个个都有麦克风，人人都是通讯社’，网民不再只是信息接受者，而且也是信息发布者。”①

“在中国，互联网已经成为传播力强大、影响十分广泛的大众传媒，报刊、电台、电视台和通讯社的新闻信息充分上网，文字、图片、音频、视频、动漫等传播手段综合运用，基于网络和手机的各种媒介形态不断涌现，网民通过写博客、发微博、随手拍照片和

① 王中桥：《提高领导干部网络执政和舆论引导能力》，《长江日报》2012年5月19日。

视频等形式广泛参与，极大地满足了公众的信息需求。目前，中国日均访问量过亿的新闻类网站有20多家，网络新闻受众群体接近4亿。在北京奥运会、上海世博会、中共十八大召开等重大事件中，互联网等新兴媒体的报道发挥了不可替代的重要作用。互联网使得人们获取信息的范围突破了地域界限，视野扩展到全球范围。当前，中国正处于经济转轨、社会转型期，利益格局深刻调整，社会结构深刻变化，网上民意表达非常活跃。据对中国最有影响的10家网站统计，网民每天发表的论坛贴文和新闻评论达300多万条，微博每天发布和转发的信息超过2亿条。中国政府借助网络了解民意，大量通过互联网反映出来的社会问题、民生问题受到重视、获得解决，促进了政府工作的不断改进。"①

四、从虚拟社会到网络社会

随着网络技术和社会信息化的不断发展，网络社会不断完善和成熟。"十八大报告提出，'加强网络社会管理，推进网络依法规范一、从虚拟社会到网络社会有序运行'。使用的是'网络'、'信息'和'信息化'等关键词在十八大报告中一共出现了24次，这充分表明我们党对网络社会管理的高度重视。"② 体现的是对网络社会治理的认识不断深化，时代特征非常鲜明，意义深远重大。从"虚拟社会"到"网络社会"的变化，可以从三个层面来理解：

1. 网络社会反映了一种新型的社会关系

从本质上讲，网络社会反映的是人和人之间的关系。马克思说："社会——不管其形式如何——究竟是什么呢？是人们交互作用的产物。"③ 网络社会的主体是网民，虽然在形式上表现为

---

① 王晨：《共同开创中韩互联网的美好未来》，《光明日报》2012年12月6日。

② 沈舆：《"微博时代"与网络舆情管理》，《学习月刊》2012年第12期。

③ 《马克思恩格斯全集》第27卷，人民出版社1972年版，第477页。

“人—电脑—人”的关系，但本质上仍然是“人—人”的关系，离开了“网民”这个活动主体，网络社会并不存在。德国社会学家乔治·齐美尔认为：“当人们之间的交往达到足够的频率和密度，以至于人们能够相互影响并组成较为固定的群体时，社会便产生和存在了。”① 网络社会完全符合这一定义，它不过是现实生活中的人延伸到网络上进行“在线”交流，从而衍生出来的一种新型社会关系。

2. 网络社会是现实社会的拓展

从历史的角度看，网络社会是现实社会的拓展。网络社会的发展一般经历三个阶段，即童蒙时期、成长期和成熟期。20 世纪 90 年代初，互联网作为一种先进生产工具，从军事领域、学术交流转化为商用和民用，拉开了网络社会的序幕。经过 20 多年的发展演进，网络社会已经由“田园牧歌式”的童蒙时期过渡到一个复杂多变的“青春烦恼期”，这个时期的特点是：网民数量巨大，舆论场高度发达；网上犯罪、网络色情、网络暴力等现实问题不断呈现；网络秩序较差，法律规则缺失，网站“把关人”角色不强，网民自律能力较弱。应该看到，互联网的未知远大于已知，相比人类社会的历史长河，网络社会的发展历史还非常短暂，随着移动互联网、物联网等技术的发展，社会信息化、信息网络化不断深入，“数字化生存”渐行渐近，呈现出来的特征主要是理性、平和、客观、稳定和有序，未来网络社会将是一个线上与线下交织、虚拟与现实共存的美丽图景。

3. 网络社会即是网络化的现实社会

从概念上讲，“网络社会包含‘虚拟’和‘现实’两个层面。虚拟社会更多地强调‘虚拟性’，网络社会更多地是强调‘现实性’一面。‘虚拟性’主要是讲它在网络空间中的‘虚拟’存在，

---

① ［德］齐美尔：《社会学基本问题》，转引自贾春增：《外国社会学史》（修订本），中国人民大学出版社 2000 年版，第 85 页。

如美国的虚拟世界游戏‘第二人生’（Second Life），人们可以在其中扮演一个角色。‘现实性’是指网络基础设施真实存在，网络成员真实存在，网络观点、感情和社会关系真实存在，网络社区真实存在，也即网络化的现实社会。过分强调‘虚拟性’，会产生误解，把网络社会看成是一个独立的虚拟社会，是信息及言论完全自由的另一个社会，从而导致网络虚拟社会不受现实社会的法律法规的约束，人们在这个网络虚拟社会里可以率性而为，‘完全解放’，使现实社会所要求的文明在网络中几乎被废弃”①。其实，现实社会所要求的文明在网络中同样存在。网络社会强调其现实性，意味着网络社会是可以管理、应该管理而且必须管理的。从虚拟社会到网络社会的发展，不仅仅是概念上的变化，而是实际认知的升华，会带来管理理念的变化。这就标志着网络社会从“不真实、不需管、不可管、不能管”向“网络社会是现实存在，应该管、可以管、必须管”的重大转变。

五、网络社会的治理

信息化在改变着整个世界，也在改变着社会管理的方式。“当前，网络信息传播中也出现了一些错综复杂的现象，网上犯罪、虚假信息、恶意诋毁、淫秽色情等违法有害信息不时出现，这已经引起中国社会各界的广泛关注。在大力促进互联网发展的同时，要切实维护网络信息传播安全，已经成为包括政府部门、互联网业界和广大网民在内有关各方的重要共识。”② 网络社会的治理是国际社会所共同面临的课题，在维护网络安全、打击网络犯罪等方面面临许多共同挑战，只有主动适应这种挑战，才能让网络社会变得更加和谐。

---

① 沈舆:《“微博时代”与网络舆情管理》，《学习月刊》2012 年第 12 期。

② 王晨:《共同开创中韩互联网的美好未来》，《光明日报》2012 年 12 月 6 日。

1. 西方网络社会的治理现状

"依法管理互联网已成国际惯例，只有明确互联网法律保护什么、禁止什么，明确互联网主体参与者的权利和义务，才能保障互联网健康、有序、快速的发展。"① 以美国为例，"美国非常重视建立健全互联网管理的法律法规。自1978年以来，美国政府各部门先后出台的有《计算机犯罪法》、《计算机欺诈和滥用法》、《互联网免税法》、《国家信息基础设施保护法》、《儿童在线隐私保护法》、《数字千年版权法》、《反域名抢注消费者保护法》、《未成年人互联网保护法》、《反垃圾邮件法》等。涵盖了互联网管理的方方面面，美国也因此成为世界上拥有互联网法律最多的国家。'9·11'事件后，小布什政府相继颁布了《爱国者法》和《国土安全法》，现已成为互联网管理的主要法律依据。2010年，美国众议院还通过了《加强网络安全法案》"②。

其他国家也都非常注重互联网法律法规的制定。"英国《调查权法案》、日本《犯罪搜查通信监听法》、澳大利亚《联邦政府互联网审查法》等均授权本国调查机关必要时可对互联网信息进行公开或秘密的监控等。俄罗斯信息部2006年根据总统令出台了有关法令，决定对上网行为实施监控，要求本国互联网接入服务商安装网络监控设备，为联邦安全局的工作人员设置网络监控的后门。德国2009年出台了反儿童色情法案《阻碍网页登录法》，联邦刑警局按此法案建立了封锁网站列表并每日更新，互联网服务供应商将根据这一列表封锁相关的儿童色情网页。韩国2001年4月发布了《不当Internet站点鉴定标准》，实施互联网内容鉴别与过滤；当年7月又公布了《互联网内容过滤法令》，在全国范围内'过滤违法和有害信息'以及预防'网络空间性暴力'，限制色情及'令

---

① 张皓云：《互联网与公众政治参与问题研究》，贵州民族学院硕士论文，2011年5月10日。

② 陈子文：《依法管理互联网已成世界各国惯例》，人民网，http://world.people.com.cn/GB/12483605.html，2010-08-20。

人反感'网站的接入。"①

2. 中西方网络社会治理的不同点

中国网络社会具有其自身的复杂性，它与西方网络社会的区别主要有以下四个方面：第一，西方有比较完备的管理网络社会的法律和法规，美英等国家是判例法国家，很多适用于现实社会的法律也自然延伸到网络社会的法律领域，这一点，中国法律难以做到。第二，西方发达国家各方面的管理制度比较健全，人们照章办事，理性程度比较高，导致社会不稳定的因素很少；而中国是飞速发展着的发展中国家，目前正处于中等收入陷阱时期，各种社会矛盾交织纠缠在一起。第三，西方社会公民的"减压渠道"比较多，网络舆情相对平静；中国网民短期内迅速猛增，网络素养参差不齐，感性、躁动等不稳定因素很多，网络成为绝大多数人减压的工具，网络社会的不稳定因素很多。第四，中国的"网络水军"非常活跃，几乎成了一种产业，他们所炮制的言论几乎可以达到以假乱真的地步，网络暴力、网络谣言、网络犯罪等现象远远高于西方发达国家。所以，中国网络社会的治理难度要远远高于西方发达国家。

3. 中国网络社会治理的实践探索

近年来，中国政府积极探索适合中国国情的网络社会治理方式，始终坚持依法管理、科学管理和有效管理互联网，努力完善法律规范、行政监管、行业自律、技术保障、公众监督和社会教育相结合的互联网管理体系，主要表现在以下三个方面：

（1）初步建立了互联网法律制度和基础管理制度。"制定了《全国人大常委会关于维护互联网安全的决定》等法律、行政法规、司法解释和部门规章；依法加强对互联网基础资源、关键环节以及信息内容服务的监管；建立互联网信息服务准入退出机制，依法对涉及公共利益的网络信息服务实行许可审批；建立健全日常监

---

① 陈子文：《依法管理互联网已成世界各国惯例》，人民网，http：//world. people. com. cn/GB/12483605. html，2010-08-20。

管、年度审核、行政处罚等一系列管理制度。"①

（2）初步形成了网络信息安全保障体系。"坚持'积极防御、综合防范'的方针，立足国情，以我为主，加强网络信息安全保障建设，初步形成了安全与发展并重、管理与技术相结合的网络信息安全保障体系。"②

（3）大力加强网络文化建设和管理。以提升传播能力为目的，加强网上阵地建设，把互联网作为民族文化、先进文化魅力的展示场，新兴文化交锋的主阵地；创造了一大批具有中国特色的，贴近人性共鸣、人文关怀的精神食粮，形成互联网上的"中国好声音"；以创新网络社会管理为载体，把网络社会纳入现实社会管理范围，"坚持打击和防范相结合、惩戒和教育相结合、日常监管和集中整治相结合，开展打击互联网和手机媒体淫秽色情、整治互联网低俗之风、整治网络暴力等专项行动"③，不断净化网络文化环境；政府鼓励政务微博的发展，特别是主张各级政府官员利用微博与网民互动，初步形成了积极引导社会舆论的共识。

第二节　网络社会的特征

一、网络社会的概念

"网络社会"一词，首次出现于荷兰作家狄杰克 1991 年出版的《网络社会》中，狄杰克的"网络社会"还处于构想中的社会状态之中，有强烈的主观推断色彩。接着，曼纽尔·卡斯特的著作《网络社会的崛起》中大量使用网络社会的概念，描述当代社会的转型。他认为，"网络建构了我们社会的新社会形态，而网络化逻

---

① 陈子文：《依法管理互联网已成世界各国惯例》，人民网，http：//world. people. com. cn/GB/12483605. html，2010-08-20。

② 佚名：《关于我国互联网发展和管理》，http：//www. jxjdxxw. com/2010/0501/5030. html，2010-05-01。

③ 佚名：《关于我国互联网发展和管理》，http：//www. jxjdxxw. com/2010/0501/5030. html，2010-05-01。

辑的扩散实质性地改变了生产、经验、权力与文化过程中的操作和结果。虽然社会组织的网络形式已经存在于其他时空中，新信息技术范式却为其渗透扩张遍及整个社会提供了物质基础。……在网络中现身或缺席，以及每个网络相对于其他网络的动态关系，都是我们社会中支配与变迁的关键根源，因此我们可以称这个社会为网络社会（The Network Society），其特征在于社会形态胜于社会行动的优越性"①。

自卡斯特之后，国内外有相当多的研究者对"网络社会"进行了研究。但在我们所见的"网络社会"的许多相关文献中，大多数研究者以一种"不证自明"的意思来引用"网络社会"，并将它作为各自所关注问题的语境或社会背景。当然也有少数研究者尝试过对"网络社会"进行界定。遗憾的是，这些界定比较含混，争议性很大。

我们认为：网络社会是在以 Internet 为核心的信息技术的作用下，共同生活在一起的人们通过网络的联接而形成的各种社会关系的集合。首先，它是现实的社会，具有世界普遍交往性的社会结构；其次，它充分将信息网络（以 Internet 为核心）作为人类交往实践活动的平台；最后，它具有鲜明的联动性，以网络与信息技术为依托，构成了一种与传统意义上的社会关系截然不同的新型社会关系，人类的社会活动也因此进入到了一个崭新的时代。

二、网络社会的特点

半个多世纪的历史发展证明：互联网越来越深刻地改变着人们的学习、工作以及生活方式，甚至影响着整个社会进程。网络社会和传统的现实社会之间存在着密不可分的联系，网络社会的主要特点是：数字化、开放性、互动性和自由性。

① ［美］曼纽尔·卡斯特：《网络社会的崛起》，夏铸九等译，社会科学文献出版社 2006 年版，第 434 页。

1. 数字化

随着计算机（Computer）、通信（Communication）和控制（Control）技术的飞速发展，我们的社会正在悄悄地发生着变化，并不断地改变着人类的生活、工作、学习和娱乐方式，尤其是3C新技术带来的巨大变化。数字化的主要表现是：社会信息化、设备数字化、通信网络化。

（1）社会信息化

人类社会已经经历了5000年的农业经济时代和300年的工业经济时代，现在正进入信息化经济或知识经济时代。人类靠体力创造财富和利用资本创造财富的时代已经成为过去，现在是信息时代，专业知识、判断能力和有效信息将成为创造财富的主要因素。

信息社会中，越来越多的产品是用电子信息设备控制机器生产，更多的人将致力于电子信息设备的研究和生产。它是这样一个过程：社会各个领域的生产、服务、管理，生活各个层次不同方面应用各种信息技术，开发利用各种不同形式的信息资源，以不断促进社会、经济、科学技术的发展，提高人民生活质量。

社会信息化的结果就是大家都可共享全社会的信息，但这首先需要掌握获得信息、理解信息和利用信息的方法和技术。是否能充分利用各种层出不穷的信息技术设备，就成了现代人能否占有竞争优势的一个重要方面。

（2）设备数字化

社会信息化实现过程中所采用的一种基本技术手段是设备数字化，它用二进制编码对多种媒体，包括文字、数据、声音、图形、图像、影像等进行数字化表达、存储、传输和处理。数字化的消费电子产品令人目不暇接，数字化的家用电器充盈着人类的居所。各类信息技术设备、办公设备、工厂里的机器设备、广泛应用着的运输设备等，都已经实现了数字化。

（3）通信网络化

人类一直在发展各种网络，随着人类对物质、能量和信息等构成宇宙的三要素的逐步认识和利用，先后建成了各种网络。交通网用来运输物质设备，能源网使用电网、供热管道网等传递能源。现在，又建成了电信网络、计算机网络、广播电视网和互联网等用来传递信息。美国在 20 世纪 90 年代建成的“信息高速公路”互联网，在促进本国社会和经济的发展的同时，推动了世界科技的进步，促成了人类社会结构的各种变化。

通信网络是实现信息化的社会基础设施，社会信息化是通过通信网络化实现的。由于网络化，我们可以突破时间和空间的限制，把整个世界连在一起。当前的 Internet 就是一部通过通信线路，把遍布全世界大大小小的网络和计算机连接起来的人类有史以来最大的机器，人类也成了这部机器的一个组成部分。这样，就构成了一个与物理空间相对应的信息空间。以后，信息技术设备的联网也是一个必然的趋势，物联网已经得到广泛应用。

2. 开放性

网络社会的开放性是指互联网给每个人和每个组织以平等的发言机会，使得信息自由流动成为可能。开放的网络拥有无中心化的逻辑结构，信息自由平等交流的交互方式，超越时空限制的信息传播优势。在开放的网络社会里，网络参与的平等性赋予了每一个上网者公开发布信息的“话语权”，给社会主流文化的舆论引导提出了新问题。

网络的去中心化、超越时空的结构是造成网络社会开放性的主要原因。网络行为的虚拟性、匿名性，使得现实社会很难有效控制网络信息的传播，而网络信息文化制度规范的匮乏，又往往使实行文化调控处于“无法可依”的尴尬境地，这些都不同于传统的主流媒体。对于报刊、广播和电视等媒介而言，政府的相关机构可以通过对媒介所有者进行行之有效的控制，并依照法律的规定加以管理，使信息按照常规流动，进而达到控制舆论的目的。而在网络社会里，这种控制的力度在不断减弱。因此，如何适应信息网络的开放性质，探寻运用网络媒介对信息流动进行合理、合适的调控的方法，将是政府所要面临的一个新课题。

信息网络的开放性质也有利于各种文化思潮的碰撞，增强社会的创新能力，进而带来经济的快速发展和社会的巨大进步，增强人们的竞争意识、效率意识、民主法治意识和开拓创新意识等，为实现社会主流文化的整合创造出良好的物质基础和精神条件。

3. 互动性

网络社会的互动性是指基于共同兴趣、共同信仰或者共同利益，以网络为媒介联系或者组织起来的，在网络中所形成的，能够延伸到现实生活中的互相交流信息和意见的属性。

互联网与传统媒体之间的一个很大的不同，就是它为公众提供了一种全新的互动交流平台，把人类的互动性交流提高到了一个全新高度，提升了现实生活的质量。美国学者泰自学（Tai Zixue，音译）认为："从互联网产生之时起，它就被视为改变现存社会关系和培育全新社会关系的一种革命性动力。作为一种去中心化的和交互性的人类交流平台，互联网的本质需要了解网络空间新功能的全新视角。"① 董少鹏（Dong Shaopeng）等人认为："当前，互联网已经成为中国公众评论公共事务、评估政府服务的重要渠道。同时，政府领导人也把互联网作为掌握公共舆论和征询公众智慧的重要渠道。"②

当前，各种网络社交媒体已经成为网络舆论的策源地和集散地，是民意表达和公共舆论形成的非常重要的平台。他们会对特定问题形成比较一致的看法和意见，从而对公共舆论的形成起到比较大的促进作用，甚至会影响到公共政策的走向。

4. 自由性

网络社会的自由性主要表现在三个方面：

---

① Tai Zixue, *The Internet in China: Cyberspace and Civil Society*, New-York: Routledge, 2006, p. 205.

② 佚名：《中国网络社团兴起的影响：国家与社会关系的视角》，中国选举与治理网，http://www.chinaelections.org/newsinfo.asp?newsid=176530，2011-04-13。

（1）新闻自由

新闻自由，或称新闻自由权，通常指政府通过宪法或相关法律条文保障本国公民言论、结社以及新闻出版界采访、报道、出版、发行等的自由权利。在传统媒体时代，公民自然产生的舆论力量相对于媒体的“强势”而言，是比较“弱势”的。在网络社会里，由于网络可以承载海量信息，这些信息可以以其快捷性、高时效性、丰富性和密集性，及时传递，形成独立的舆论力量。网络的传播为信息传播者和接受者之间的信息传播与互动提供了更多、更方便的机会，形成了一个开放、自由、平等交流的信息平台。

（2）言论自由

网络为言论自由提供了一个广阔的现实空间，它有助于保障和促进民主、发现真理、提升人的自主性，促进人自我价值的实现。因为网络的开放性、交互性、便捷性等特点，网络能使言论自由的价值得到更大发挥。由于网络舆论参与人数多，影响范围大，网络舆情的出现会迅速形成巨大的作用力施加于决策者身上，推动事件的处理朝公开化、透明化和公正化的方向发展。所以，网络舆论如同阳光，越灿烂的地带，思想就越活跃，民主性的程度就越高，自由性就越强，真相披露得就越充分，就越能促使事情朝公正、透明的方向发展。另外，互联网的匿名性为网民提供了隐藏身份的机会，网民敢于在网上公开、坦白地发布信息，交流意见，不用担心因此而产生的负面影响和评价。

（3）行动自由

在网络社会里，“网络既是信息存在的基本载体，也是群众普遍使用和信赖的应用工具，它已经迅速地成长为表达群众意愿的一个高效平台。网络与现实生活的众多渠道相比，具有得天独厚的技术与结构优势，它方便快捷，信息传递瞬间而至，能在第一时间进行最大化传播”①，引起关注，如果事实具有足够的吸引眼球的特

---

① 禹华安、刘志军：《网络时代的正义、理性与道德》，新华网，http：//news. xinhuanet. com/theory/2009-01/02/content _ 10585988. htm，2009-01-02。

性，则能立即引起轰动效应。网络社会行动自由性的另一个表现就是，网络可以促进公众资源共享与效率优化，“网络汇聚了各种各样的观念与思潮，网民的立场、观点更趋多元，个性色彩更加浓郁，产生的思维碰撞更加剧烈，是公众舒缓情绪、表达关注、施加影响的‘叠加器’。当前，网络的现实导向作用与群体效应正由网上虚拟空间向现实空间传递，已经并将继续在社会发展进程中发挥越来越重要的影响”①。

所有这些，都将对政府职能部门的高效化改造、政务公开、和谐社会建设等产生强大的推动作用。

第三节　网络舆情与网络问政

一、网络舆情是重要的执政资源

当前，网络已经深入渗透到人们政治、经济生活的各个领域，越来越多的群众通过网络表达意见和诉求，网络成为了民意的“集散地”和“风向标”。可以说，在网络社会的大背景下，网络已经成为转变干部作风、改进各项工作的重要手段，成为群众行使知情权、监督权、利益保障权的重要载体。必须积极适应网络飞速发展的新形势，进一步熟悉、运用和驾驭网络，把网络作为了解社情民意的重要渠道，在分析研判网络舆情中把握群众所思、所想、所盼，自觉接受监督，主动改进工作。

运用网络平台，有利于广泛深入地宣传党委政府的决策部署，更好地统一认识、营造氛围、凝聚力量、促进发展；有利于问计于民、问政于民，充分吸纳群众的意见和智慧，更好地实现科学决策、民主决策；有利于体察民意、知晓民情，对照审视政府工作中存在的不足，着力解决群众普遍关心的利益问题，着力纠正群众反

---

① 禹华安、刘志军：《网络时代的正义、理性与道德》，新华网，http：//news. xinhuanet. com/theory/2009-01/02/content _ 10585988. htm，2009-01-02。

映强烈的不良风气，切实维护社会和谐稳定。

网络舆情是党委政府和人民群众紧密相连、亲切对话的新型窗口。一方面，它是知民情、晓民意的重要端口，及时把握、引导和处置好舆情，反映广大人民群众对政府机关的态度和要求；另一方面，它是政府机关加强同人民群众的血肉联系，与群众达成沟通交流的桥梁。只有通过经常的、深入细致的调查研究网络舆情和网络问政的反馈，才能对群众思想动态了然于胸，才能把民情动态作为第一信号，把群众意愿作为第一准则，才能通过群众提供的各种线索，取得群众的有力支持，有效地履行行政职能。只有想群众之所想，急群众之所急，时时处处做到察民情、解民意、听民声、解民忧，才能得到最广大人民群众的支持和拥护，才能在执政过程中做到游刃有余、事半功倍，真正做到“强化舆论监督，维护公平正义”。

“加强和改进舆论监督关键是立足建设性，监督的选题是党和政府重视、人民群众关注、现阶段有条件解决的问题，监督的依据是党和政府的方针政策和法律法规，监督的态度是实事求是、与人为善、以理服人，监督的办法是深入调查研究、反复求证核实、理性探讨解决问题的办法，使舆论监督报道积极而又稳妥，有效促进社会的发展进步。”①

二、网络舆情是网络问政的重要载体

当前，无论是媒体报道还是街头巷议，“网络问政”都是一个热门话题。推进民主政治的发展，提高驾驭互联网的能力，都需要了解网络问政，熟悉网络问政，推进网络问政。网络问政就是政府通过互联网做宣传、做决策，了解民情、汇聚民智，以达到取之于民、用之于民，从而实现科学决策、民主决策，真正做到全心全意为人民服务。

民主政治的发展，必然不断强化民众参政议政的愿望；而

---

① 蔡名照：《对新闻战线“走基层 转作风 改文风”活动的认识和思考》，《求是》2012 年 9 月 17 日。

"网络作为一种新的工具和手段，已经成为普通民众最重要的公众参与形式，为党和政府运用网络问政提供了有效平台"①。党和政府要顺应时代要求，用好网络政治资源，提高网络条件下的执政能力。

网络是反映社情民意的重要平台，要充分运用网络联系群众的优势，通过网络问政了解社情民意，汇聚民智民力，创造条件让群众为决策建言献策，实现科学决策，让网络成为人民群众当家做主的重要载体。"网络为疏导社会情绪、释放社会压力提供了重要平台，要充分发挥网络沟通交流的优势，通过网络问政及时了解民众诉求，回应民众关切，创新社会管理，化解社会矛盾，维护社会和谐。网络的公开性、透明性、即时性，以其强大的曝光和举报功能，发挥着前所未有的民主监督作用，要充分发挥网络即时、公开、透明的优势，通过网络问政实施民主监督，及时发现问题并采取有效措施解决问题，使我们党始终置于人民群众的监督之下，始终保持健康的体魄和旺盛的生命力。"②

---

① 王中桥：《树立新理念 进一步提高网络执政与舆论引导能力》，《学习月刊》2012 年 4 月 8 日。

② 王中桥：《提高领导干部网络执政和舆论引导能力》，《长江日报》2012 年 5 月 19 日。

第二章　网络舆情的概念与特点

第一节　网络舆情的构成要素

网络舆情就是网上的社情民意，它是指通过互联网表达和传播的，针对网民普遍关心并与他们的利益密切相关的各种公共事务的多种情绪、态度和意见相互交流的总和。

网络舆情的构成要素主要有：网民，公共事务，网民对公共事务所表达的情绪、意愿、态度和意见，网络平台，传播互动和影响力等。

一、主体是网民

中国互联网络信息中心（CNNIC）对网民的定义为："平均每周使用互联网至少1小时的中国公民。一般来说，网民都经常光顾各网络论坛，并对某一事件或主题发表自己的看法。"①

二、客体是公共事务

包括国家公共事务、政府公共事务、社会公共事务。国家公共事务主要包括维护国家主权统一和领土完整，制定法律、法规，维护社会秩序等，属于宏观领域里的宏观控制和影响型的公共事务。政府公共事务主要包括中央和地方各级行政机关的政治选举、行政区划与国家礼仪方面的政治性公共事务，国家安全、对外关系、人

---

① 黄永宜：《网络思想政治教育理论研究》，西南大学博士论文，2011年4月30日。

事行政、财务以及各级机关内部的公共事务。社会公共事务主要涉及与人们日常生活密切联系的公共事务，主要包括教育、科技、文化艺术、医药卫生、体育、环境保护、交通运输等。

三、本体是网民对公共事务所表达的情绪、意愿、态度和意见

1. 情绪

情绪是指个体根据自身的需要，在与外在的客观事物产生关系之后所引起的一种短暂而强烈的反应。它是一种主观感受，也是一种生理反应。

依照情绪发生的强度、持续性和紧张度等，可以把情绪分为三种状态：心境、激情和应激反应。心境是一种比较微弱、持久地影响人的整个精神活动的情绪状态。激情是一种强烈的、短暂的、爆发性的情绪状态，比如狂喜、愤怒、惊恐、绝望等。应激状态是在一种出乎意料的危难或紧迫情况下所引起的高度紧张的情绪状态。

2. 意愿

意愿就是心愿或愿望，主要有四种表现形式：

（1）期望，就是希望政府或相关部门采取某些措施或具体行动，使事态朝自己期待的方向发展。

（2）建议，就是提出具体的行动方案，供决策者参考。

（3）要求，就是指直截了当地说明自己希望看到什么样的结果。

（4）号召，就是一种向其他人发出通知或告示，劝说其他人按照自己设想的方式行动的行为。

3. 态度

态度就是人们在自身道德观和价值观的基础上对其他人或事物所做出的评价和行为倾向。网络舆情引导的实质就是通过一定的方法和手段，让消极或不利的舆情转变为积极、有利的舆情。可以使

用劝说法、暗示法，以及团体影响等方法，采用典型报道、深度报道、新闻评论、意见领袖等方式进行引导。

4. 意见

意见就是见解和主张。在现实社会中，人们可能会迫于群体的压力，附和大多数人的意见，随波逐流，甚至保持沉默。但是，在网络上，人们往往会直言不讳地表达意见和见解。所以，网络舆情就是最真实的民意。

四、网络平台

网络平台是指网络舆情所依存的实体空间，包括各政府门户网站、传统媒体的新闻网站、各商业门户网站、各类网络社交媒体、专业性网站等。

五、传播互动

传播互动就是网络媒体和传统媒体之间互动传播、交叉传播的一种传播现象，这种传播的结果会导致舆情的迅速放大。所以，舆情工作很重要的一环就是防止不良舆情的互动传播。

六、影响力

影响力是一种用别人所喜欢接受的方式，去改变他人的思想和行动的能力。舆情的影响力主要包括媒体的属性、媒体的公信力、舆情的浓度和烈度、舆情的敏感性、舆情所包含的知识因素和情感因素等几个元素。

第二节　网络舆情的传播规律

一、蝴蝶效应

“‘蝴蝶效应’是指在一个动力系统中，初始条件下微小的变化能带动整个系统长期的巨大的连锁反应。"① 这个规律在我国古代文献里也有类似的表述：《易经》中有"君子慎始，差若毫厘，谬以千里"；《魏书·乐志》中有"但气有盈虚，黍有巨细，差之毫厘，失之千里"。

关于"蝴蝶效应"其实有一种非常形象的表达："一只南美洲亚马逊河流域热带雨林中的蝴蝶，偶尔扇动几下翅膀，可以在两周以后引起美国德克萨斯州的一场龙卷风。产生这种现象的主要原因是蝴蝶扇动翅膀的运动引起其周边空气系统发生变化，先产生微弱的气流，在一定条件下，微弱的气流可能会引起周围空气或其他系统产生相应的变化，然后，产生一个连锁反应，最后致使其他系统发生极大的变化。"②

当前，网络舆情中所指的"蝴蝶效应"基本遵循以下规律：传统媒体报道或网民爆料（主要是微博）→网民讨论（新闻跟帖、论坛发帖等）→形成网络舆论压力（"意见领袖"作用突出）→媒体跟进呼应、挖掘新的事实（新老媒体互动）→有关部门应对→再掀波澜（假如应对不当）→再次应对→网民注意力转移→网络舆论消解（流行语、视频等娱乐化的尾巴会继续流传一段时间）。

许多网络舆情事件表面看来似乎是一种突发与偶然，其实背后往往潜藏着种种蛛丝马迹，一旦这种蛛丝马迹与现实社会中普遍存在的矛盾产生共鸣，就会形成"蝴蝶效应"，酿成重大的舆情事件，形成舆论沸点，给政府工作和社会稳定带来困扰。

"蝴蝶效应"规律的主要形式有：

第一，传统媒体与网络媒体的互动融合。

第二，网上力量和网下力量的相互呼应。

---

① 百度百科词条："蝴蝶效应"，http：//baike. baidu. com/view/6792. htm，2013-08-09。

② 百度百科词条："蝴蝶效应"，http：//baike. baidu. com/view/6792. htm，2013-08-09。

第三，本地力量与异地力量、境内力量与境外力量的相互传导。

第四，专家、网络意见领袖、公民记者与普通网民的意见融合。

二、沉默的螺旋

沉默的螺旋理论不仅属于大众传播领域，而且也是政治学和社会心理学领域的重要理论假设。它是指“人们如果发现自己的观点与大多数人的优势意见一致，就会积极地将它表达出来；而当他们发现自己的观点属于少数人的劣势意见时，就会保持沉默，以免被孤立甚至受到来自群体的舆论压力。其结果是，劣势意见的沉默使优势意见显得愈加强大，这又迫使更多的少数意见持有者转向沉默，或者采取从众行为。如此循环往复，便形成了一方的意见愈来愈强势，而另一方愈来愈沉默的‘螺旋’式舆情传播过程”①。

沉默的螺旋理论是建立在人的社会从众心理和趋同行为的分析基础之上，由人们对孤立的恐惧所引起的。“网络舆情成员由于网络资历、知识层次以及影响力的差异，会出现话语权和意见表达能力的差异。那些拥有话语权、意见表达能力强的网络成员，便成为网络意见领袖。他们常常是优势意见的代表，对普通群体成员有较强的号召力和影响力，在网络舆情的传播中，容易造成意见双方势力的强烈反差，网络舆情传播往往就是通过营造这种不对称的‘意见环境’来影响舆情的。在网络环境中，舆论的最终形成，常常不是网民们理性讨论的结果，而是由于意见环境的压力，少数成员存在着担心被孤立的心理，被迫在非理性的情况下采取趋同行为，屈从优势意见，成为‘沉默的大多数’。”②

---

① 黄靖逢：《网络舆情的群体传播语境解析》，《新闻爱好者》2012 年第 2 期。

② 黄靖逢：《网络舆情的群体传播语境解析》，《新闻爱好者》2012 年第 2 期。

换言之，一切公众都难以逃脱大众媒介意见的诱导。在网络舆情传播中，大多数人的优势意见并不一定就是富于理性和建设性的。“当网民中少数人的意见处于劣势时，他们会暂时屈从于优势意见的压力，或者沉默、或者表面上与强势舆论保持一致，但实际上他们可能仍然没有放弃自己原来的观点。网络舆论有时并不能真正代表民意，其原因就在这里。”①

三、群体极化

群体极化是指群体在进行决策时，人们往往会比个人决策时更倾向于冒险或保守，向某一个极端偏斜，从而背离最佳决策。在形成观点时，“团体成员一开始即有某些偏向，在商议后，人们朝偏向的方向继续移动，最后形成极端的观点”②。

在网络舆情传播的过程中，“群体成员往往缺乏直接进行面对面的现场讨论和交流，加上网上信息更新和交流的频繁，他们往往没有机会去深入思考，便根据舆论领袖或群体多数人的意见进行决策。如果此时意见领袖或群体多数人有偏激的意见，群体成员往往出于法不责众的考虑，加上有群体力量的支持，极易受到暗示、感染和同化，使原来的偏激意见进一步得到强化，直至出现极端化倾向”③。

在网络舆情传播中，“舆论的群体极化效应常常会产生非理性、过度极端的行为，严重者会演变为网络群体性事件，进而给正常的社会秩序造成干扰和破坏。另外一方面看，舆论的群体极化也有其积极的一面，如果观点是正确的，它就能够促进群体取得一致意见，增强群体内聚力，统一行为。如果引导得当，‘群体极化’效应可以促进政府等社会管理部门应急能力的增强，推动舆情事件

---

① 黄靖逢：《网络舆情的群体传播语境解析》，《新闻爱好者》2012 年第 2 期。

② ［美］凯斯·桑斯坦：《网络共和国：网络社会中的民主问题》，上海人民出版社 2003 年版，第 47 页。

③ 黄靖逢：《网络舆情的群体传播语境解析》，《新闻爱好者》2012 年第 2 期。

的顺利解决，对提高社会管理效率”①。

四、议程设置

“议程设置理论是由美国传播学家 M. D. 麦库姆斯和唐纳德·肖提出，该理论认为大众传播往往不能决定人们对某一事件或意见的具体看法，但可以通过提供给信息和安排相关的议题来有效地左右人们关注哪些事实和意见及他们谈论的先后顺序。大众传播可能无法影响人们怎么想，却可以影响人们去想什么。”②

网络媒体舆论并未彻底改变传统舆论的形成、发展和引导模式，但却又有别于传统舆论，其形成的路径一般是：问题事件产生→出现议论话题→网民发表意见→引发网络舆论→意见领袖参与→形成公众合意→传统媒体跟进→形成社会舆论。

网络的聚合效应使得网络舆论不再是“乌合之众”，网民在网络平台中进行议程设置，形成“公共问题”与“社会热点”。网络自我议程设置的话题一旦得到社会的认可，便会形成社会议题，传统大众媒体的跟进报道则会引发更大范围的关注与讨论，进而形成社会舆论。

五、群体性隔膜

群体性隔膜是指社会群体之间普遍存在着的情感、认知、价值观的隔阂。由于隔阂，不同的群体之间彼此陌生，难以获得一致的认同感，从而导致协同性很弱，社会分裂。隔膜的形式主要有族群之间的隔膜、阶层之间的隔膜、文化之间的隔膜，以及由此衍生出来的年龄、职业、习俗、社会地位等之间存在着的隔阂。不同的群体在传递信息、发表言论的时候，往往习惯于基于自己的群体利益

① 黄靖逢：《网络舆情的群体传播语境解析》，《新闻爱好者》2012 年第 2 期。

② 黄永宜：《网络思想政治教育理论研究》，西南大学博士论文，2011 年 4 月 30 日。

说话，按照自己群体的话语模式表达，使用自己群体的价值观理解网络舆情事件，容易不加辨别地盲从个人所属的集体和不加思考地排斥外来的意见。

网络舆情里的群体性隔膜再现的是现实生活中阶层之间出现的群体隔膜。主要原因有以下几种：第一，多年以来，由于部分地方政府和部分官员诚信的缺失，执政理念出现了偏差，被网络舆论放大之后，导致了政府公信力的整体下降。第二，由于社会的重大变革，导致了人的流动性增强，利益格局出现了多元化趋势，社会整体诚信度降低，人们很难相信他人，也不愿意付出个人的诚信。第三，长期以来，各种群体之间一直陷入自话自说、缺乏交流的境地，导致了沟通变得越来越困难的尴尬境地。

网络舆情传播过程中的群体性隔膜的主要表现是，当不同群体面对同一网络舆情时，他们对于舆情的解读和认知会出现很大的偏差，有时甚至会截然相反。他们的传播行为也多出现在各自交往的圈层里，外人很难进去，即使进去了，也很难理解。当前，网络舆情里的群体性隔膜所涉及的主要群体有：官方群体、商业群体、公共知识分子群体、媒体群体和草根网民群体。其中，对立面情绪最高的群体是官方群体和草根群体。

“社会现实中存在着群体隔膜。不同利益群体之间，受不同观念影响的群体之间，不同教育背景的群体之间，不同年龄、职业和经历的群体之间，存在着看问题的视觉差异。我们不但要认真了解这些差异，还要用这些群体听得懂、愿意听的话语表达去主动沟通。运用互联网这个先进工具，我们可以组织动员社会力量，与不同群体进行有效沟通，要鼓励党政干部上网发声，倡导理论家、艺术家、文化名人、新闻工作者在网上发声，加强与网民的交流互动，利用网络为群众提供更丰富、全面的服务。”①

① 尹汉宁：《社会能见度正在提高》，《人民日报》2013 年 4 月 18 日。

第三节　网络舆情的舆论场

一、舆论场的内涵

1. 舆论场的概念

“舆论场指包括若干相互刺激的因素，使许多人形成共同意见的时空环境。”① 网络舆论场是在网络环境下，人们针对社会事件、问题和现象传播信息和交流意见的时空环境，现实社会舆论场的延伸，也是舆情搜索的主阵地。

2. 网络舆论场的特点

网络舆论场具有以下三个特点：

（1）话题范围广泛

网络舆论场中，网站的管理者、版主或网民都可以发起话题，这些话题的内容非常宽泛，涉及社会的方方面面，形成了几乎什么话题都存在、什么话题都有人感兴趣的局面。

（2）话题演变不可控

网络舆论场呈现的是真实的社会舆论，但是网民聚集在一起，正如群体聚集在一起，其言论的走向是不可控制的，也是不可预见的，充满盲从性和突发性。

（3）话题在不同舆论场转化

目前在网络舆论场传播过程中，往往呈现传统媒体、网络媒体和社交媒体相互交融、相互影响、相互转换的特征。无论信息的首发源头是传统媒体、网络媒体还是社交媒体，只要信息足够有新闻性，便会被其他类型媒体转载，甚至深度挖掘。不同类型的媒体之间形成了在互动中共同设置议题的局面。

---

① 刘建明：《社会舆论原理》，华夏出版社 2002 年版，第 36 页。

二、舆论场的主要类别

当前，在网络舆论的形成过程中，新闻类网站、论坛、微博、博客、即时通信工具、移动互联网、社交网络、网络视频、百科类网站、境外网站等作为主要的网络舆情载体，是舆情监测最主要的领域。如表 2-1 所示：

表 2-1　　**当前主要网络舆论载体**

类型	具体表现形式	典型实例
新闻类网站	综合类新闻网站	中央级新闻网站：新华网、人民网、中国日报网站等地方级新闻网站：千龙网、东方网、荆楚网等
	门户网站新闻频道	新浪、网易、搜狐、腾讯等
	传统媒体网络版	南方日报报业集团、湖北日报传媒集团等
论坛	综合性社区论坛	天涯、西祠胡同、凯迪、猫扑等
	新闻网站社区论坛	强国论坛、发展论坛、中华网论坛、复兴论坛等
	地方社区论坛	京华论坛、东湖社区、19 楼等
社交媒体	博客	新浪、搜狐、网易、腾讯等
	微博	新浪微博、腾讯微博
	即时通信工具	QQ、飞信、MSN 等
	社交网络	人人网、开心网等
移动互联网	新闻客户端	网易新闻客户端、腾讯新闻客户端、人民网客户端
	微信	/
网络视频	网络电视台	中国网络电视台等
	音视频网站	优酷、艺网等

续表

类型	具体表现形式	典型实例
其他网站	百科类网站	百度百科、维基百科、互动百科
	思想文化类网站	/
	境外媒体	境外中文网站，如联合早报、星岛环球
		境外外文网站，如纽约时报、华尔街日报、泰晤士报
		境外敌对势力网站

1. 新闻类网站

新闻类网站主要包括综合类新闻网站、门户网站的新闻频道和传统新闻媒体的网络版。综合类新闻网站主要包括中央级新闻网站和地方级新闻网站两种类型。

新闻类网站具有独特的优势：综合类新闻网站和传统新闻媒体的网络版都有独立的新闻采编权；门户类网站有新闻转载权，有强大的传统媒体作为它的信息源。因此，新闻类网站是各类新闻最大的集散地和最有效的传播工具，是网民获取信息的主要渠道和发表意见的重要平台。

新闻类网站第一时间提供新闻信息，门户网站通过转载更大范围的传播信息，网民通过新闻跟帖发表评论，最后产生网络舆情。新闻跟帖是搜索舆情的窗口，当新闻跟帖量和点击量在极短时间内迅速增加，就表明它正成为网民的关注焦点。一般来说，一条新闻跟帖或者浏览量较大，此新闻就具有了舆情价值。新闻类网站监测的重点在两个方面——重点版块，重要新闻和新闻跟帖（见表 2-2）。

表 2-2　　　　　　新闻类网站重点监测板块

新闻类网站	重点板块	论坛
新华网	新华时政	发展论坛
人民网	/	强国论坛
央视网	/	复兴论坛
凤凰网	/	凤凰网论坛
网易	网易新闻评论	网易论坛

2. 社区和论坛

论坛也被称为 BBS，是网民围绕共同感兴趣的话题进行交流的空间场所，大多数论坛由相对固定的网民组成。一般而言，社区论坛中比较容易出现敏感舆情，是网络舆情监测的重要领域。

与微博信息的短小、简练和迅速不一样，论坛是网民进行深度讨论的场所，能更全面地反映出网民的真实意见。论坛舆情监测的重点一般是点击量大、回帖率高或被版主加精置顶的贴文。

百度贴吧是百度旗下的论坛，是一种基于关键词的主题交流社区，利用百度在搜索引擎中的地位，吸引各种兴趣爱好者聚集在百度贴吧的社区里。当某舆情事件发生后，相关的百度贴吧可能很快被创建并迅速聚拢人气。这种半封闭的、深度的交流平台往往会促进对网络舆情事件的深度挖掘。

地方性论坛因其聚焦某一特定区域，与受众在心理上以及地理上都比较接近，从而受到当地以及与当地有某些联系的人群的欢迎，发帖者、跟帖者以及访问者都比较活跃。从网络舆情发展的过程来看，地方性论坛常常是苗头性舆情的首发地。

我国现在大约有 130 万个论坛，影响全国网络舆论走势的有 20 多家。并不是所有的论坛版块都会成为舆情监测与搜集的关注点，现阶段舆情监测的论坛版块主要包括：天涯社区的天涯杂谈；凯迪社区的猫眼看人；西祠胡同的各地版块；此外还有猫扑、铁血论坛等。见表 2-3。

表 2-3　　**新闻类网站重点监测版块**

网络社区论坛	**重点关注版块**
天涯社区	天涯杂谈
凯迪社区	猫眼看人
猫扑	/
西祠胡同	各地版块
和讯网	/
中关村在线	/
铁血论坛	/

3. 社交媒体

（1）博客

博客是个人网站的一种呈现方式，博主拥有博客空间的完全管理权，并且与访客展开互动。博客往往是网络舆论领袖发表深度意见的主要渠道，当舆论领袖的博文被置顶时，能引起更多人的关注。网络舆情监测的重点是网上意见领袖的博客。

随着微博的发展，很多博客主把精力转移到微博平台，博客作为舆情源头或者舆情扩散渠道的平台作用削弱。但是，由于博客可以进行深度解读，并且可以与微博互动，所以二者相得益彰。

QQ 空间（Qzone）是腾讯公司于 2005 年开发出来的多媒体空间博客。QQ 空间分为主页、说说、日志、音乐盒、相册、个人档案、个人中心、分享、好友秀、投票、城市达人、秀世界、视频、游戏等版块。根据腾讯 2012 年第一季度财报，QQ 空间活跃账户数达到 5. 767 亿，这个数字遥遥领先于中国绝大多数社交网站。

（2）微博

“微博，即微博客（Micro Blog）的简称，是一个基于用户关系信息分享、传播以及获取的平台，用户可以通过 WEB、WAP 等各种客户端组建个人社区，以 140 字左右的文字更新信息，并实现即时分享。"① 微博客允许用户及时更新简短文本，允许上传图片和视频，每个节点都可以关注和被关注，并形成一种以人际关系为核心的快速传播网络。目前国内主要的微博客平台包括新浪微博、腾讯微博、搜狐微博、网易微博和人民微博等。

微博客是舆情监测的难点，其主要特点是：信息传播速度快，影响范围广；可即时发布事件，是舆情重要的首发源头，作为舆情引爆点的比例在不断增加；缺乏浏览深度，对舆情的深度讨论，还需要新闻类网站、网络社区论坛和博客等舆论场互相配合；流言与谣言较多，信息真假难辨；聚集了众多意见领袖，网上动员能力较大；网络舆情监管的难度较大。

目前，对微博客的监测方式主要有两种：一是关注意见领袖和某些机构微博的言论，如政府部门的官方微博，传统媒体的微博，媒体人、知识分子和政界、商界中知名人士的微博、辟谣微博等；二是采用关键词搜索，利用微博客中的搜索技术对热点事件进行监测。

(3) 即时通信工具

即时通信工具，是一种允许两个人或多个人通过网络传递文字、语音与视频，并进行实时交流的终端软件。这种网络即时通信软件的出现极大地扩展了人际传播的时空距离，已经成为互联网上沟通交流的主要方式之一，但只能在一定数量的人群里进行互动。目前在互联网上受欢迎的即时通信工具主要有 MSN、QQ、飞信。

即时通信工具的主要功能是聊天交友，范围比较封闭，具有很好的隐蔽性。一般较难实现对即时通信工具的舆情监测与搜集，如 QQ 群可以随时解散，这种小范围内的舆情传播，源头很难追踪。

(4) 社交网络

社交网络是指以一定社会关系或共同兴趣为纽带，以各种形式为在线聚合的用户提供沟通、交互服务的互联网应用。这种以人与人的关系为核心方式建立的社会关系网络映射在互联网上，就形成

---

① 百度百科词条："微博"，http：//baike.baidu.com/view/1567099.htm，2013-08-08。

了以用户为中心、以人为本的互联网应用。

社交网络服务网站知名的有 Facebook、Myspace、Twitter 等。在我国，社交网络服务为主的流行网站有人人网、开心网等。在人人网、开心网等实名制注册的熟人社交网络中，好友关系是对现实关系的一种映射。近几年，由于微博的冲击，以人人网、开心网为代表的社交网站的部分社会功能被微博替代。虽然受到微博影响，但我国社交网络通过在形态、内容与模式上不断革新，用户先降后升，仍保持了向上发展的势头。

以年轻人为主的社交网络用户，展现出青年人群中的巨大的互动、分享与动员力量，一方面改变了社会舆论格局，给各国政治议程带来变数；另一方面成为灾难中传递救援信息的“生命线”，可能使人群重归部落化，在修复社会监督链条方面展现出独特的价值。重视和善用社交网络，畅通表达渠道和保护个人公共信息，或成为社交网络舆情引导的有效举措。

4. 移动互联网

移动互联网是将移动通信和互联网二者结合起来，成为一体。2012 年我国手机网民数量为 4.2 亿，年增长率达 18.1%，远超网民整体增幅。在移动互联网时代，借助移动终端和网络互动社区，网民可以随时通过手机发表“公民报道”。尤其在突发公共事件中，公众可能在事件现场发送文字、图片、视频等，由于这些内容具有很强的现场感，会给政府的事件处置及舆情应对带来挑战。但是 Android、IOS 等操作系统的不同，以及不同的软件版本，使舆情信息监测遇到很大困难。目前，网络舆情搜索监测技术远远落后于移动互联网的发展，所以移动互联网在网络舆情监测领域是个漏洞。

（1）新闻客户端

新闻客户端是一些门户网站和传统媒体开发的网站基于 IOS、Android 平台的新闻服务，是用户通过手机阅读新闻的平台。目前，很多门户网站和传统媒体网站都推出新闻客户端，如网易新闻客户端、腾讯新闻客户端、人民网客户端等。

（2）微信

“微信是腾讯公司于2011年1月21日推出的一个为智能手机提供即时通信服务的免费应用程序，可以通过网络快速发送语音短信、视频、图片和文字，支持多人群聊的手机聊天软件。用户可以通过微信与好友进行形式上更加丰富的类似于短信、彩信等方式的联系。”① 目前，微信的用户已经突破3亿。微信的主要特点有：支持发送语音短信、视频、图片和文字；支持多人群聊；支持查看所在位置附近使用微信的人，也叫LBS功能。鉴于以上特点，一旦发生网络舆情事件，网民极易通过微信动员同一社区的居民。微信作为一个新生事物，是网络舆情监测的重点和难题。

5. 网络视频类网站

网络视频，是指由网络视频服务商提供的、以流媒体为播放格式的、可以在线直播或点播的声像文件。目前主要的视频网站有优酷网、土豆网、奇艺网等。在网络舆情的传播中，网络视频往往被认为可以真实呈现事件原貌，而且娱乐性强。网络视频的出现往往会对舆情的发展有极强的推动作用。所以，网络视频也是一个重要的舆情场域，通过网络视频传达社情民意成为一种重要的媒介方式。但是，目前尚没有识别视频的搜索技术，所以网络视频领域的监测也很困难。

6. 其他类型的网站

（1）百科类网站

百科类网站起源于维基百科，由吉米·威尔士于2001年创建的百科网站，是一个基于Wiki技术的全球性多语言百科全书协作计划，同时也是一部用不同语言写成的网络百科全书，其目标及宗旨是为全人类提供自由的百科全书。目前，除了维基百科，百科类网站还有百度百科、互动百科、SOSO百科等。

---

① 百度百科词条：“微信”，http://baike.baidu.com/view/5117297.htm，2013-08-08。

百科类信息一般需经专业的百科编辑人员在后台审核。只有高质量、真实的信息才能被通过。因此，相对于网络上的其他信息而言，百科类信息更加权威有效，百科类信息平台的权重是相当大的，尤其是百度百科、维基百科等，相关词条经常都出现在百度搜索引擎的首页，极易被网友点击查看。所以在进行网络舆情监测时，也需要将百科类网站列入监测范围。

“百度知道”是一个基于搜索的互动式知识问答分享平台，于2005年6月21日发布，并于2005年11月8日转为正式版。

(2) 思想文化类网站

思想文化类网站主要传播社会思想、社会思潮等内容。

(3) 境外媒体

在涉外网络舆情中，知名国际媒体的中文版，境外媒体的报道与评论，以及国外网民的反馈，也是舆情监测中必不可少的部分。

境外网站大致可以分为三类：

第一类是境外中文网站，如联合早报、星岛环球等。

第二类是境外外文网站，如纽约时报、华尔街日报、泰晤士报等。

第三类是其他网站，如境外敌对势力网站等。

统计显示，微博、主流论坛和地方论坛成为重大舆情事件的首发舆论场，尤其是微博。在微博爆料的事件中，有近四分之一的事件引爆整个网络，成为重大舆情事件。其次是主流论坛，再次是地方论坛。研究表明，网络舆论载体力量的对比在悄然发生着变化，传统的网络社区论坛与博客爆料功能正在弱化，门户网站新闻的影响力降低，新闻跟帖数量减少，以微博为代表的新兴舆论载体的作用非常突出，微博逐渐成为网络舆情监测的最重要的领域。

第三章　网络舆情工作概论

第一节　网络舆情工作的主要特点和当前挑战

随着互联网的迅猛发展和广泛普及，网络开放度高、信息量大、互动性强的特点愈加凸显，公民对国家和社会事务的知情权、参与权、表达权和监督权的诉求更多地通过网络渠道加以表达和实现，社情民意和思想动态也更集中地反映在网上，互联网自然而然地成为了思想文化信息的集散地和社会舆论的放大器。当网络传播成为社会信息的重要传播方式时，公众舆论会迅速集聚在网上，网络舆情事件也就随之增多。

一、网络舆情工作的主要特点

当前，我国网络舆情工作的主要特点是：责任重大、环境复杂、时效性强、知识和能力要求高。

1. 责任重大

网络舆情工作既是网络问政工作的基本内容之一，也是社会治理工作的重要组成部分，事关国家经济发展、社会稳定、政府良善治理和国家的安危等，责任重大。

（1）网络舆情工作是了解社情民意的一个重要窗口

通过与群众面对面、近距离接触，切实把党和政府的中心工作、重点工作落实到群众中去，把影响社会和谐稳定的因素化解在初级阶段。网络舆情工作有助于开展党的群众路线活动，保持党的先进性和纯洁性，巩固党的执政基础和执政地位；有助于解决群众当前反映最强烈、最突出的问题，是以实际行动密切党群、干群关系，取得群众满意的重要手段；有助于党和政府深入了解人民群众的疾苦，防止“精神懈怠危险、能力不足危险、脱离群众危险、消极腐败危险”① 等，从而杜绝形式主义、官僚主义、享乐主义和奢靡之风。网络舆情工作做得好，群众意见得到充分重视，就能充分调动最广大人民的积极性、主动性、创造性，让社会充满活力。

（2）网络舆情工作有助于提高维稳能力

目前，我国正处于“中等收入陷阱”中的矛盾凸显期和风险高发期，各种社会矛盾增多，负面信息量大，而且负面信息往往成为网民关注的焦点，处理不好就会对社会公共安全形成威胁，直接影响到社会稳定和经济发展。所以，网络舆情工作的着力点就是最大限度地减少负面影响，深入推进社会管理的创新，维护和谐的发展环境。

（3）网络舆情工作能力是考验政府执政能力的一个重要杠杆

其原因首先是，网络上的各种意识形态斗争复杂多变，它是激烈的现实社会斗争的一个缩影，所以，网络舆情工作者必须有极强的甄别能力，有丰富的斗争经验。其次，网民意见的集中表达很容易引发和激化现实社会中的热点问题，网络上强大的技术手段如人肉搜索等更能让一些已经暴露出来的问题无处遁形，互联网的传播放大功能很容易让事态扩大化，一旦事态失控，更容易导致严重的社会后果，这是网络舆情工作者应该时时予以关注的重要问题。当年东欧国家掀起的一系列“颜色革命”，以及后来蔓延于北非和阿拉伯世界的“茉莉花革命”等，都是我们的前车之鉴。这些政治事件都与互联网有关，也与网络舆情的管理工作息息相关，现在，这些国家依然不同程度地处于动乱之中或存在着严重的动荡隐患。

2. 环境复杂

我国网络舆情现状存在着信息源头多、传播速度快、社会影响

① 李章军：《深入扎实开展党的群众路线教育实践活动 为实现党的十八大目标任务提供坚强保证》，《人民日报》2013 年 6 月 19 日。

大、覆盖区域广、表现形式全等特征，互联网也成为了政府宣传思想工作新的重要阵地。网络舆情工作是随着网络舆情的发展而逐步形成和发展起来的，从探索起步到逐渐规范成熟，时间虽然不长，但发展速度很快，任务艰巨，环境复杂。

（1）网络舆情工作的复杂性源于我国网络社会的复杂性

网络舆情工作的复杂性与生俱来，我国网络舆情工作不仅仅是信息工作，还是一项任务艰巨的社会管理工作，完全不同于西方。我国社会处于转型期，矛盾集中，传统的民意表达渠道不够畅通。而新媒体技术的发展使社会进入“大众麦克风时代”，网络舆情工作不仅成为了解民意的重要手段，也成为政府进行社会管理的必要手段之一。

（2）传统媒体“把关人”角色的缺失

网络的自由性、虚拟性和快捷性正极大地改变着普通公民“话语权”的结构，每个人都可以自由地发表言论、发布信息。但社会本身是复杂的，也正是由于网络所具有的自由性和虚拟性，导致了网络所发布的信息非常复杂，各方利益群体都集聚在网络上，放大自己的声音，争取支持。但是，这些信息有真实的，有虚构的，还有真实和虚构的混合体，使得当前网络环境下网络舆情工作面临着高复杂性。

（3）网络反腐工作复杂性的表现

网络反腐是当前重要热点舆情之一，在网络舆情工作的复杂性方面，它是一个典型的代表，这里，举此例的目的是为了清楚明白地解释网络舆情工作复杂性的维度。网络反腐是正义之举，但是，情况往往不像舆情表面呈现的那么简单，背后会有各种更深层的背景，这些背景主要有以下几种：

第一，借反腐的旗号达到个人的目的。出于个人恩怨、权力斗争、利益纷争等原因，利用党和政府对网络监督和反腐工作的重视，达到个人的目的，要挟利诱他人，结果，涉事双方原来都是一丘之貉。雷政富腐败案就是其中的一例。

第二，滥用“人肉搜索”侵犯隐私。一部分网民在猎奇心理的支配下，无故散布谣言，进行“人肉搜索”，在监督权力主体、揭露腐败现象的同时，侵害了公民的隐私权，产生了不良的社会效果，污染社会空气。比如：广州“房婶”一案，结果是子虚乌有，但是，当事人的家事都被网友翻了个遍，许多隐私泄露，正常生活受到干扰。

第三，感情用事导致恶意信息泛滥。网络上经常充斥着无厘头信息、断头信息和无中生有的信息。主要原因是一些网民对事物的判断受视野、情绪、利益、情感等因素的影响，仅凭主观推断，妄下结论，导致网络舆情信息很容易失真。有时，即便提供的是真实、有效的信息，往往也会掺杂许多无效甚至恶意的内容。这样的例子很多，每一个网络反腐成功的案例背后几乎都有不同程度的恶意诽谤情况发生。

第四，别有用心者借机攻击党和政府。“西方敌对势力和国内外一些别有用心者，往往利用群众对现实生活中存在的腐败现象所抱有的不满情绪，凭借互联网为平台，或信口雌黄地污蔑我们党，或有意将腐败问题扩大化，以此来达到动摇广大群众反腐败的信心和攻击社会主义制度的邪恶目的。”①

其他情况还有恶意中伤好人、打击报复，查无证据的；信息曝光后被人幕后操纵，甚至“翻盘”的；散布谣言、以“莫须有”的方式栽赃陷害的；等等。不管是哪种情况，都使反腐倡廉信息的可靠性大打折扣，给网络监督和网络反腐带来困难。

3. 时效性强

网络舆情工作实效性强主要表现在以下几个方面：

（1）网络传播速度快

网络舆情要借助于各类网站、论坛、即时通信、博客、维客、手机媒体、微博、微信等网络信息舆论场发布信息，信息传播的速度非常快，常常使得“网络舆情信息源头和信息传播渠道急剧增加。一旦腐败事件进入公众视野，会迅速得到传播，在较短的时间

---

① 赵强：《正确认识网络舆论监督在反腐败工作中的作用》，求是理论网，http：//www. qstheory. cn/dj/ffcl/201009/t20100914_ 47204. htm，2010-09-14。

内就能够家喻户晓，人所共知。因为‘人人都能成为信息源’，每个网民都可以成为反腐倡廉网络舆情信息的发布者和传播者”①。

(2) 网络快速围观“倒逼”政府快速解决现实问题

网民遇见问题总是习惯于选择网络曝光，并在网络上进行讨论，形成网络围观，“倒逼”涉事主体迅速采取果断措施，解决问题，从而提高了现实问题解决的速度，消除了许多影响社会和谐稳定的危险因素。当然，党和政府对网络舆情的高度重视也反过来激发了广大网民在互联网上讨论事情的热情，形成了良性互动，共同推动着政府工作和各项社会工作的改善。

(3) 网络非理性情绪更容易得到扩散

网络媒体毕竟是大众化的传播媒介，其普及面广、吸引力强，更加通俗快捷，所以，非理性的因子很多，非理性的情绪比理性的情绪更易得到扩散，也更容易被广大网民理解和接受。所以，“一个热点事件加上一种普遍性的情绪，很快就可以成为点燃舆论的导火索。特别是一些缺乏理性认知的网络言论，缺乏理性认知的人，甚至将网络作为发泄个人情绪的场所，恣意宣泄不良情绪而不考虑其影响性，然后通过互相感染，使这种不良情绪很快发展成为有害的舆论”②。因此，能不能在第一时间及时地发现舆情，对网络舆论的引导起着至关重要的作用。一旦错过时机，网民先入为主了，就会大大地增加网络舆情工作的难度。

所以，网络舆情工作的时效性很强，不能容许任何拖延，否则，不良舆情信息就会迅速扩散，形成严重后果，也影响实际事件的解决。

4. 知识和能力要求高

信息时代，知识经济时期，专业更加精细，社会分工更加细

---

① 张丽红：《试析反腐倡廉网络舆情信息工作的特点及原则》，《社科纵横》2012 年 4 月 15 日。

② 赵新乐：《网络舆情监控呼唤专业人才》，《中国新闻出版报》2012 年 12 月 4 日。

密，合作程度要求更高。而网络舆情涉及生活的方方面面，尤其是专业性比较强的领域，非一般人能够驾驭。网络舆情工作作为一项新兴的工作类型，各种新情况、新现象随时都能发生，所以，对其从业者的知识和能力要求必然很高。

（1）网络舆情工作技术性要求高且挑战性强

“在大数据时代的背景下，对于网络民意，可以进行精准的分析，精巧的管理，精确的引导。既要有人文关怀，又要客观理性。而现实的场景往往是：有很多人做舆情分析，但是，多数人陷入了倾向性的分析，这对于我们整个国家层面是不利的。”① 还有一种情况是：“有一些单位花重金购买舆情监测系统，却因无人懂得操作而束之高阁。”②

“舆情信息采集离不开功能强大的计算机系统，但是目前计算机对自然舆情的理解比较幼稚，还只能做到计算机辅助下的舆情监测，大量的分析工作需要专业人员来做。因此，舆情工作成为不少地方和单位工作的难点。”③ 目前，全国舆情信息工作队伍大多没有受过网络传播的专业培训，离舆情工作要求还有很大的距离。

（2）网络舆情工作人员所具备的知识和能力必须“三位一体”

所谓“三位一体”，主要是指网络舆情人员起码应该具有三个层面的知识和能力。第一，掌握一定的互联网技术，熟悉网上操作；第二，具备一定的法律法规及政策知识，懂得网络传播的规律；第三，具有分析问题、解决问题的能力，善于应用网络来传播事实和意见。这三种技能立体呈现，只有集于一身了方可做到游刃

① 高雅：《人才紧缺已成为网络危机处理的主要瓶颈》，《光明日报》2012 年 11 月 24 日。此段话由记者引自 2012 年 11 月 22 日在北京召开的“2012 网络舆情应对与人才培养研讨会”上，武汉大学教授沈阳的发言。

② 高雅：《人才紧缺已成为网络危机处理的主要瓶颈》，《光明日报》2012 年 11 月 24 日。此段话由记者引自 2012 年 11 月 22 日在北京召开的“2012 网络舆情应对与人才培养研讨会”上，光明网总裁陆先高的发言。

③ 赵新乐：《网络舆情监控呼唤专业人才》，《中国新闻出版报》2012 年 12 月 4 日。

有余。具体说来，网络舆情工作者“需要掌握网络舆情理论，一定的法律法规及政策知识，能有效应用网络技术、数据库的技术、信息检索统计分析技术等。网络舆情工作者，特别是分析师、管理师，要知识范围广、政策水平高、业务能力强。了解包括新闻传播学、社会学、逻辑学、统计学、经济学等基础理论；掌握计算机的应用、通信技术、网络技术、数据库的技术、信息安全、即时传播系统等基础技术；懂得国家在互联网方面的法律法规、空间治理基本理论、信息分析预测、舆情信息学的基础概念、理论和方法等专业知识”①。

（3）网络舆情工作人员要能“说”会“做”

“网络跟传统媒介最大的不同就是解放了人的社会表达，解放了人的嘴巴，使每个社会成员的社会诉求第一次有可能以自己的方式传播给社会公众，而不经过那种传统媒介把关、制作、加工、筛选等程序”②，这就促使舆情形成一种新的格局。

“在这种新格局下，通过网络表达观点及诉求已经成为公民参与社会公共事务的重要组成部分。当某一社会事件被迅速关注，并成为热点或公共性事件的时候，庞大的网络力量就需要网络舆情工作者进行及时引导或疏导，这是会‘说’。但是，它不能仅仅局限于言论范畴内的‘说’，在某些特殊条件下，还要转化为社会行动范畴的‘做’”③，即亲临现场指挥处置或给处置主体提供准确的参考意见，“既能当秀才，又能当将军”。

---

① 高雅：《人才紧缺已成为网络危机处理的主要瓶颈》，《光明日报》2012年11月24日。此段话由记者引自2012年11月22日在北京召开的“2012网络舆情应对与人才培养研讨会”上，中国信息产业发展研究院培训中心主任马亮的发言。

② 高雅：《人才紧缺已成为网络危机处理的主要瓶颈》，《光明日报》2012年11月24日。此段话由记者引自2012年11月22日在北京召开的“2012网络舆情应对与人才培养研讨会”上，中国人民大学教授喻国民教授的发言。

③ 赵新乐：《网络舆情监控呼唤专业人才》，《中国新闻出版报》2012年12月4日。

所以，网络舆情工作者不但要懂得应对网上舆情，还要熟练掌握现实事件的处置技巧。

二、当前网络舆情工作面临的主要挑战

从最近的网络热点事件和网上舆论处置的情况看，政府公信力不高、社会互信度低、信息公开与官民互动程度低，以及对民意的重视程度不够高等几大问题成了当前网络舆情工作所面临的最大难点。通过对政府的担当、公众人物的底线等方面进行剖析后发现，缺少公信和互信，已经让社会面临着一盘散沙的危险境地；官民互动频率低和真正的民意难以得到尊重等情况，已经让网络舆情的热度达到了鼎沸不止的尴尬局面。这是当前网络舆情状态呈现给我们的一个整体镜像。因此，重建政府公信和社会互信，重新审视政府信息及时公开和尊重民意的理念，是网络舆情工作当前最紧迫的任务。

1. 重建政府公信

（1）政府要有良知和担当

政府必须做政府应该做的事情，勤俭奉公，服务于社会，服务于大局。其首要表现为认真履行政府职能，对所有公民负责，对工作尽心尽力，这是国家行政机关依法对国家和社会公共事务进行管理时应承担的职责，它反映了公共行政的基本内容和活动方向，是公共行政的本质表现。

（2）要正确处理政府与社会的关系

这里所说的关系也就是通常意义上的“官”与“民”的关系，主要包括三个方面：一是政府对社会的科学管理；二是社会对政府的真诚支持和监督；三是政府与社会通过精诚合作，共同治理宏观社会，提高社会整体福利。

（3）良性互动要常态化

常态化的良性互动，也就是形成官民信息互动和行为互动的良好习惯，改善官民之间的关系，重塑“鱼水之情”。

（4）约束政府的权力

形成社会对政府权力的有效制约机制，防止政府权力滥用。政府是社会事务的管理者，要擅于倾听批评的声音，而且能从谏如流，知错就改。有担当就不会失职，也就不会失去引领者的本色和责任，真正做到全心全意为人民服务，赢得人民的信任。

（5）干部要勇于担责

重建政府公信力，需要领导干部遇事不推卸责任，敢触及矛盾，敢面对冲突。在复杂的矛盾面前，不回避，不转移，敢拍板，果断镇定，掌握好处理矛盾的最佳时机，避免问题复杂化，满足人民群众正当的利益诉求。

2. 重塑社会互信

（1）社会巨大变革导致人际信任度降低

“信”是中国古代“八德”之一，和“孝、悌、忠、礼、义、廉、耻”一起构成了中国传统的道德规范，成为影响人们行为的重要德行之一。在传统社会里，人与人之间的互信建立在熟人社会的道德自律上，人们以口碑取信，守信就会被熟人认同或赞扬，而失信者则被鄙视、谴责，被疏远、孤立。

改革开放以来，社会剧烈转型，人们逐渐脱离原来的熟人社会进入“陌生人社会”，原来的信任格局被改变了，新的信任格局尚未建立。在社会转型的过程中，市场经济秩序不完善，法律法规不完善或得不到认真执行等因素，导致了一些欺诈行为、坑蒙拐骗行为的出现，严重破坏了社会固有的诚信格局。“在信息发达的今天，人们有更多的机会看到上当受骗事例，这一切，都会导致现实社会中人际信任度不断降低的可怕局面。例如：民众对基层政府和公检法机关的信任度不高”①，对涉及民生的企业的信任度也呈现逐年连续下降的趋势。尤其是城管执法犯法，地方政府对民众不守信用，以及房地产、食品制造、药品制造、旅游、餐饮、广告等行业缺少社会责任感、唯利是图等，都是亟需解决的问题。

---

① 吴晓东：《社会信任下降主因是人们风险意识提高》，《中国青年报》2013年2月17日。

（2）社会价值观越来越多元化

处于转型时期的中国社会，社会价值观更加多元。“社会价值观多元化一定意义上源于不同社会阶层、不同文化背景、不同生活环境下人们拥有各自的不同利益和需求，这与他们的不同知识体系、不同信息接触和不同社会环境息息相关。但价值观念多元化的背后也存在着另一个突出的问题，就是共享价值观念的缺乏。如果社会无法形成共享的价值观念，没有每个社会成员都遵守的核心价值，社会的道德体系就会面临崩溃的危险，社会就会没有底线，社会的互信就无法实现，社会进步也无从谈起。”①

（3）信任风险越来越高

现在是高风险社会时期，各种风险事件层穷不出，风险信息蜂拥而至，人们直接的和间接的信任风险经验都呈上升趋势，两者叠加在一起，加重了人们的信任危机感。由于人们的信任风险提高了，所以，人们越来越不愿意付出自己的信任。这必须从制度层面来解决社会信任问题，在制定规章制度、颁布法律时要充分考虑社会信任度低的因素，“在管理机制上要着力于形成有利于降低信任风险的机制，特别是从公权力这个社会信任的核心环节入手重建社会信任”②。

（4）必须重建社会信任

社会信任是社会和谐的一个重要的必要条件之一，重建社会信任是一个需要不断努力的过程，信任是每个人社会生活的重要保障。毫不夸张地说，目前人与人之间信任的缺失已对中国社会发展产生了重要的影响。缺乏社会性的普遍信任直接导致的结果就是社会公共诚信危机，这对社会和公众心理的伤害难以估算。

中国社会科学院社会学研究所出版的社会心态蓝皮书《中国

---

① 王俊秀等：《中国社会心态研究报告（2012—2013）》，社会科学文献出版社 2013 年版。转载于新华网，http：//www. cq. xinhuanet. com/2013-02/17/c_ 114692869. htm，2013-08-10。

② 田波澜：《阶层意识成为社会心态的重心》，《东方早报》2013 年 1 月 16 日。

社会心态研究报告（2012—2013）》显示：“目前，中国社会的总体信任进一步下降，已经跌破60分的信任底线。人际不信任进一步扩大，只有不到一半的调查者认为社会上大多数人可信，只有两到三成信任陌生人。”①

当不信任事件发生的频率超过社会正常的承受能力的时候，社会氛围就会改变，社会信任体制就会面临着崩溃的境地，最直接的表现就是冷漠。“小悦悦事件”、“南京彭宇案”、“周克华被击毙事件”以及刘翔奥运会摔倒后的质疑等，都是十分危险的信号。日常生活中，人们经常听到的诸如“查水表”、“送快递”、“网络钓鱼”等口头禅更是司空见惯。重构社会信任非个人之力所能达成，必须由政府组织施行，进行综合设计，多层次、全方位实施，才能卓有成效。

3. 重视信息公开

（1）信息公开遭遇的尴尬

信息公开是个老生常谈的话题，但是，在实践层面上，往往不尽如人意。尤其是涉及政府的网络舆情问题上，很多地方政府和地方官员往往会感到无所适从。他们不是不懂得信息公开的重要性，而是面对着突发而至的网络舆情事件时，行政工作的惯性思维决定了他们不会贸然行事，常常采取的措施是：压一压，等等权威的消息和上级部门的建议。信息公开的最佳时机往往就是在这样的等待过程中丢失了，当明白过来的时候，网络上已经掀起了轰轰烈烈的舆论洪流。有时候，传统的主流媒体也介入其中。他们不是不想把问题解决好，而是不知道该如何做，对他们来说，网络舆情是个新鲜事物，网络舆情信息及时公开的课题也是个新课题。隐瞒信息的确不对，但是，没有原则地公开信息也会造成损失。重要的是，必须有既懂行政工作规律，又懂网络舆情传播规律的工作人员，这样

---

① 王俊秀等：《中国社会心态研究报告（2012—2013）》，社会科学文献出版社2013年版。转载于新华网，http：//www. cq. xinhuanet. com/2013-02/17/c_ 114692869. htm，2013-08-10。

的人员在关键时刻，能够迅速判断哪些是涉密的信息，哪些是最适宜尽快公开的信息，哪些是需要压一压的信息。网络时代的中国，不懂网络传播规律的政府是不合格的。

（2）官民信息互动问题的解决之道

信息公开问题解决之后，就要解决官民信息互动的问题了。首先，思想上，要认识到官民信息互动是网络舆情工作的重要内容之一；其次，态度要诚恳，不能敷衍塞责，不能摆官架子，实事求是，网民往往先看重官方的态度，然后才是官方的处理方式；第三，目标是达成共识，官民良好沟通了，就容易达成共识，达成共识了，问题就容易解决了。

（3）充分发挥主流媒体的正面作用

解决好信息及时公开与官民互动的问题之后，还有一个很关键的问题就是要解决好主流媒体的问题，要充分发挥主流媒体的作用。在当前的媒体生态环境下，主流媒体必须具备三个主要特征：广泛的受众面、直面社会热点的行为和吸纳主流民意的勇气。这样的主流媒体才有良好的信誉度，才有说服力。在互联网时代，主流媒体若想继续位居主流，就得坚持体制内立场，在体制内解读民意，从体制内打通两个舆论场，在网络上释放党的声音、政府的政策主张和主流价值观，“通过官方话语内嵌、民间话语铺垫，使互联网成为纷乱信息的过滤器、网络偏激情绪的缓释剂和国民心态的压舱石，发挥网络舆情‘对官规劝、对民呼吁、代体制立言’的作用”。这是主流媒体应尽的责任，也是主流媒体应有的气度。在历史背景盘根错节的中国转型的当下，每一个人也都是一个节点。因此，要尊重各方利益诉求，寻求最大公约数，从各种舆论热点个案中进行制度修复。

（4）积极开展多方位的协商式对话

要实现官民的良性互动、相互包容，需要社会各界积极地进行协商对话。对话的意义在于承认历史现实，承认社会和谐是政府和公民的共同事业。这需要民众的理性参与和政府的敢于担当的精神。目前，最紧迫的任务是：与政府对话、与司法对话、与央企对话、“左”与“右”对话、理解“民粹”、精英与草根对话等①。

目前，我国的微博用户数有几亿人，如果政府的信息不及时公开，没有对话机制，就容易引起公众议论，甚至无端猜测，继而引发民众的不满，给政府工作造成被动局面。

4. 重视民意

(1) 重视民意是实现治国方略的必然要求

我国政府素来有重视民意的优良传统，十八大之后，党和政府更加注重倾听人民群众的呼声。2013 年 6 月 18 日，习近平在党的群众路线教育实践活动工作会议上发表重要讲话，一针见血地指出：“人心向背关系党的生死存亡。”要求各级领导以“照镜子、正衣冠、洗洗澡、治治病”为总要求，进行自我净化、自我完善、自我革新、自我提高。敢于触及思想，正视矛盾和问题，端正行为，以“整风的精神开展批评和自我批评，深入分析发生问题的原因，清洗思想和行为上的灰尘，保持共产党人政治本色。治治病，始终与人民心连心、同呼吸、共命运，始终依靠人民推动历史前进，才能做到坚如磐石”②。

(2) 党和政府前所未有地重视网络舆情

民意就是人民群众所共同拥有的、具有普遍性意义的思想或意愿，具有时代性、创新性、广泛性、变动性等特点。准确地把握民意是一件非常具有挑战性的工作，难度大、要求高，工作者必须具有灵敏的政治嗅觉和创新精神。但是，任何一个执政党都必须真诚面对民意，真正做到为人民服务，否则，执政的合理性与合法性就会受到质疑。鉴于此，党和政府以前所未有的力度了解舆情，重视真正的民意。中央和省级政府成立了舆情研究部门，一些国有新闻机构和高校纷纷成立了舆情监测中心，对互联网上源源不断的言论

---

① 参见《祝华新：互联网上充满家国情怀　政府应重视网上舆论》，人民网，media. people. com. cn/n/2013/0716/c366499-22213436. html，2013-07-16。

② 李章军：《深入扎实开展党的群众路线教育实践活动 为实现党的十八大目标任务提供坚强保证》，《人民日报》2013 年 6 月 19 日。

加以挖掘和分析，以此来认清民意的热点，为制定合适合理的政策作参考，化解有可能出现的各种危机。

（3）倾听来自体制外的声音和意见

最近，政府也开始借助民营部门开展民意调查和舆情研究，开辟新的舆情搜集通道，弥补官方舆情部门功能的不足，倾听来自体制外的声音和意见，达到“兼听则明”的目的。比如，聘请一些咨询公司和研究所对交通管理、税收政策等与民生息息相关的事情进行民意调查，避开体制内的某些干扰因素，以“第三方人”的立场和视角来观察问题，掌握真正的民意。

（4）鼓舞民意顺利表达

重视真正的民意已经渐成党内的一种共识。倾听民意、尊重民意、顺从民意已经成为党和政府日常决策工作中的基本规律之一。这也极大地鼓舞了民众献言献策的信心和勇气，促使民众主动参与到政府提案和项目建设的决策行动中去，并且发挥积极作用。值得一提的是，多数网民善于通过网络揭露官员的腐败行为，使多名党员干部因网络曝光而受到调查，有力地支持了党建工作，推动了党和政府反腐倡廉工作的高效运行。

（5）要重视真民意

“要使全党同志牢记并恪守全心全意为人民服务的根本宗旨，以优良作风把人民紧紧凝聚在一起，为实现党的十八大确定的目标任务而努力奋斗”①，这不是一朝一夕之事，而是长远目标。体制外的声音和体制内的声音相互配合、相得益彰，这不仅是一种实践，也是一种理论探索，是一项严峻的科学问题，需要使用科学的精神长期进行科学的探索。重视民意，必须是重视真正的民意，“叶公好龙”的行为只能是自欺欺人。所以，网络舆情工作任重道远，现在的良好形势只是一个良好的开端。能否长期坚持下去，形成科学有效的运行机制，将是一项十分艰巨的任务，也是当前一个艰难的挑战。

---

① 韩旭：《为实现中国梦注入正能量》，《经济日报》2013 年 7 月 26 日。

第二节　网络舆情工作的重要意义

随着我国互联网事业的迅速发展和普及，网络日益成为社情民意的集散地，网络舆情工作成为现代社会管理工作的重要内容之一。

一、网络舆情工作是提高执政水平的有效途径

执政能力建设是党的建设的一项根本任务，直接关系到党的生死存亡，关系到有中国特色社会主义事业的兴衰成败，关系到中华民族的前途命运。

第一，只有全面准确地把握舆情，才能更好地倾听民意，体察民情。网络已成为广大群众反映社会舆情的主要载体之一，网民在网络上敢于说真话、说实话，敢于直接表达个人的各种意见和诉求，所以，网络舆情工作可以让党和政府真正做到察民情、解民意、听民声、解民忧。

第二，只有深入透彻地分析舆情，才能科学地分析形势，把握全局。才能以宽广的眼界观察世界，分析形势，不断增强统揽全局、驾驭全局的能力；才能把自己所从事的工作和担负的责任放到现代化建设的全局中去把握，放到改革、发展、稳定的大局中去衡量；才能在千头万绪的工作和错综复杂的矛盾中，牢牢把握和处理好各种重大关系，统筹兼顾，做好各方面的工作。

第三，只有正确有效地运用舆情，才能做到集思广益、科学决策。做好舆情信息工作，是实现决策的科学化、民主化的根本要求。

二、网络舆情工作是及时掌握社会动态、构建和谐社会的重要基础

第一，舆情是社会生活的“晴雨表”，重视网络舆情工作可以准确把握社会心态，有效化解心理矛盾，及时为网民解疑释惑，把网民的情绪引导到健康、理性的轨道上来，进而正确引导社会舆

论，有效调控社会心态。

第二，有效防范社会风险，必须充分发挥舆情信息工作的“预警器”作用。舆情信息工作是一种全过程介入风险、干预风险的机制，在处理灾难性、突发性事件时具有很大的作用。只有建立健全舆情信息工作网络，密切追踪社会热点、难点问题，随时关注社会领域和自然界的潜在风险，及时发现苗头性、倾向性的问题，本着“早发现、早报告、早控制、早解决”的原则，尽量把不稳定因素控制在内部、解决在基层、消除在萌芽阶段，不使其扩大、蔓延。

第三，及时化解社会矛盾，必须充分发挥舆情信息工作的“减压阀”作用。我国目前正处于社会转型期，当前社会整合机制的表现还相对滞后，社会宣泄渠道不畅、利益表达机制不健全。这就迫切要求建立健全灵敏高效的利益诉求和反馈机制，以满足人们利益表达和诉求的需要，协调各种利益关系，化解各类社会矛盾。这样，党政工作才能得到广大人民群众的拥护、理解和支持，增强工作的针对性和主动性，进而维护社会稳定、为构建和谐社会作贡献。

三、网络舆情工作是党和政府网络问政的重要工作内容之一

网络为疏导社会情绪、释放社会压力提供了重要平台。网络的公开性、即时性、透明性，以其强大的曝光和举报功能，发挥着前所未有的民主监督作用。要充分发挥网络及时、公开、透明的优势，通过网络问政实施民主监督，及时发现问题并采取有效措施解决问题，使我们党和政府的工作始终置于人民群众的监督之下，不断创新管理模式，始终保持健康的体魄和旺盛的生命力。

四、网络舆情工作是落实“三贴近”和“走转改”等创新宣传思想工作的基本前提

“贴近实际、贴近生活、贴近群众”和“走基层、转作风、改文风”都是我国宣传思想工作的基本要求。加强网络舆情工作

有利于增强宣传思想工作的针对性和实效性，有利于拓宽宣传思想工作的思路和载体，有利于掌握宣传思想工作的主动权和主导权。只有这样，才能增强宣传思想工作的吸引力、感染力，才能吸引群众参与、引起群众共鸣，得到群众的信任和支持。

第三节　网络舆情工作的体系与格局

从网络上关注民意、汇聚民智、化解民怨、凝聚民气，积极开展网络舆情管理工作，备受各级党政部门的重视。经过近些年的艰苦实践与探索，全国上下初步形成了“大舆情”工作格局，网络舆情“倒逼”社会发展的良性循环已现端倪。

一、“大舆情”工作格局的特征

1. 各级领导干部舆情意识明显增强

中央历来高度重视互联网上的民意表达，认真解决网民反映的问题。国家领导人多次与网民亲切交流，充分体现了党中央对网络舆论的高度重视。各级政府出台重大政策前，通过互联网征求意见已成为普遍做法。每年召开的全国“两会”，各级政府都会不同程度地通过互联网征求意见，尤其是国务院，示范性效应十分明显。

2001 年 1 月，江泽民在全国宣传部长会议上指出：“现代社会，各种媒体特别是信息网络化迅速发展，舆论的作用和影响越来越大，越来越需要加强引导。”①

2008 年 6 月 20 日，胡锦涛在人民网强国论坛上与网民聊天 30 分钟，在回答网友问题时透露：“平时我上网一方面是想看一看国内外的新闻；另外一方面，我也想从网上了解网民朋友们关心什么问题，他们有些什么看法；第三，我也希望从网上了解网民朋友对党和国家工作有些什么意见和建议。”“网友们提出的一些建议、意见，我们是非常关注的。我们强调以人为本、执政为民，因此做

① 江泽民：《论“三个代表”》，人民出版社 2002 年版，第 127 页。

事情、做决策，都需要广泛听取人民群众的意见，集中人民群众的智慧。通过互联网来了解民情、汇聚民智，也是一个重要的渠道。”

2009年2月28日，温家宝在新华网和中国政府网上与网友聊天。他表示：“我一直认为群众有权利知道政府在想什么、做什么，并且对政府的政策提出批评意见，政府也需要问政于民、问计于民，推进政务公开和决策的民主化。”“其实我几乎每天都上网，最长时间达到一个小时。最近从网上已经了解到，大家都在向总理提问题，已经多达50多万条。”

党的十八大报告中指出，要“加强和改进网络内容建设，唱响网上主旋律。加强网络社会管理，推进网络依法规范有序运行”，表明“积极利用、科学发展、依法管理、确保安全”的基本方针将一如既往地贯彻执行。

2012年12月7日，习近平总书记在视察腾讯公司总部时指出：“现在人类已进入互联网时代这样一个历史阶段，这是一个世界潮流，而且这个互联网时代对人类的生活生产、生产力的发展都具有很大的推动作用。”①

2012年12月5日，前国务院新闻办公室、国家互联网信息办公室主任王晨在中韩互联网圆桌会议上提到：“互联网为人们带来了极大的便捷和实惠，一定程度上正在重塑中国人民的生活”，“政府在互联网治理中有义务承担促进发展和加强管理的责任，发挥主导作用。互联网各利益相关方都应切实遵守法律规定，制止危害公共利益、侵害他人权益、损害网络传播安全的网上行为，使互联网真正成为传播社会文明进步信息和建设性表达的新载体”。②

“2012年，基层微博和中央部委微博齐头并进。六七万个覆盖了各地、各部门的基层政府机构和公职人员的微博账号成为政务微

---

① 闵大洪：《2012年的中国网络媒体与网络传播》，人民网，http://media.people.com.cn/n/2012/1228/c120837-20049168.html，2012-12-28。

② 闵大洪：《2012年的中国网络媒体与网络传播》，人民网，http://media.people.com.cn/n/2012/1228/c120837-20049168.html，2012-12-28。

博发展的中流砥柱。包括外交部、公安部、卫生部、铁道部、商务部、文化部等在内的20多个国家部委及下属部门都积极地开通微博倾听民意，体现了中央部委对“微博问政”的重视。”①

2. 舆情工作基础建设基本到位

从中央到地方形成了网络舆情监测和处置系统，从中央部委到县级政府均建有专门网站，及时发布权威信息。监测和处置网络舆情的队伍初步形成，技术监督手段越来越先进、科学、规范。舆情工作基本规范有序。

中央设立了国家互联网信息办公室，各省、市、自治区也分别建立了网络舆情的专门机构，并提供保障，使舆情工作开始朝专业方向发展。

典型案例：

台州“舆情气象站”②

台州市设立了全国第一家“舆情气象站”，参照气象部门的做法，将舆情分“晴、多云、阴、雨”四个类别，其中“晴”代表群众拥护高兴的舆情，“多云”代表群众总体拥护但有不同意见的舆情，“阴”代表部分群众有不良苗头性倾向的舆情，“雨”代表事态严重、需引起高度重视的舆情。在全区建立11个“采集点”、10个“观测点”和45个“工作点”，舆情气象站的工作人员有200多。

3. 舆情工作体系建设科学规范

这些体系建设主要包括机构建设、制度建设、队伍建设、理论

① 刘鹏飞、齐思慧、周亚琼：《2012年网络舆情走势和社会舆论格局》，《新闻记者》2013年第1期，第18～25页。

② 陈小波：《椒江建立全国首个“舆情气象站”舆情分四个类别》，浙江新闻网，http：//news. zj. com/detail/1339740. shtml，2011-05-13。

建设、技术建设、舆情处置机制建设、教育与创新建设、平台建设、激励与发展体系建设、信息工作的保障与安全体系建设十大类。建设这些体系与格局，是为了实现利益相关群体间的信息互动和交流沟通，使其达成意见共识，化解危机。其具体体现在以下几个方面：

(1) 电子政务管理平台基本建成

时至今日，各级政府的电子政务建设基本建成，运作基本科学合理，网民的满意度在不断上升。首先，为了更好地服务于突发事件舆情信息，政府重点搭建了突发事件信息公开的平台。其次，搭建了应急管理政务内网、应急管理政务外网、应急管理公众服务网和电子信息资源库。目前，这些基本架构立体地形成了应急管理统一的电子政务平台，建立了政府的电子化、网络化应急管理系统，提高了网络舆情处置的能力。

(2) 公共突发事件应对能力强

公共突发事件具有强烈的破坏性、偶发性，更易对社会产生重大影响，所以，及时公开突发事件信息，减少信息沟通环节和消除信息噪音是政府十分关心的事情。“通过政府门户网站，利用网络新闻、电子公告、网络论坛等形式及时、准确地发布突发事件的最新、最真实的消息，以此占据舆论的制高点，对公众进行正确引导。同时遏制谣言存在的空间，帮助公众正确认识网络舆情突发事件及其危害程度，提高公众对政府的信任度。”①

(3) 政府运用网络新媒体的技能明显提高

提高政府善用网络新媒体的技能，可以避免舆情市场上的“黄钟毁弃、瓦釜雷鸣”的效应。所谓“朝议无黄钟，遂使街谈尽瓦釜”，即在缺乏富有意义的重大议程时，由于商业利益驱使或某些不良趣味的诱因，一些微小、琐细的议题可能造成巨大影响，最终导致大众的轻信盲从。今天，政府不但正确认识和把握新媒体的特点和规律，主动接近和善用新媒体，主动观察网络舆情和民意的

① 张小明：《有效引导突发事件网络舆情》，《学习时报》2013年6月3日。

变化，而且也加强了运用新媒体管理危机的能力，“黄钟”的声音正变得越来越大。

4. 网络舆情工作流程科学有效

网络舆情工作在长期实践的基础上，逐步探索出一套完整的工作流程。根据舆情信息的纵向流程特点，一般可分解为舆情监测、舆情研判、舆情报送、舆情预警、舆情处置五大步骤，进一步完善了各类网络舆情引导的技巧与方法。

(1) 政府门户网站和重点新闻网站主流作用明显

做好政府门户网站和重点新闻网站建设，强化论坛管理，这是舆情工作的首要阵地。首先，政府加强了主流网站与品牌栏目（论坛）的建设工作，比如人民网、新华网以及各地省网的建设。其次，扩大其影响力与公信力，形成示范效应，影响非主流网络舆论，引领网络舆论的风潮。再次，调动了网络编辑、论坛管理者、版主的力量，强化论坛管理，培养网络舆情评论员，建立了一个庞大的独立评论员队伍，对诸多重大舆论进行健康有序的引导。

(2) “议程设置”合情合理

通过有效的“议程设置”，政府一般都能引领重大舆论的方向，化解突发事件的网络舆情危机。首先，能够及时公开应该公开的必要性信息，第一时间将真实、权威、公正的信息传递给公众。其次，建立多方面的合作机制，通过与网络媒体、传统媒体的合作，设置合理的议题，通过专题的方式对突发事件作深度报道，进行集中讨论，效果显著。

(3) 培养并充分发挥网络意见领袖的作用

“意见领袖”又称舆论领袖，是大众传播过程中的信息的主要接受者、转达者和评论者，同时，也兼指信息的“把关人”，是信息传播过程中的守门人。政府培养的网络意见领袖充当着政府舆情的阐释者角色，具有桥梁作用。“善于发现和寻找网络意见领袖，通过意见领袖来引导网络舆论，强化主流舆论，争取中立舆论，孤立过激舆论。同时建立权威人士上网沟通机制，以公共协商与远程民主的精神促成议题的解决与理解。用网民自己的声音引导、感染网民，实现网民自我教育、自我引导，达到事半功倍的效果。”①

（4）舆情治理方式科学有效

第一，尊重网络传播规律，把握突发事件网络舆情引导的关键环节，拓宽网络的社情民意表达渠道，使网络成为汇聚信息与观点的集散地，疏导不满情绪，在关键节点上寻求突破与转折，化险为夷，变不利为有利。

第二，综合利用多个媒体引导舆论，立体化、多渠道展开突发事件网络舆情疏导工作，把网络舆情监控与评论引导紧密结合起来。利用好本地网络舆论平台，强化正面信息，探索网络舆情联动应急创新机制。

第三，本着以人为本的理念，坚持理性、平和、包容的态度，采取对话的方式疏导信息，而不是封闭信息，有效引导网络舆情良性发展。

5. 专家队伍建设初具规模

形成了一支比较庞大的研究队伍，力量主要集中在高校、网站、社科机构和网络管理实务部门。研究的主要视角是把握规律，探求本质，服务实践。从事舆情研究与监测工作的高校和科研院所各展所长，如天津社科院、武汉大学、中国人民大学、复旦大学、中国传媒大学、上海交通大学、南京大学等，成果丰硕。

同时，大量舆情软件公司和市场调查公司高速发展，“如拓尔思、方正、邦富、军犬等，以技术见长，善于抓取网络舆情数据，成为舆情服务业重要的技术型方阵。截至 2012 年 1 月 16 日，全国共有约 68 款经过工信部软件司认定登记颁证的‘舆情’软件”②。

二、网络舆情工作的信息化建设

信息化是 21 世纪全球最显著的特征之一，加快信息化建设与

---

① 张小明：《有效引导突发事件网络舆情》，《学习时报》2013 年 6 月 3 日。

② 李黄村：《网络舆情服务前景几何》，《人民日报》2012 年 1 月 31 日。

发展，是覆盖我国现代化建设全局的战略性举措。加强网络舆情信息化建设和新技术的广泛应用，有利于改进工作方法，创新服务管理模式，增强服务能力，提高工作效率。

1. 网络舆情管理信息化建设的重要性

网络舆情管理信息化建设是指及时、有效地利用当今世界信息技术的最新理念、最新设备以及最新科技应用手段和方法，对互联网舆情信息进行自动化、智能化、科学化的搜集、存储、分析、处理及舆论引导，通过最新技术手段和指挥管理平台，有效发挥各级管理职能部门对网络舆情进行管理及引导的作用。

随着互联网服务模式和传播渠道日趋多样化，网络新媒体的舆论功能日益凸显，网上舆情信息呈现出敌情、社情、民情等复杂现状。在这种情况下，应坚持统揽工作全局，按照系统化、科学化和信息化的要求，加强对网络舆情信息的管理和引导；仅按照传统的“人海”管理战术以及简单的“封堵”方式对网络舆情信息进行管理是远远不够的，必须适应新形势下的任务需要，采用现代化技术手段来实现管理，把网络舆情管理信息化建设作为当前和今后一个时期发展建设的方向和目标切实抓紧抓好。

2. 网络舆情管理信息化建设的组成和主要任务

网络舆情管理信息化建设的主要任务，是将网络舆情各方面工作融入信息化建设之中，搭建先进、实用、可扩展的网络舆情管理信息系统和技术应用平台，实现网络舆情管理与引导的科学化、一体化、数字化，提高网络舆情管理工作的实效性。

网络舆情管理信息化建设主要由相关的软硬件支撑环境、数据库、应用软件系统、用户、管理规则所组成。网络舆情管理信息化建设是一个系统工程，主要包括计算机网络工程、软件工程管理工程建设等内容。在建设网络舆情管理信息系统的过程中，必须系统规划、综合协调，全面整合各类信息化技术和应用。

3. 网络舆情管理信息化建设的原则

在信息系统建设过程中，人们已总结出一些有用的观点和认识，可以作为建设网络舆情管理信息系统的指导原则。

（1）系统性与长远性结合

信息系统包括软硬件支撑环境、数据库、应用软件系统、用户相关管理规则五个组成部分，建设过程中必须注重总体规划，综合考虑多个相关工程的协调，结合实际，讲求实效，立足长远，不断发展和完善。

（2）先进性与实用性兼顾

在信息化建设时，要利用先进的硬件和软件，建设功能强大的网络舆情管理信息系统。但信息技术更新换代很快，在考虑先进性的同时更要追求实用性，即软硬件系统要与应用单位的实际需求、人员水平和管理体制相适应。

（3）技术性与管理性并重

信息系统的建设包含了技术工程建设和管理工程建设，要注意两方面齐头并进，纠正以往重硬件投入、轻软件投入的错误观念，不断加大人员培训力度，健全相关管理规则，充分发挥系统综合效能。

（4）开放性与拓展性协同

在网络建设和应用软件系统的建设中，应采用开放式系统架构，重视“上下左右”的系统集成和软件接口、信息交互标准等方面的总体设计。同时，信息化也是一个不断发展的过程，信息系统建设需要不断扩展与完善，与时俱进。例如，网络舆情监测系统之前主要监测的是网页、论坛等媒体，随着近年来微博的普及，系统必须进行扩展，增加对微博等内容的有效监控。

（5）保证可靠性与安全性

网络舆情信息化建设应遵循稳定可靠运行的原则，应支持每周7天、每天24小时不间断的工作状态，建设实施过程中应采用CMM或ISO 9000-3的质量保证和过程控制体系，遵循国家的相关标准和规范；同时，由于网络舆情信息系统具有较高的保密要求，建设实施时必须采取相应的技术措施和管理手段，确保数据信息资料的安全保密。

4. 网络舆情监测系统

近年来，国内的软件公司、媒体舆情、科研院所、公关公司等机构纷纷推出舆情系列产品服务，可从互联网查询到的网络舆情监测系统有：军犬网络舆情监测系统、本果网络舆情监控系统、利盾监测系统、乐思网络舆情监测系统、西盈网络舆情监测系统、美亚舆情系统-舆情服务平台、汇高网讯互联网舆情系统、谷尼网络舆情监测系统、优捷信达网络舆情系统、神采舆情监测系统、红麦舆情监测系统、拓尔思舆情监测系统、安吉专业舆情监测系统、金雕网络舆情监测管理系统、邦富互联网舆情监控系统及舆情分析系统、方正智思互联网舆情监控系统等。

根据机构成立背景的不同，可将现有的主流舆情服务商分为三大类：第一类是以知名高校为依托的舆情研究所，如北大方正-人民大学舆论研究所、谷尼国际软件-南京大学谷尼舆情分析实验室，主要客户群体中政府和企业各占一半；第二类是以媒体为依托的舆情监测室，主要有人民网舆情监测室、新华网舆情，客户群体主要是政府；第三类是公关公司，如蓝色光标、易观国际，客户群体主要是企业。目前网络舆情监测技术主要有计算机“爬虫”技术、网络痕迹溯源技术、微博类信息合作共享技术、网站后台信息拦截技术等。

典型案例：

网络舆情漏斗

网络舆情监测系统要求能在第一时间、稳准快狠地从海量互联网数据中，把各级党委、政府及网管部门需要的网络舆情信息过滤出来，军犬网络舆情监测系统中提出了“舆情漏斗”（如图 3-1 所示）的概念，该图形象地描述了网络舆情监测系统中舆情监测与分析的基本原理。

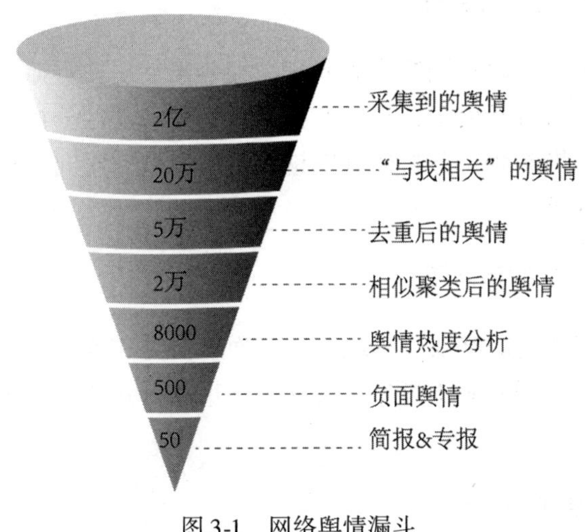

图 3-1　网络舆情漏斗

第四节　网络舆情工作人员素质要求

网络舆情工作人员必须从政治素质、专业素质、心理素质、职业素养几方面不断完善和充实自己，切实提高自身能力，才能满足互联网环境下网络舆情实践工作的需求。

一、政治素质

网络舆情工作的开展是新形势下党和政府顺应社情民意、改进执政方式、提高执政能力的重要标志，是网络舆情信息管理的关键环节，这就要求我们必须具备过硬的政治素质。

1. 坚定的政治信念

以对党和人民高度负责为态度，以维护党和国家、人民的根本利益为导向，以执政为民、以人为本的基本理念为指导。在网络舆情工作中，坚持正确的舆论导向，不断提高自身的政治觉悟，以全局的观念分析处理舆情信息。

2. 敏锐的政治头脑

具有敏锐的政治洞察力和判别力，善于从现象中抓住本质，对舆情信息进行分析处理，对已有数据做定量和定性分析，科学地预测舆情的发展态势，分析研判舆论的性质，做到对同类事件举一反三、见微知著。

3. 较高的政策水平

始终坚持党的路线方针政策，全面领会党和政府中心工作的要求，在实践过程中对于指导性理念融会贯通，并在具体实践中灵活操作。

二、专业素养

1. 坚实的理论基础

具备过硬的理论素质是对网络舆情信息工作人员提出的基本要求。

（1）掌握党的基本理论。善于运用辩证唯物主义和历史唯物主义的思想方法，把握舆情工作的基本方向。

（2）掌握各级行政机关政策和行业法律法规。打牢舆情信息工作的知识基础，进一步增强工作的实效性。

（3）掌握基本的新闻传播学、社会学、统计学和公共管理学方面的理论知识，以应对多学科交叉领域呈现的网络舆情现状。

（4）对于某些专业领域的舆情工作处理，还应适当地了解相关领域的具体知识，才能深入地对舆情性质做出分析。

2. 基本的媒介素养

网络舆论场的性质决定了舆情信息的展示平台具有媒介社交属性，这就要求网络舆情工作人员必须掌握基本的新闻传播规律，熟悉网络传播的特性，并努力研究在此基础上涉及的事件传播模式。

3. 全面的业务能力

网络舆情工作人员应对本部门的工作流程、工作机制和工作规范等各方面的情况了若指掌，对本专业领域的发展现状和未来有清晰的定位。通过在工作岗位上的具体实践，不断提高自身的业务能力，认真总结经验，将其上升到理论的高度。

三、心理素质

1. 自信心

网络舆情工作人员对网络信息进行监测与搜集、分析和研判时必须自信，对于有价值的言论和舆情信息，应及时予以提炼。

2. 抗压力

在面对重大突发性网络舆情事件时，应做到临危不乱，合理安排应急预案，适当进行管控。

四、职业素养

1. 良好的语言表达能力

（1）文字处理能力

写作舆情分析报告时，能用准确的语言表述舆情现状，运用合理的图表将数据与文本相结合，力争完整地展示阶段性的舆情发展态势。

（2）口头表达能力

舆情研判会商时，能用简练的语言，与相关部门沟通舆情进展，准确转述网络言论所代表的舆论导向。

2. 精准的技术分析能力

认真学习互联网新理论，熟练运用互联网的新技术，掌握以下几项基本的网络舆情信息技术分析能力：

(1) 挖掘搜集能力

从海量的互联网信息中，挖掘出有价值的代表舆论热点的言论。

(2) 概括剖析能力

从已搜集到的碎片化信息中，概括提炼出代表社情民意的观点。

(3) 抽样统计能力

运用定性和定量相结合的方式，从同类型事件中归纳总结出网络舆论导向。

3. 较强的组织协调能力

网络舆情工作是系统工程，工作流程较为复杂，工作方式多样，这要求网络舆情工作人员具备较强的组织协调能力。不断扩大和完善舆情信息工作网络，整合各方面的力量，充分发挥各实体部门的积极作用。在舆情会商时，充分调动各部门参与的积极性，协调实现联动一体化办公。

4. 全面的管理统筹能力

网络舆情信息处理工作是由各级各部门舆情信息工作人员在实践过程中相互配合协调共同完成的。这要求网络舆情工作人员在案例库建设、信息源存储和相关人员培训时，应该站在全局的角度，统一筹划安排和实施。

中编
操作篇

第四章　网络舆情监测与搜集

网络舆情搜集就是运用各种方法监测、搜集、汇总网络舆情信息的一项工作。它既是网络舆情工作的重要开端，又贯穿网络舆情工作的全过程。

网络舆情热点主要围绕以下一些问题展开：社会风险、贫富差距拉大引发的矛盾和问题、官民关系紧张带来的矛盾问题、腐败问题、劳资矛盾问题、住房问题、流动人口问题、失地农民问题、社会保障问题、网络安全问题、群体性事件等。

在当前信息高度饱和的背景下，新闻的生命周期大约是 4 ~6 个小时，如果不能尽早报送并及时拿出应对方案，舆情处置会陷于被动，没有舆情监测与搜集，其他舆情处置工作就会陷入“巧妇难为无米之炊”的尴尬境地。所以，舆情的监测与搜集工作至关重要。

第一节　政府网络舆情监测的重点领域

党的十八大报告中专门提出建设中国特色社会主义总布局是“五位一体”，即，建设社会主义市场经济、社会主义民主政治、社会主义先进文化、社会主义和谐社会和社会主义生态文明。网络舆情的划分也应当按照经济、政治、文化、社会和生态文明五个层面展开，其中舆情相对集中、表现较为突出的领域如表 4-1。

表 4-1　　舆情信息分类

主题类别	涉及事件领域
重大决策部署类	党和国家重要会议、重大活动、重大项目、重要政策措施
社会热点类	收入分配、就业社保、三农问题、教改医改等
经济发展类	宏观调控、国企改革、金融环境等
重大突发事件类	自然灾害、事故灾难、公共卫生、社会安全
意识形态类	宣传思想工作的意见建议、创新做法；政治思潮、经济思潮、文化思潮
重要境外涉华类	境外媒体报道、国际舆论热点
互联网发展类	业界发展动态、国外互联网发展管理经验做法

一、重大决策部署类舆情信息

重大决策部署类舆情信息主要包括重大问题决策、重要会议召开、重要讲话发表、重要干部任免、重大项目投资决策和大额资金使用等。

重大决策部署类舆情的产生是由上而下的，信息主要来自权威部门，此类舆情主要是媒体、公众对重大决策部署的意见和建议，时间上相对集中，因此舆情监测与搜集也相对集中。新闻类网站的新闻跟帖与时政论坛更倾向于选择国内政治大事作为讨论的议题，新闻类网站往往是重大决策部署类舆情的首发媒体，然后被各大主流社区论坛、微博等媒介转发，微博舆论场中的意见领袖们也积极参与重大决策部署类信息的讨论，因此，新闻跟帖、新闻网站论坛和微博是此类舆情监测与搜集的重要舆论场。

总体来说，对此类事件的讨论态度比较中立和理性，对此的关注是网络舆情监测搜集非常重要的组成部分。

二、社会热点类舆情信息

社会热点，是指在一段时期内人们普遍关注的重点问题或事件。社会热点问题主要反映在六大关系上：官民关系、警民关系、城乡关系、劳资关系、贫富关系和医患关系。具体体现在收入分配问题、房地产调控问题、食品药品安全问题、环境保护问题、中小企业发展问题、民间借贷问题、"三农"问题、国企改制问题、社会保障问题、征地拆迁问题，反腐倡廉、网络问政、司法公正、城管执法、就业失业、弱势群体、教育、道德失范等方面。

这就要求在舆情监测与信息搜集过程中关注两类相关指标：静态指标与动态指标。"静态指标是指在很长时期内民众都普遍关注的社会事项，如：医疗卫生、公共安全、公共教育、社会就业、权力腐败等主题，一旦有了导火索，这些方面的问题就极容易形成舆情。动态指标是指在特定的一段时期内社会民众特别关注的社会事项，如：食品安全问题、农产品价格上涨、通货膨胀等。"① 一些特定事项的发生可以引发重大舆情事件。

社会热点类事件的"首发舆论场"主要集中在网络社区论坛以及微博场域当中。网络社区论坛的帖子更多集中关注网络反腐、经济问题和其他民生问题，如天涯社区的"天涯杂谈"、凯迪社区的"猫眼看人"，新浪微博、网易微博等微博平台也是舆情信息首发以及快速广泛传播的主要舆论场。

三、经济发展类舆情信息

经济发展类舆情主要包括和经济发展密切相关的重大决策或问题，如中央关于经济问题的重大决策、通货膨胀、国企改革、宏观经济环境、金融环境等。

经济发展类舆情的搜集，要围绕中央关于推进经济发展的各项重大决策部署，要关注社会各界对推进经济发展方式等宏观调控措施的评价和建议，尤其是国内研究机构、专家学者等对全球金融危机、美元贬值、国际市场石油和粮食价格等国际因素对我国经济运行的影响，以及我们应采取的对策建议的分析评价。要密切关注经

---

① 高承实、荣星、陈越：《微博舆情监测指标体系研究》，《情报杂志》2011 年第 9 期，第 66 ~ 70 页。

济运行中存在的阶段性矛盾和由此引发的舆论热点，及时反馈社会各阶层对于涉及宏观调控的政策的评价信息，规避经济风险的发生。

经济发展类舆情往往跟政府的重大经济决策有关，所以首先要关注新闻类网站的跟帖及财经类网站的论坛。另外，一些微博意见领袖可能通过微博发表相关看法，所以微博也需重点关注。

四、重大突发事件类舆情信息

根据2006年1月国务院颁布的《国家突发公共事件总体应急预案》的规定："根据突发公共事件的发生过程、性质和机理，突发公共事件主要分为自然灾害、事故灾难、公共卫生事件和社会安全事件。"

重大突发事件往往对社会产生很大的冲击力和震撼力，甚至影响社会秩序与安定。重大突发事件根源于社会民生经济问题，线下某个事件没有得到妥善解决，就可能构成重大突发事件的导火索。一旦在互联网上进行传播，却没有得到及时监测，舆情扩散开来会造成难以挽回的影响。重大突发事件主要指向三个方面：一是指向事件本身，关注事件的起因、经过和发展；二是指向政府，政府部门的处理态度和措施直接影响公众的矛头指向；三是指向社会制度、体制等更深层的原因。如图4-1所示：

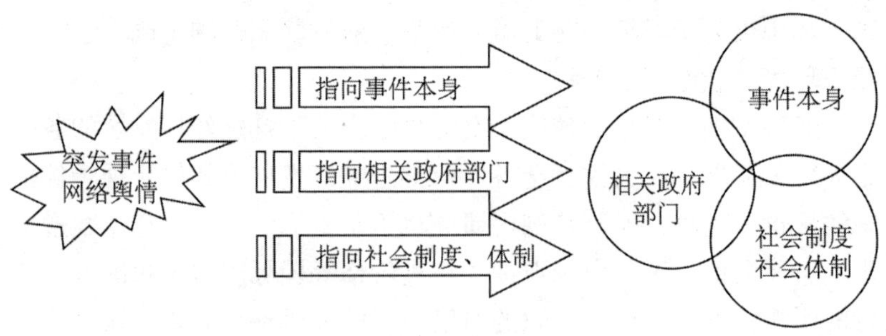

图4-1　突发事件网络舆情的指向维度

重大突发事件舆情的传播路径有以下几种：第一，由传统媒体或记者介入曝光、调查、报道；第二，经由微博中的意见领袖转发，由于微博中的意见领袖一般都有着成千上万的粉丝，此类转发会推动舆情事件走向高潮；第三，伴随着事件的发生，谣言和流言流传，影响舆情走向；第四，当事人深谙互联网信息扩散之道，雇佣网络推手公司，联合推动舆情爆发。

典型案例：

凤凰古城收取门票事件①

凤凰古城自2013年4月10日正式对外收取门票，微博平台的关注度快速提升，传统媒体微博快速介入事件传播，同时部分网上意见领袖也积极对此事予以评论转发，使得事件在微博平台上的传播力度加大，且舆论呈现出对凤凰县政府相对不利的发展方向。

在凤凰古城收取门票的次日，@头条新闻、@央视新闻、@财经网、@中国之声等媒体微博从“商户抗议”、“游客购票感受”、“148元门票的分配”等多个方面对事件进行了传播，该事件的微博关注度见图4-2。

4月13日，@袁裕来律师（粉丝66万）在微博上倡议“五一不去凤凰古城”，截至4月18日9时，这则微博被转发11.5万次，评论3万条。

此外，@老徐时评、@连鹏、@老榕、@闾丘露薇、@邱震海、@王志安等也在微博上对凤凰古城收费一事表示不理解，甚至持批评态度，这就使得微博平台上积聚了较多负面情绪，对凤凰县政府的形象造成较大冲击。

---

① 原文参见人民网舆情监测室：《凤凰古城收取门票事件舆情分析》，人民网，http：//yuqing. people. com. cn/n/2013/0419/c354318-21204995. html，2013-08-08。

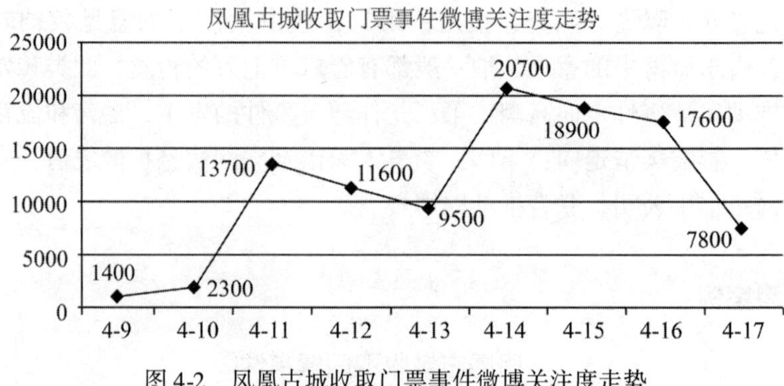

图 4-2　凤凰古城收取门票事件微博关注度走势

五、意识形态类舆情信息

意识形态类舆情信息，主要包括宣传思想文化工作、社会思潮和敌对势力网上颠覆渗透活动三类信息。另外，外交关系、民族宗教关系和恐怖活动也属于广义上的意识形态类舆情。

“宣传思想文化工作领域信息的搜集范围是全方位、多层次的，涉及理论武装、新闻出版、广播影视、文化艺术、思想道德建设、精神文明创建、对外宣传、互联网建设与管理、文化体制改革及队伍建设等诸多领域。”①

“社会思潮是一定时期人们深层次思想观念和心理状态的集中反映，是在一定范围内造成影响的思想潮流或趋势。”② 重点加强对高等院校、社科机构和社会上论坛、讲座等方面的舆情搜集，密切关注论坛、讲座领域所谈论的主要话题，分析研判倾向性、苗头性言论，及时反映各种社会思潮的新动向、新动态。跟踪调查分析社会各阶层思想动态，选取某一阶层或特定社会群体开展研究，分

① 百度文库：《舆情信息写作手册》，http：//wenku. baidu. com/view/2a2ea4ef6294dd88d1d26b04. html，2012-11-11。

② 百度文库：《舆情信息写作手册》，http：//wenku. baidu. com/view/2a2ea4ef6294dd88d1d26b04. html，2012-11-11。

析研判社会情绪和社会心理，集中反映其总体状况和新发展、新特点。尤其要加强对消极和非理性情绪的搜集分析。

“西方敌对势力利用其网络技术优势，加紧对我国实施意识形态渗透，网上争夺与反争夺、渗透与反渗透、演变与反演变的斗争将更加激烈，将长期存在。”① 国内一些别有用心人士受境外势力的扶植和影响，利用网络鼓吹西方价值观，鼓吹政治变迁，歪曲党的领导，歪曲我们的革命和建设历史，错误解读国家政策，借国外文件影射国内政治，一些人否定马克思主义、否定党的领导和历史、否定共和国的历史，这些都应引起我们的高度警惕。

进行意识形态类的舆情监测，既要对国内的一些网络社区论坛、某些人士的微博进行重点监控，也要对境外敌对网站进行全天候监控。

六、重要境外涉华类舆情信息

搜集境外涉华舆情信息，对中国的国际传播和国际形象至关重要。做好境外涉华舆情监测，可以有效树立中国的国际形象，维护国家利益和国家安全。

境外重要涉华舆情信息主要包括以下几类：

第一，“境外各主流媒体对我国重大决策、重大改革、重大事件、重大会议，我国主要领导人重要活动、重要讲话的重要报道和评论”②。

第二，“涉及我国政治、经济、社会、民族、宗教、文化、人权、国防、环境保护、知识产权、禁毒等领域重大事件、重要活动的重要评论和报道；涉及我国西藏、新疆、台湾等问题的报道和评论”③。

---

① 徐缨、王建润：《提高网络时代宣传思想工作科学化水平》，《人民日报》2010年5月11日。

② 百度文库：《舆情信息写作手册》，http：//wenku. baidu. com/view/2a2ea4ef6294dd88d1d26b04. html，2012-11-11。

③ 百度文库：《舆情信息写作手册》，http：//wenku. baidu. com/view/2a2ea4ef6294dd88d1d26b04. html，2012-11-11。

第三，“对我国重大突发事件、重大敏感案件的新闻处置，重大经济政策改革、重要理论出台以及社会热点问题的评论和报道”①。

第四，对我国宣传文化工作、新闻出版管理的报道和评论。对此类网络舆情，主要监测境外敌对网站，要对其实行全天候、全网式舆情监测。

七、互联网发展类舆情信息

主要监测和搜集互联网业界发展动态、国外互联网发展和管理的经验、国际互联网管理法规、互联网新技术和新业务的发展情况、国内互联网管理动态、电子商务、电子政务、互联网疆界的保护、网络黑客、网络水军、网络犯罪、网络色情、网络游戏等方面的舆情。重点监测和搜集新技术、新业务和新应用对社会生活、宣传思想的影响。

当前，传统媒体与新兴媒体之间相互融合、相互放大、相互影响的趋势日益明显。综合以上的分析，我们对一些不同舆情信息类型的首发舆论场进行了归纳，如表 4-2 所示。

表 4-2　　　不同舆情信息类型的首发舆论场

舆情信息类型	事件出现的首发舆论场
重大决策部署类	新闻类网站、时政类论坛
社会热点类	新闻类网站、贴吧
经济发展类	新闻类网站、财经类网站、微博
重大突发事件类	微博、网络社区论坛、博客
意识形态类	微博、网络社区论坛、境外敌对网站
重要境外涉华类	境外通讯社、国外新闻网站
互联网发展类	互联网类网站、微博、网络社区论坛

① 百度文库：《舆情信息写作手册》，http：//wenku. baidu. com/view/2a2ea4ef6294dd88d1d26b04. html，2012-11-11。

第二节　网络舆情监测的重点对象和搜集方法

一、网络舆情监测的重点对象

除了按类别监测和搜集网络舆情外，还要监测和搜集网络意见领袖的言论，主要包括：维权人士、网络水军、媒体记者、娱乐圈名人、知识分子、草根意见领袖、新闻线人、政府官员、异见分子、敌对势力等。

1. 意见领袖

意见领袖，又被称为舆论领袖，于20世纪40年代由传播学者拉扎斯菲尔德在《人民的选择》（1948年）一书中首次提出。他在二级传播理论中发现了意见领袖的作用，认为“信息的传播模式是按照‘媒介—意见领袖—受众’的方式进行，即观念总是先从广播和报刊传向‘意见领袖’，然后再由这些人传达到那些人群中不太活跃的人群”①。

网络传播中的意见领袖有可能原本就是现实社会中的意见领袖，也有可能是在网上获得影响力的网民。他们粉丝众多，可以影响他人。一旦他们介入某个话题，便可以加快该话题的传播速度并扩大影响。

典型案例：

校花评选测乳间距　杨澜怒斥把女人当玩物②

2012年9月5日，湖北十大校花评选大赛在武汉启动，大赛组委会表示，将对选手的外形进行测量，脸部要求嘴巴与眼睛间距是整个脸长的36%，两乳不下垂且距离大于20厘

---

① 付永利：《网络意见领袖影响力研究》，河南大学硕士学位论文，2010年。

② 该事件原文参见《校花评选标准用尺量引争议》，《长江商报》2012年9月6日。

米。选美标准一公布即引发争议。有媒体报道称，日前启动的湖北高校十大校花评选大赛将采用尺子量出校花。其评选标准中规定，两乳之间距离大于 20 厘米。知名媒体人杨澜 9 月 6 日在其微博中怒批："今天看到新闻说某高校选校花，选美标准中竟有乳距之类！把女人当玩物啦？用这种僵化标准量女性，太 OUT 了吧！"杨澜的这条微博被评论 1604 次，转发 2469 次，在腾讯微博的转播量为 2965 次，评论量为 1916 次。多家媒体将其放在新闻标题里报道，如《长江日报》的《校花评选测乳间距　杨澜怒斥把女人当玩物》、《钱江晚报》的《高校评校花测乳间距 杨澜怒斥：将女人当玩物》等，这些报道被多家知名网站，如人民网、凤凰网、新浪网转载。可以说，杨澜作为知名媒体人士和意见领袖，大大地推动了这件事情的传播，放大了其影响力。

2. 维权人士

维权人士主要是指在中国现行法律允许的范围内，要求法定权利得到保障，反抗权利被侵犯，并无明显政治性要求的群体。他们的行动方式主要是法律诉讼、媒体曝光、上访、游行示威等。主要有法律维权人士、公益维权人士和商业维权人士三类，在网络媒体上非常活跃。

3. 网络水军

"网络水军即受雇于明确的组织或个人，利用网络进行炒作行为的网络人员，这一定义既包括网络公关公司又包括发帖回帖的不固定人群，网络水军区别于其他网络行为的根本特征是付费，即网络水军将自己在网络上的传播权力让渡给受雇者，是一种商业行为。"①

网络水军以注水发帖或在网络上发表言论来获取报酬，有专职

---

① 李彪，郑满宁：《微博时代网络水军在网络舆情传播中的影响效力研究——以近年来 26 个网络水军参与的网络事件为例》，《国际新闻界》2012 年第 10 期。

和兼职之分。网络水军始于商业领域，逐渐渗透到政治领域和文化领域。他们“除了利用网络进行炒作外，还有部分网络水军使用了诽谤、诬陷、抹黑等手段，攻击竞争对手、编造轰动事件、混淆公众视听等”①。

典型案例：

中国乳业危机背后的网络推手②

近年来，一场两大乳业巨头的商业诽谤案暴露出乳业、媒体与网络公关市场积弊重重。行业巨头之间利用网络、媒体进行炒作，甚至雇佣网络打手对竞争对手进行恶意攻击。从“伊利QQ星性早熟事件”到“圣元性早熟事件”，一次又一次的恶意攻击，严重损害了中国乳业品牌的形象，使得中国乳业品牌在婴幼儿奶粉市场的份额几乎丧失殆尽。2010年10月22日，呼和浩特市经济技术开发区公安分局召开新闻发布会，公布蒙牛品牌经理安勇等涉嫌损害商业信誉、商品声誉罪等案件。根据公安人员查获的电子证据，网络抹黑伊利的官方网帖内容出自一份代号“731计划”的公关策划方案，全称为《DHA借势口碑传播》，该策划案计划从2010年7月中旬开始，首先通过报纸，攻击深海鱼油产品的问题，引发社会和公众恐慌，然后通过网络推手，开始以网络为主阵地的深度攻击，引出深海鱼油中的EPA导致儿童“性早熟”并在讨论中将矛头指向伊利、金龙鱼、圣元和安利等使用深海鱼油产品的企业，最后通过网络推手集中攻击伊利QQ星儿童奶导致“性早熟”。伊利集团在7月下旬的舆情监控中监测到对伊利不利的帖子后，试图与发帖者联系，但收不到回音，随后报案。

---

① 张翔：《网络水军》，http://blog.sina.com.cn/s/blog_6d7ca7dd0100ychn.html，2011-11-01。

② 摘自张克：《公关门事件背后的网络推手》，《检察风云》2011年第1期。

二、网络舆情监测与搜集方法

目前，网络舆情的监测与搜集，主要通过技术手段搜索和人工搜索两种方法实现，报送机制是对技术搜索和人工搜索手段的重要补充。

1. 技术手段搜索

随着互联网技术的发展、数字技术的成熟以及数据挖掘工具的不断完善，舆情搜集软件通过关键词等技术自动获取与舆情有关的信息，会大大提高舆情搜集工作的效率。然而，目前的舆情搜集软件还存在很多问题，数字技术的优势没有得到充分发挥。网络舆情搜集的技术手段将在第八章详细阐述。

2. 人工搜索

目前70%的舆情监测与搜集工作都是靠人工搜索来完成的。提高舆情人工搜集的效率，首先要做好舆情队伍的管理，建立舆情信息管理体系，推进舆情工作的科学化、制度化和规范化建设。

舆情信息管理体系的目标是达到舆情报送优质高效、舆情处置引导规范、舆情态势有序可控。为此，就需要建立省、市（州）、县（市、区）三级网络，由市州级部门发现舆情，并进行报送。形成舆情报送的梯级团队机制。此外，建立舆情工作量化考评标准，对各级部门的舆情工作进行考评。

3. 三种主要搜索引擎的使用与搜索指标

（1）百度搜索

百度搜索的使用较为普遍。新闻方面，在关键词搜索上，可以选择“新闻全文”或“新闻标题”两种搜索方式，新闻条目会显示该新闻在网络上的转载量。另外，“百度新闻搜索”中的“高级搜索”性能稳定，功能强大。高级搜索相当于一个多条件的组合搜索，它可以根据用户的需要，更加灵活地按照用户输入的不同条件组合来进行搜索。

经常使用的百度搜索除了百度网页搜索、新闻搜索之外，还有百度知道、百科、贴吧、视频等。另外，舆情人员还可以精确搜索来自某特定网站的新闻。这些功能提升了舆情信息搜索的速度和效率。

（2）奇虎搜索

奇虎搜索是国内较强的论坛与博客搜索工具，在舆情监测中使用较多。其中，“问答”包括“博客”和“论坛”。奇虎搜索具有时间选择灵活、定点搜索方便、论坛博客搜索功能可靠等优点。其搜索选框设置合理，基本可以满足舆情日报、周报和年报的要求。

（3）谷歌搜索

谷歌（Google）是国际上最流行的功能强大的搜索引擎，在舆情监测中，它比较擅长阅读定制和外媒消息搜索。经常使用的谷歌搜索有“网页搜索”、“新闻搜索”、“博客搜索”、“财经搜索”、“论坛搜索”等。谷歌搜索目前的主要问题是谷歌系统不稳定。

三、监测与搜集指标

舆情爆发要考虑三个因素：一是与社会因素相关，比如本章第一节中讲到的七大类容易产生网络舆情的事件；二是事件本身具有争议性，比如拆迁事件本来就是公众关注的焦点；三是舆情信源本身。鉴于此，形成的监测与搜集指标，见下表4-3：

表4-3　**网络舆情监测与搜集指标**

一级指标	二级指标
A. 舆情发布者指标	A1. 舆情发布者影响力 A2. 活跃度 A3. 价值观
B. 舆情类型指标	B1. 舆情信息主题类别（见下表） B2. 关注度 B3. 信息主题危害度

续表

一级指标	二级指标
C. 舆论场指标	C1. 媒体影响力 C2. 传播方式（见下表） C3. 舆情扩散度
D. 参与主体要素指标	D1. 传统媒体 D2. 意见领袖 D3. 政府相关部门 D4. 网民广泛 D5. 线下群体性事件
E. 参与受众指标	E1. 负面指数 E2. 受众影响力 E3. 参与频度 E4. 网络分布度
F. 区域和谐度指标	

第五章 网络舆情研判

第一节 网络舆情研判的原则

新形势下，面对互联网舆情信息海量的特点，必须把握基本原则，并采取科学的方法对网络舆情进行研判，才能把握工作重点，提高工作效率。经过实践积累和总结，进行网络舆情研判时应遵循以下基本原则：

一、导向性

组织网络舆情信息科学化研判，不但关系到领导的决策，更与群众利益及安危息息相关，必须以对党和人民高度负责的态度，以维护党和国家、人民的根本利益为导向，在组织具体舆情判断时，保持高度的政治敏感性，以坚强的党性做保障，排除干扰、消除杂念、去粗取精、去伪存真、体察民情、见微知著，审视掌握的信息和素材，采取多种方法认真甄别，形成科学的分析模式，作出科学的判断，为各级党委、政府做好新形势下群众工作提供准确的决策参考。

二、全面性

社会客观事件呈现于网络舆情，往往表现出片面性、碎片化的舆情信息，在进行网络舆情信息研判时，必须坚持全面深入的原则，就是要从多视角、多渠道、多方面了解掌握现实中的具体情况。不但要了解网民反映的现象，还要协调事件所在地的相关部门掌握现实情况，以以人为本、执政为民的基本理念为指导，剔除那些因地方利益、部门利益以及个人私利带来的片面的舆情信息，从大局出发，从整体考量，从有利于党和国家工作的方面展开思考，深入分析，才能提出有针对性的、准确合理的对策建议。

三、客观性

网络舆情研判是在对真实信息进行客观分析的基础上做出的，必须正确运用辩证唯物主义和历史唯物主义原理，透过纷繁复杂的舆情现象抓住事物本质，把握内在规律，采取辩证客观的分析方法对网络舆情信息进行科学研判。首要的是“两个真实性”的研判，面对网络舆情首先要研判“信息的真实性”和“事件的真实性”，“信息的真实性”指的是网上发布信息的真伪，“事件的真实性”指的是现实环境中是否有对应的事件发生。“两个真实性”反映的是网络社会的虚拟性和现实性的对立统一。研判时如果只重视信息的真实而忽视事件的真实，就会导致网络舆情研判的着眼点出现偏差；如果只关注事件的真实而无视信息的真实，就无法及时有效地回应社会的关切。只有秉持客观性的原则，才能保证舆情研判的科学性。

四、时效性

网络舆情是现实社会中社情民意在互联网平台上的反映。互联网信息的传播具有即时性和广泛性的特点。时效性直接决定着舆情信息的价值。必须将时效性原则贯穿网络舆情研判过程的始终。在研判网络舆情信息的同时，应不断强化时效观念、不断提高快速反应能力，确保“第一时间”研判舆情。只有及时准确地研判舆情的发展趋势，才能有效地避免群体性突发事件的发生，真正做到防患于未然。对于前期出现倾向性、苗头性的舆情，要善于透过现象看本质，挖掘事件内在的关联，对事件来由有一个明晰的判别。对于后期持续演进过程中的舆情，要学会运用量化的方式进行判别，通过归纳和提炼来判断舆情态势的基本走向，及时准确地提出建设性意见。

第二节　网络舆情研判的主要流程

在网络舆情研判的工作中，必须着眼于促进改革开放大局和宣传思想工作的全局，从甄别舆情真伪、判断舆情性质、把握传播规律、预测舆情态势、提出对策建议五个流程入手，重点分析网络舆情的性质特点，摸清舆情传播的范围和影响程度，揭示现象背后的本质诉求，提出合理的对策建议。

一、甄别舆情真伪

对于搜集到的舆情信息，要对其真伪加以辨别，以"两个真实性"为指导方针展开排查，确保信息的真实性和事件的真实性。

1. 对信息发布者的身份进行核实

核实信息发布者的身份——是否冒名发布，是否以虚拟身份发布。通过这一步骤，可以分辨出信息发布者是否无事生非或蓄意报复，辨析其发布的信息是否属于网络谣言范畴。

2. 对发布信息的途径加以查证

查证信息首发源头是网络舆情研判工作的重中之重。分析信息是通过什么平台加以发布——是小众的论坛还是主流媒体，并依据受众的 IP 地址查询舆情扩散程度。通过这一步骤，可以判断出现阶段事态的扩散范围和传播动向。

3. 对信息内容加以核实

核实信息内容，即核实是否真有此事发生，信息中提供的事件发生的时间、地点是否与真实情况吻合。这一步骤可以帮助我们查证对应的相关职能部门和地理区域归属。

二、判断舆情性质

对具体的舆情信息进行性质认定和价值判断，着重分析其中包含的言论立场和民意诉求，从中发现关键性的问题。对舆情定性，可以从事件敏感程度、社会关注程度和事件危害程度三个角度着手。

三、把握传播规律

网络舆情的形成是一个阶段性的传播过程。每个时间段内，随着舆情事件本身的演变和多方面利益团体的加入，所呈现的舆论焦点和民众诉求都可能发现相应的变化。我们必须对重要敏感舆情事件所处的周期阶段有所界定，从潜伏期、发生期、发展期、平息期四个角度展开具体的研判。

四、预测舆情走势

只有从扩散程度、言论导向、表现形式三个维度研判网络舆情走势，才能真实地掌握舆情发展的现状。扩散程度指的是舆情传播的范围。言论导向指的是现阶段正面、负面评论所占比重。表现形式指的是舆情是否已从线上动员发展到线下群体性聚集。

五、提出对策建议

网络舆情的研判环节最终要提出对策和建议，这是为领导进行科学决策提供参考依据的基础，也是舆情信息处理的重要环节。能否有针对性地提出合理的对策，能否提供操作性、实用性强的处理意见，能否前瞻性地预判舆论的局势和走向，对舆情分析研判的准确性影响极大。

第三节　网络舆情研判的方式与方法

一、网络舆情研判的工作方式

采用研判例会、联席会议和专家会商三种主要研判形式，“能使网络舆情研判工作及时和准确地开展，在网络舆情事件发生时，及时判断舆情走向，采取必要的措施解决网络舆情事件，在网络舆情事件解决后，对前一阶段应对过程进行总结、反思与建议，对下一阶段网络舆情走向进行研判，从而对政府应对未来的网络舆情事件工作的开展起到指导和借鉴意义”①。

1. 研判例会

召开舆情研判例会是基层组织的常态性工作。必须在有关部门设立专人专职处理相关事务。依据搜集来的网络舆情建立信息库，开展定时定点针对网络舆情信息的日常性和持续性的研判工作。各单位要将网络舆情研判工作作为常态化的工作流程固定下来，定时针对网络舆情信息做汇总性的工作，并设立专职人员对汇总后的信息做归类分析。

2. 联席会议

联席会议是指舆情多个相关职能部门定期参与和组织召开联席会议，集中组织舆情研判工作。通过横向协调的方式，形成多部门联动，可以最大限度地整合力量，确保舆情研判结果的科学性。在网络舆情事件发生之后或发展过程中的某个阶段，相关部门组织人员召开联席会议，集中集体智慧，弥补单一职能部门知识能力的不足，不但可以保证对各类重要敏感舆情事件的稳妥处置和引导，又能有效提升网络舆情队伍的整体素质。

3. 专家会商

网络舆情的分析研判涉及公共管理学、政治学、新闻传播学、社会学等多个学科和领域，涉及政府行政系统和现实社会的多个层级，触及新闻媒介的认知系统和民众行动力等多个方面。这就要求在重大突发事件发生后，必须借助多方平台整合资源，确保舆情研判结果的科学性。采取专家会商的形式，是指在特定事件发生的当下汇聚各方专家的力量。通过聘请各个领域的专家学者为高级舆情

---

① 程亮：《网络舆情研判机制的内容与流程》，《中国记者》2010年第2期。

分析师，在特定时期从不同角度、不同侧面、不同层次对舆情整体走势和出现的舆情热点事件进行分析阐释，提高舆情信息研判的真实性、可信度和客观性。

二、常见的网络舆情研判方法

网络舆情是新形势下宣传思想文化工作的新兴领域，也是“社会科学和自然科学交叉的研究领域，任何单一的研究方法都不可能尽其精义。因此，应突破传统的思维模式，提倡研究方法的多元化，多角度、全方位地对网络舆情事件进行研究，这对于正确判断、全面掌控局势，特别是为政府相关部门提供所必须了解的社会动态，畅通舆情信息渠道，及时处置突发事件和应对复杂局面，进而维护国家安全和社会稳定具有重要意义”①。

1. 系统研究法

系统论“作为现代科学方法论之一，已在各学科领域广泛运用，在网络舆情实践中可运用系统论批评方法。整体性原则是系统论方法的基本出发点，它把研究对象作为一个整体来考察，从整体与部分的相互关系中揭示系统的特征和规律”②。

世界上没有孤立的事物，各种事物和现象之间都存在普遍的联系。网络舆情事件的产生，一定依托于相应的现实环境，不可能凭空出现。这就对应了“两个真实性”相辅相成的原则。而对单一的舆情事件追根溯源，一定可以查证到与其有千丝万缕的联系的事件。我们必须洞悉网络舆情事件主体的意志诉求和深层次动机，只有这样才能真正避免网络舆情研判的片面性和主观性，才能真正做到对网络舆情发展走势的全局性和客观性的把握，进一步为领导的决策提供科学依据。

---

① 程亮：《网络舆情研判方法的探析》，《新闻知识》2010 年第 2 期。

② 程亮：《网络舆情研判方法的探析》，《新闻知识》2010 年第 2 期。

2. 比较分析法

比较分析法也称“对比分析法，是把客观事物加以比较，以达到认识事物的本质和规律的目的，并做出正确的评价。通常是把两个相互联系的指标数据进行比较，从数量上展示和说明研究对象规模的大小，水平的高低，速度的快慢，以及各种关系是否协调。在对比分析中，选择合适的对比标准是十分关键的步骤，选择合适，才能作出客观的评价，选择不合适，评价可能得出错误的结论”①。运用比较研究方法对网络舆情事件进行分析，既可以对不同地区的同类网络舆情事件进行比较，又可以对同一地区的不同网络舆情事件进行比较。对不同地区的同类网络舆情事件进行比较，可以体现区域性的差异；对同一地区的不同网络舆情事件进行比较，可以很好地了解当地的社情民意。

3. 历史分析法

历史分析法是依据马克思主义关系发展的观点，分析事物历史和现状的关系，包括历史和现状的一致方面，以及由于环境、社会条件的变化而造成的不一致方面。历史分析的目的，是弄清楚事物在发生和发展过程中的来龙去脉，从中发现问题，启发思考，以便认识现状和推断未来。运用历史分析法对网络舆情进行判别时，可以站在历史的高度，对整个舆情爆发的源头展开深度调研。对于同一地区持续发生的舆情，可以从当地传统的经济和文化格局入手，了解舆情频发的缘由，从而有效避免网络重大舆情事件的发生发展。

4. 实证研究法

实证研究法是指从大量的经验事实中进行科学归纳，总结出具有普遍意义的结论或规律，然后通过科学的逻辑演绎方法推导出某

---

① MBA智库百科：“对比分析法”，http：//wiki. mbalib. com/wiki/%E6%AF%94%E8%BE%83%E6%B3%95，2012-03-06。

些结论或规律，再将这些结论或规律拿回到现实中进行检验的方法。实证研究法是认识客观现象，向人们提供实在、有用、确定、精确的知识的研究方法，其重点在于超越或排斥价值判断，只揭示客观现象的内在构成因素及因素的普遍联系，归纳概括现象的本质及其运行规律。网络舆情信息是民意民情在网络平台上的表现。“舆情往往是内隐的，需要载体和渠道来抒发和表达，而互联网的发展为民众这种内隐的情绪和态度提供了一个理想的表达渠道，这些具体形态的舆情信息隐含着民众的情绪，体现着民众的社会政治态度，其产生根源、发展态势以及可能导致的后果，都需要相关方面进行深层次的挖掘，实证研究法为深层次地挖掘网络舆情提供了有力的方法支持。”①

第四节　网络舆情研判的重点

一、不同类别网络舆情研判

网络舆情事件的发生不是孤立的、片面的，而是社会各阶层信息在网络层面上的反映。对于网络舆情的研判，也不是单个部门监管范围可以完全涵盖的，这涉及每一个政府职能部门的管理功能在网络层面的延伸。

1. 重大决策部署类

对于事关党和国家重大决策部署、重要会议、重大活动的舆情，必须站在全局的高度上分析和判断，紧抓加快经济发展这条主线，围绕科学发展这个主题，重点分析社会各阶层、各利益主体的政治态度，要高度重视抓好国家和地方重大项目工程中与民生、环境保护有关的舆情研判，搞好风险评估和舆论引导，防止重大群体性舆情事件的发生。

---

① 程亮：《网络舆情研判方法的探析》，《新闻知识》2010 年第 2 期。

2. 社会热点类

对于社会热点类舆情，要切实把握社会各阶层舆论聚焦点，围绕着就业保障、征地拆迁、收入分配、教改医改、食品安全等领域，以及涉官、涉警、涉贪、涉腐、干部提升任用、公务员招聘、干部作风问题等网民反映强烈的热点事件重点展开分析研判，跟踪当前社会情绪和社会心理，抓住研判个案的处置办法、整体状况以及发展中出现的新趋势，把握各类社会热点的特点和规律，适时提出应对措施。

3. 经济发展类

对于经济发展类舆情，必须秉持着以经济建设为中心这一治国方略，熟悉国内外金融环境，密切关注经济运行中存在的阶段性矛盾和由此引发的舆论热点，及时反馈社会各阶层对于涉及宏观调控的政策的评价信息，规避经济风险的发生。应准确把握事态的走向，及时评判公众对政府处理事件的反馈信息。

4. 重大突发事件类

非自然灾害类的突发性事件往往伴随着民众的强烈诉求，容易引发群体性聚集和负面舆论导向，因此，要密切关注重大突发性事件中网民的意见和态度。

5. 意识形态类

对于意识形态类舆情，要密切关注其动向走势，关注有代表性的观点和言论，抓住其中可能出现的重大问题，跟踪了解社会思潮演变的影响，及时搜集有关发展道路和改革方向的评价信息，及时作出预判和研判，及时提出防范敌对势力渗透破坏和舆论炒作攻击的有效对策。对于宣传思想工作类舆情的分析研判，要依据舆情表现的特点，学会从多种渠道分析研判，掌握第一手材料，并本着客观真实的原则，对材料进行加工和提炼，从中整理出有价值、有思想性、有代表性的舆论观点。

6. 重要境外涉华类

对于境外涉华类舆情，要找准其中反映的国际舆论导向，关注境外媒体对于我国重大决策和活动事件的报道，关注全球性议题下呈现的国际和地区热点问题中的涉华信息，关注外交政策中的国际舆论，关注对外贸易中的各方反应，针对外交、外贸中出现的突发事件以及领土争端中的重大议题，及时进行舆情研判分析，提出反制措施和建议。

7. 互联网发展类

对于互联网发展类舆情，要及时掌握各种关于互联网业界发展新趋势的信息，整理和归纳先进互联网管理的方式和做法，学习和借鉴国外互联网的管理经验，及时研判国际性互联网法规措施，提出应对意见和建议，争取互联网管理的话语权。

二、不同敏感程度网络舆情研判

1. 一般性网络舆情的研判重心

网络舆情信息是海量的、无序的、零散的。我们每天都能从舆情搜集部门接收到大量的信息素材，但只有那些反映了当下热点的、凸显社情民意的、涉及倾向性言论的舆情，才是我们应该关注的重点。

在常态化舆情信息搜集过程中，对于容易引发社会不安，可能导致舆论风暴，形成线上动员、线下行动情形的苗头性舆情，我们应该加以深度挖掘，科学合理地分析判别，定向跟踪关注，及时提出相关的建议和处理意见。

2. 重要敏感性网络舆情研判

重要敏感性网络舆情多半是具有事件关联性的各种信息的汇集。具体表现为：事件本身涉及党和国家政府，对政府公信力和官员形象造成较大负面影响的舆情事件和相关帖文；政府机关粗暴执法且涉及人员伤亡的舆情信息；涉及重大公共安全事件，容易引起大范围民众恐慌的相关舆情信息。针对这一系列的网络舆情，要直接找出网络言论的发布源头，鉴别真伪，对言论的扩散范围要有所估计，及时告知事件涉及的相关部门，令其做好应对预案和舆情管控。

3. 重大突发性网络舆情研判

重大突发性网络舆情是指有共同利益诉求的网民群体在特定的社会背景下，利用网络大规模地散播某方面信息，以制造舆论，发泄不满情绪，造成对社会的不良影响，引发危害社会稳定的群体性事件。针对重大突发性网络舆情事件，要迅速掌握网民热议的焦点，找准关注点，分析网民的诉求，及时判别网络舆论的走向，提出有针对性的舆论引导建议和事件处理意见，避免引起更大规模的线下群体性事件的爆发。

三、不同舆情阶段的研判重心

网络舆情具有周期性、突变性和扩散性的传播特征，依据网络舆情的演变周期，判别舆情发展的走势是网络舆情研判的重中之重。舆情演变周期按照传播特性分为：潜伏期、发生期、发展期和平息期。每一个舆情传播阶段都具有不同的表现特点，不可同一而论，把握住舆情不同发展阶段的共性和特性（见图 5-1），是准确研判网络舆情的立足点。

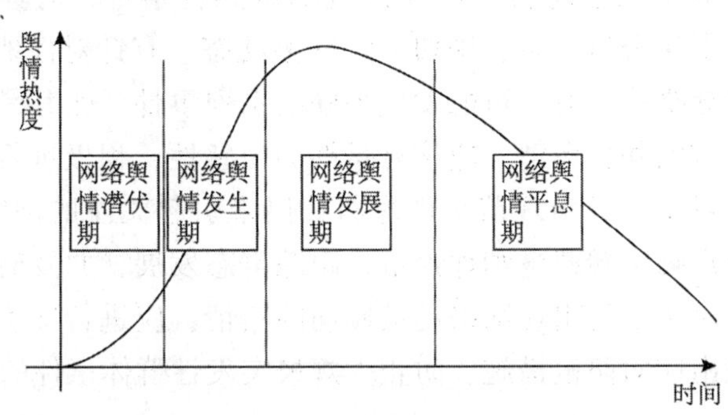

图 5-1　网络舆情热度发展趋势

1. 潜伏期网络舆情研判

网络突发性事件在得到社会广泛关注之前，通常要经历一个缓慢的积淀和酝酿的过程。潜伏期网络舆情一般表现为：网上没有出现敏感舆情信息和帖文；现实社会中发生了敏感恶性事件、案件以及重大事故，但相关信息没有传播扩散到网上；没有网上意见领袖、维权人士、律师发声以及媒体记者跟踪报道情况等。此时，舆情多处于苗头性的状态，若不引起重视，甚至完全被忽视，直至形成意见的聚集、民意的舆论风暴，就会给舆情处置工作造成被动局面。如果判断及时，在舆情还未形成共同话题和集中讨论前妥善应对，就可以在最佳的时期对网络舆情作出良性的疏导。

（1）潜伏期网络舆情研判的时机

潜伏期网络舆情研判的时机是：重大节假日、重大活动、重大会议、重大决策部署以及重大工程项目发生或实施的前夕；事件发生地区存在重要敏感人员时；特殊利益群体存在的利益矛盾和冲突尚未反映到网上；网上有零星帖文反映诉求和问题，但尚未引起舆论的关注和炒作等。

（2）潜伏期网络舆情研判的重点

潜伏期网络舆情研判的重点是：针对敏感问题和敏感时间节点，要对可能出现的事件分级、分层次研判，提前分类，制定工作预案；对于社会现实中已经出现的敏感性事件，对其事态发展、走势做出分析预判，密切关注网上动态，有针对性地制定网上管控引导措施。对于可能发生关联的系列事件，尤其是容易引发连锁反应的相关舆情，应该有足够的敏感性，积极进行舆情隐患排查；对于已经出现苗头性爆料，但未引起关注的网络信息，应密切留意帖文转载量和评论量，跟踪事态发展，并及时通报相关部门；对于已经出现网络动员倾向的舆情，应进行准确研判和定性，提出应对防范措施，防止大规模突发性群体事件的发生。

典型案例：

贵州瓮安县“6 · 28”事件①

2008 年贵州瓮安县“6 · 28”事件发生前，“读书苦，读书累，读书还要交学费，不如参加黑社会，有吃有喝有地位”等顺口溜和流行语就在当地群众中传唱，反映了当地民众对公安机关不作为的不满，干群关系、警民关系已经非常紧张。如果当时政府部门能够及时探查到民意民情，合理化解矛盾，就能够避免一场大规模冲击政府的群体泄愤事件的发生。

2. 发生期网络舆情研判

发生期网络舆情指的是舆情的某一要素发生突变或由于特殊原因成为点燃舆情的导火索，致使舆情脱离潜伏期。具体表现为：网站、论坛、社区、微博中或地方媒体出现敏感帖文或相关报道，相关信息在网上快速传播和扩散，网络媒体开始炒作，舆情事件开始步入公众视野，话题持续升温，意见领袖介入发声，社会各个层面开始广泛讨论。

（1）发生期网络舆情研判的时机

发生期网络舆情研判的时机是：监测发现网上出现敏感性舆情信息和帖文时第一时间进行舆情研判；地方媒体出现相关负面报道时迅速组织舆情研判；重要敏感人员网上发声时应及时组织舆情研判；网上出现群体性、动员性舆情信息，要重点研判。

（2）发生期网络舆情研判的重点

发生期网络舆情研判的重点是：必须从涉事者身份、舆情的时空环境、事件性质、舆性的敏感和危害程度几个层面入手进行重点分析研判；迅速查清发布者的真实信息，查清是否属于网络谣言；

---

① 该事件原文参见《瓮安事件成群体事件标本政府层层开会延误时机》，新华网，http：//news. china. com/zh _ cn/domestic/945/20080908/15075178. html，2008-09-08。

核实舆情信息发布的平台，在摸清首发源的前提下，判别事件性质；对网上舆情信息所处的时空环境进行界定，对特定时期、特定地点发生的舆情进行定性判别，必要时可协调当地相关部门进行联合研判。

典型案例：

广东韶关玩具厂“6·26”群体斗殴事件①

2009年广东韶关玩具厂“6·26”群体斗殴事件，本为普通治安案件，由于两名新疆籍员工死亡，经由境内外敌对势力在论坛和个人空间借势炒作，线上政治动员转变为线下群体聚集，最终导致新疆乌鲁木齐“7·5”打砸抢烧严重暴力事件的发生，造成了重大人员伤亡和财产损失。

3. 发展期网络舆情研判

发展期网络舆情指一个舆情事件在网上持续扩散和升温，舆论负面评论信息报道持续叠加，报网互动明显，持续形成网上炒作态势。发展期网络舆情一般表现为：主流媒体介入报道和评论；国内主要网站首页转载；主流互动社区首页加精推荐；网上持续出现负面评论性文章；媒体记者持续跟进报道；专家学者和意见领袖纷纷发声；舆论呈现一面倒和波浪式推进态势。

（1）发展期网络舆情研判的时机

发展期网络舆情研判的时机是：对形成热点的敏感舆情事件，持续掌握相关信息，持续研判其走势和变化；对媒体的介入程度和网民的跟进程度进行分析研判，而后提出舆情引导的责任主体及回应的方式方法；在党政机关网上回应及发布新闻后，对其效果进行

---

① 该事件原文参见《广东韶关一玩具厂发生职工群体斗殴事件》，新华网，http://news.xinhuanet.com/society/2009-06/28/content_11612710.htm，2009-06-28。

针对性研判；对可能关联的次生舆情进行重点研判，及时提出有效的防控措施。

（2）发展期网络舆情研判的重点

发展期网络舆情研判的重点是：关注网民舆论的焦点和媒体关注点的变化，站在信息公开的角度，及时提出舆论引导的策略；对事件危害程度要提前预判，分析是否在人员伤亡、经济损失、环境破坏层面造成了有形危害，事态的发展是否损害了国家政府的形象，导致政府丧失公信力，造成社会价值观扭曲；对网上出现的政治动员类舆情信息提出网上管控措施，建议启动重大舆情应急处置预案；对网上出现的各类谣言，迅速提出妥善的应对措施，落实防范性措施，防止引发公众恐慌。

典型案例：

十堰郭元荣事件①

2011年元旦放假期间，十堰市网民彭宝泉虚构精神病患者郭元荣的女儿“郭寒韵”在天涯社区发表帖文，表示谁能救出其父，愿以身相许。其后，媒体记者通过微博和民间论坛进行转发炒作，传统媒体不断介入，报网互动舆情不断升温。后经新华网、人民网等多家权威媒体揭露此次事件的别有用心，舆论导向才发生根本性扭转，一场由网络推手精心策划的舆论风波才得以平息。

4. 平息期网络舆情研判

平息期网络舆情是指舆情事件得到有效解决，或随着新的社会热点和话题的出现，舆情事件的关注度持续下降，公众注意力发生转移。平息期网络舆情一般表现为：舆情源头不再有新的发声；舆

① 该事件原文参见《消除“被精神病”的恐惧》，《人民日报》2011年1月7日。

情虽有媒体介入，但无新的“炒点”；网上评论数量、网民跟帖量大幅下降；媒体报道数量锐减。

（1）平息期网络舆情研判的时机

平息期网络舆情研判的时机是：舆情事件关注度呈现持续下降态势时进行研判；舆情平息后研判总结舆情应对处置中的经验教训。

（2）平息期网络舆情研判的重点

平息期网络舆情研判的重点是：应该从定量和定性两个方面来展开，定量的研判重心是以收集到的量化数据作为分析的依据，定性的研判重心是将媒体的关注度作为重点监测对象；并对事件本身有无得到妥善解决，有无可能造成舆情再次炒作和反弹进行阶段性重点研判，对可能出现的舆情反弹风险提出针对性的对策建议。

典型案例：

云南师宗矿难事件①

2011 年 11 月云南师宗矿难发生后，政府部门及时展开救援，网络舆情虽有所指责，但多数是对失事后遇难人员的哀悼，但当值班领导戚谷明遇矿难逃生、伪装带班下井的真相被揭露后，民众掀起了声讨的舆论高潮，纷纷批驳形同虚设的“带班下井”制度，原本沉寂下来的舆情又再度升温，形成新的热点话题。

总之，通过科学系统的网络舆情研判，既能对网络舆情事件做出准确的定性，及时判断舆情走向，采取必要的防控措施，又可对下一阶段的网络舆情处置工作提出合理化建议，对其起到积极有效的指导作用。

---

① 该事件原文参见《云南师宗特大矿难值班矿长被查明说谎》，《中国青年报》2011 年 11 月 14 日。

第六章　网络舆情预警

网络舆情预警工作是网络舆情处置工作的桥头堡。构建科学合理的网络舆情预警体系，建立起第一道早期屏障，可以把舆情工作由事后扑火向事前预警推移，有利于提前介入、防患于未然，将舆情隐患限制在最小的危害范围内。

网络舆情预警工作是网络舆情管理工作的重要组成部分，正确把握网络舆情预警工作的内涵原则，明晰其地位，对于建设一个高水平、高质量、高效率的网络舆情预警体系至关重要。网络舆情预警和网络舆情研判一脉相承，与网络舆情处置紧密相关，处于承上启下的重要位置。它是网络舆情工作体系中的一个子系统，其本身也包含了多种工作要素。

第一节　网络舆情预警工作的内涵

一、网络舆情预警的定义

1. 预警

“预警”一词意为“在危险出现前的警报”，一般可解释为：“在灾难以及其他需要提防的危险发生之前，根据以往总结的规律或观测得到的可能性前兆，向相关部门发出紧急信号，报告危险情况，以避免危害在不知情或准备不足的情况下发生，从而最大程度地降低危害所造成的损失的行为。”①

---

① 张琳：《产业预警：任重道远》，《中国物流与采购》2009 年第 2 期。

2. 网络舆情预警

网络舆情预警是指从网络舆情事件出现征兆到事件发生的这段时间内，因感知到其损失，为应对和化解危机所采取的必要的、有效的行动。具体地讲，它就是对网络舆情潜伏、出现、发展和消亡具有重要影响的因素，根据分级内容和预警指标，运用定性加定量的综合分析技术，对网络舆情的发展趋势做出预测并及时做出等级预报。

二、网络舆情预警工作的原则

1. 分级明确、指标可测

网络舆情的预警体系应是构建在定性的判断和定量的预警分级指标之上的。分级应做到合理、明确、清晰，让舆情预警工作人员一目了然、有章可循。在现实的舆情预警工作中，往往会遇到很多不确定因素，这些不确定因素既难以测定，又不方便量化。因此，在设定网络舆情预警指标时，要尽可能做到具有可操作性。

2. 灵敏高效、报送快捷

网络舆情预警的目的是及时识别网络信息流中蕴含的风险，以最快的速度保质保量地报送舆情信息，这样就能在网络舆情应对工作中掌握主动权，否则就会错失良机。网络舆情的预警环节要求反应及时快速、可靠有力，一定要畅通舆情信息的传递渠道，确保第一时间报送信息，防止重大信息的迟报、漏报、误报、瞒报或不报。

3. 前瞻预测、保持常态

网络舆情预警工作要求，不仅要识别判断苗头性舆情，更要对其可能的变化态势、发展路径进行科学的预测，为网络舆情的处置环节提供参考。由于互联网具有全天候、即时性的技术特点，网络舆情预警工作需要保持常态化，切忌松懈。网络舆情中的突发性事件往往在不经意的细节中萌芽，随之以迅猛态势发展，相应的预警工作如不保持日常的警惕状态，就只能在事后补救中付出高昂代价。

三、网络舆情预警工作的意义

1. 有效适应互联网时代的扁平化管理

我国传统的政府组织结构表现为层级特点，呈金字塔状。实际工作中，舆情信息的上报与应对命令的下达需要通过层层传递。20世纪诞生的互联网带来了世界的扁平化。21世纪，随着3G移动宽带网络和智能移动终端的快速普及，无线互联网正以前所未有的速度向社会各方面渗透。无线互联网时代的到来，给传统政府组织架构带来了颠覆性影响，其技术特点使得传统的层级管理已经不适应网络时代的高速信息传播节奏，扁平化管理乃是大势所趋。网络舆情预警工作高度重视信息报送，及时反映网上动态，使得反应时间大幅缩短，适应了网络时代的扁平化管理趋势，增强了网络舆情工作的主动性。因此，建立必要的组织、制度体系和技术中心以支持网络舆情预警机制的运行，对保障绝大多数群众的切身利益、维护社会稳定、保持国家的长治久安，以及构建和谐社会，均具有重要意义。

2. 帮助领导科学决策

"从20世纪90年代初开始，我国政府重视预警系统的开发与应用工作，尤其重视对宏观经济运行预警系统和自然灾害危机事件预警系统的开发，在政府决策中发挥了重要作用。"① 在我国各项危机预警中，网络舆情预警工作是个新生领域，缺乏完善成熟的预警机制，但其重要性不亚于对宏观经济、自然灾害、食品安全的预警。网络舆情预警工作直接关系到领导决策的质量和效率，运转良好的网络舆情预警体系可以让网络舆情信息极具时效性，信息可被

---

① 肖群鹰、朱正威：《危机预警中的政府信息管理与调控——基于人口安全预警系统的研究》，《中国行政管理》2008年第8期。

迅速地报送给上级部门和领导，让其在第一时间全面、准确地了解网民的所思所盼，增强党委政府部门应对危机的能力，为领导的科学决策作参考。

3. 增进各职能部门之间的协同合作

各类突发事件具有群发性、扩散性、高危害性等特征，涉及社会生活的方方面面，而网络舆情是社会生活的"晴雨表"，具有不同程度的内在特质，这就决定了对网络舆情的管理不可能局限于单一部门，需要多部门的交流和协作。构建科学、合理且高效的网络舆情预警机制和指标体系，以便及时完成对网络舆情信息的上传下达，互通共享。加强政府各领域职能部门间的合作，有效应对不断变化、复杂多样的网络舆情危机，是信息化政府的一个根本体现。

4. 增强各级政府的网络舆情应对能力

预警工作是整个网络舆情管理工作中十分重要的一个环节。古人说："凡事预则立，不预则废。""国际安全科学领域里，有一条著名的'海恩法则'：每一起严重事故的背后，必然有 29 次轻微事故和 300 起未遂先兆，而这些征兆的背后又有 1000 个事故隐患。按照罗伯特·希斯的观点，避免危机的发生或者将危机消灭在萌芽状态是成本最小、最经济也是最成功的危机管理方法。"① 预警工作做好了，可以有效防止网络负面舆情的扩散、蔓延乃至更严重的后果。网络舆情危机往往肇始于容易被忽略的微小舆情，如果各级政府缺乏对苗头性舆情的洞察能力，不能及时进行预警工作，并进行有效的属地管理，往往会使情况恶化，导致危害性舆情事件升级，后患无穷。只有做好网络舆情预警工作，才能在网络舆情工作中做到预防在先，未雨绸缪。增加对小微舆情的重视，提高对苗头性网络舆情的辨别能力，可以提高基层政府应对网络突发事件的水平。

---

① 张小明：《公共危机预警机制设计与指标体系构建》，《中国行政管理》2006 年第 7 期。

第二节 网络舆情预警的分级标准及其响应机制

网络舆情预警工作要考虑舆情事件的重要性和典型性、涉事人物的级别、涉事地点和涉事时间的敏感度，辅之利用事先设定的预警指标体系，对预警前各环节（网络舆情的监测、收集、研判）的结果进行准确判断，如果其超出了预定的警戒线，即向多个层级方向发出警报。当然，准确划分科学合理的预警级别，完善迅速有力的应对机制，直接关系到网络舆情预警工作的成效与时效。

一、网络舆情预警的分级标准

我国目前并无现成的网络舆情预警分级体系，《中华人民共和国突发事件应对法》依据突发事件发生的紧急程度、发展态势、可能造成的危害程度等因素，将突发事件的预警级别分为四级，并用不同的颜色加以标示。参照这个样本，“可以将网络舆情突发事件预警同样分为四级：轻警级（Ⅳ级，非常态）、中度警级（Ⅲ级，警示）、重警级（Ⅱ级，危险）和特重警级（Ⅰ级，极度危险），并依次采用绿色、黄色、橙色和红色来加以标识，使用者可以根据不同的颜色来判断预警的不同级别”①。确定舆情警报的人要对纷繁复杂的网络舆情事件进行分级归纳，从而施以不同的处置措施，这需要人工定性分析和指标定量分析相结合。准确地确定预警的级别，主要依靠两个关键因素：第一，由经验丰富的舆情预警工作人员进行定性分析，提供舆情事件的性质认定，发现网络舆情信息中包含的倾向、立场和动机；第二，依靠科技手段，立足于网络舆情预警指标体系进行定量分析，增强了对浩若烟海、变幻不定的网络信息的提炼能力，使预警工作智能化、效率化。

---

① 吴绍忠、李淑华：《互联网络舆情预警机制研究》，《中国人民公安大学学报（自然科学版）》2008 年第 3 期。

1. 定性分级

由于网络舆情的复杂性，特别是苗头性舆情的隐匿性，常常凸显出网络舆情预警工作中定量分析的不足。如涉军涉警事件、民族宗教事件等，即使在预警指标体系的考量下得分并不突出，但是，具有政治敏感性和大局意识的一线预警工作人员仍会对类似事件高度重视，直接划归为橙色或红色高级别警戒。经验丰富的预警工作人员对网络舆情的定性分级在网络舆情预警工作中不可或缺。在定性分级中，要根据事件性质、时间地点、涉事人物、社会关注程度、事件敏感程度、事件危害程度将网络舆情归于不同警报级别，而不仅仅是对定量的预警指标体系的死板运用。

2. 定量分级

网络舆情预警工作中，对网络舆情事件的定量分级是对整个分级体系的有益补充，其核心是依据可操作性、真实性、科学性、合理性原则，构建网络舆情预警指标体系，从多个维度来诠释主题舆情的传播范围及程度、主题舆情本身的内容强度、舆情受众意见分布、主题舆情的生长规律及状态等网络舆情监测预警要素。将各种指标进行 1 ~ 5 分的赋值，用综合评分法得出单一网络舆情事件的分值，并将其对应四个预警等级。定量的分析必须和定性的判断结合起来，才能不断提高网络舆情预警分级的准确性，从而做好网络舆情预警工作。

二、网络舆情预警中不同级别的响应机制

日常的网络舆情预警工作包含三个层面内容：一是通过前面的收集、监测、研判环节，根据一系列前提条件和参数，预测突发事件的发生发展和危害性，发布警报；二是根据突发事件的动态监测，对突发事件下一步发展的趋势、影响进行分析，调整警报级别并重新发布；三是对次生、衍生事件进行定性、定量分析，发布警报。网络舆情的预警和其他各环节实际上并非理论上的线性关系，而是需要与监测、研判等前置环节紧密配合、相辅相成的一个动态

舆情工作体系，网络舆情的收集、监测与研判贯穿于网络舆情预警环节的整个周期。

根据不同警报等级，相应的响应机制与基本流程如下：

1. 绿色警报（Ⅳ级）

潜在的初期的苗头性信息，属于一般性舆情，仅为网民对普通时政、社会、经济、民生等新闻的普通议论或轻微质疑。此时舆情状况为良好，仅需要再次观察是否会有向黄色警报过渡的潜在可能，进行一般性关注介入。

2. 黄色警报（Ⅲ级）

此时的网络舆情已经亮起了第一盏警示灯，发生突发事件的潜在风险已经有了初步呈现，需要对危机发生的可能性，发生的时间、地点、原因，可能影响的范围和造成的危害，以及危机的演化方向和变化趋势，作出分析判断，发出预警信息。

3. 橙色警报（Ⅱ级）

迅速汇集能够表示危机严重程度和进展状态的特征性信息，向上级部门及时汇报，向舆情突发事件相关的平级部门传递信息，以便政府部门及时掌握和提前应对，减少突发事件造成的损失，同时向下级部门进行信息传达。基层部门应迅速进行处置式介入，进行属地管理，提高应对效率。

4. 红色警报（Ⅰ级）

网络舆情部门第一时间向上、下、同级部门进行简洁、精确的舆情信息传送，身处不同位置的各部门迅速启动联动响应机制，形成合力。红色警报意味着情况刻不容缓，延误可能造成严重的社会政治后果，必须同时建立全方位联动机制与责任体系，要求上一级部门直接介入，并集合各部门之力积极应对这种网络舆情及其引发的突发事件。

第三节　网络舆情预警机制的建立和制度化准则

应对网络舆情的根本在于机制。在网络舆情工作的各个环节中，都应该建立起相应的机制，只有形成了健全有力的机制，工作的责任才能落到实处，相应的措施才能有效展开，工作的效率才能切实提升。要建立一套科学高效的网络舆情预警机制，就要设置合理的预警活动程序，包括建立预警指标体系，建设预警机构组织体系和预警工作流程。组织体系包括预警负责机构、人员组成、责任与权利，以及与其他部门的关系等；预警工作流程包括原始信息的收集、数据挖掘与分析、发现并筛选网络舆情、预警方案制定与实施等。网络舆情预警工作必须建立制度化的准则，形成与之相对应的一系列组织、人员、经费、制度保障等。

网络舆情预警是一项综合性工作，绝不是仅靠一个计算机系统或者网络舆情工作人员就能实现的。网络舆情预警机制的制度化准则是“进行网络舆情预警的重要基础和根本保证。我国在食品卫生与安全、消防、国防、环境保护等领域已建立对应的预警组织体系，为突发性事件的治理做出了重大贡献”①。然而，目前网络舆情的制度化准则相对缺乏，为了更好地做好网络舆情预警工作，从而保障网络舆情预警系统的顺利实施，建立网络舆情突发事件预警的制度化准则显得尤为重要。

一、建立健全相关法律法规

“网络舆情管理工作的相应法律法规是网络舆情预警机制的行动指南和法律依据。网络舆情突发事件爆发后，政府部门的应对能力与管理的主动性、权威性，不应该仅仅是自发性的反应，而同时应是法律法规授权的结果。社会突发事件预警体系制度化的关键在

---

① 曾润喜、徐晓林：《网络舆情突发事件预警系统、指标与机制》，《情报杂志》2009年11月18日。

于有一套相对完整的法律、法规体系。”① 如美国《全国紧急状态法》增强了其应对危机的能力，我国也在2006年至2012年先后出台《国家突发公共事件总体应急预案》、《中华人民共和国突发事件应对法》、《关于加强网络信息保护的决定》等法律法规，但这些文件当中对网络舆情突发事件预警涉及的较少，缺乏对预警工作的指导，给实际操作带来不便。因此，现阶段迫切需要构建科学、合理并高效的网络舆情突发事件预警与应急管理法制框架体系，做到有法可依、依法行政，努力使网络舆情预警工作逐步走向规范化、制度化和法制化。

二、建立覆盖广泛的联动机制

从中央到地方，各地各部门要在法律法规的框架下，完善联动机制，形成舆情预警的工作合力，发挥舆情预警的关联效应。

1. 上下联动

建立中央、省、市、县四级敏感、快速、有力的互联网管理和信息处置渠道，建立起从中央到基层各级相关部门参与的纵向体系，“充分调动相关部门的主动性，尤其是基层的积极性，发挥上下联动机制，使预警工作不留死角”②。

2. 同级联动

网络舆情预警工作不是某一个部门的单一职责，各个部门都应该把网络舆情工作摆在重要位置，增强责任意识、主体意识。党委政府负总责的同时，还要构建各相关职能部门参与的横向体系，形成同级联动的工作网点，不仅要将与网络舆情相关的宣传机关、公安机关、通信管理等部门纳入到系统中，也要将属地所有的党委、

---

① 胡税根、翁列恩：《预见性政府治理与社会突发事件的预警机制》，《浙江大学学报（人文社会科学版）》2006年第3期。

② 曾润喜、徐晓林：《网络舆情突发事件预警系统、指标与机制》，《情报杂志》2009年11月18日。

政府机关部门调动起来，实现信息互通共享。

3. 传统媒体与新兴媒体联动

对网络舆情进行预警，须注意传统媒体和网络媒体绝非隔绝的两个舆论场。网络时代的重大舆情事件往往首先发端于网络，在新兴媒体上发酵，之后传统媒体介入，将新兴媒体上的舆情信息进行深度处理和放大处理。因此，网络舆情的预警也应该注意到两个舆论场的联动预警。

4. 官方和民间联动

建立从政府到公众共同参与的官方与民间联动体系。该体系由政府、专业机构、社会中介组织、社会公众等共同构成，政府是预警的主要主体，专业机构可提供技术或理论支持，社会中介组织是沟通和反应民意的重要渠道，而“社会公众是网络舆情最初感知的社会主体，这样就建立起从线上到线下的双层体系。在网络舆情预警中，既要收集网上信息，又要关注‘网下’，通过网下社会群体的讨论关注热点的变化，提高预警能力”①。

三、完善快捷高效的报告通告机制

网络舆情预警体系的关键在于信息的流动，网络舆情信息只有通过一定方式向上级部门和领导反映，向同级部门传递，向下级部门通告，才能真正实现信息的价值。必须构建明晰畅通的信息报送和政令通告渠道，通过书面报送、网络报送、口头报送等方式对网络舆情信息进行早报、快报。在报送通告中要注重时效性和真实性的统一、报喜和报忧的统一、质量和数量的统一。实行网络舆情日报制，及时报告敏感网络舆情，有事报事，无事报平安。实行重要舆情通告制，对那些突发性、敏感性舆情，舆情管理部门应第一时间通告省直相关部门和市州，避免多起舆情事件爆发。

---

① 曾润喜、徐晓林：《网络舆情突发事件预警系统、指标与机制》，《情报杂志》2009 年 11 月 18 日。

在通常情况下，发现和获得有价值的舆情线索和事实之后，只有将其加工成可阅读的文稿报送出去，才能为领导的决策服务，实现舆情信息的价值。网络舆情信息的编写是按照既定的结构要素来安排材料和组织语言，以文稿的方式呈现，一般包含标题、导语、主题、背景、结尾等要素。网络舆情信息的编写除需掌握结构要素外，还要注意把握选题、内容、数据、语言等方面的一些要求。

四、建立明确有力的责任机制

责任体系是网络舆情预警机制实现制度化的现实基础和有力保证。如果责任不明、协调不力，将会极大地影响预警效果。要建立集中统一的指挥机构，在确定某一个部门承担总协调工作的基础上，建立网络舆情信息资源共享系统，建立预警与应急管理专家咨询队伍，落实领导责任制。要明确舆情应急处置的责任主体、预警工作内容和主要制度，建立舆情预警排查、处置回告以及奖惩等工作制度。认真落实舆情通报和责任追究制度，表彰先进，同时对漏报、瞒报等消极行为进行相应的处理。

五、建立富有针对性的预案体系

构建包括总体预案、专项预案、地方预案的网络舆情预警预案体系，切实提高网络舆情预警工作的应对能力，最大程度地预防和减少网络舆情事件可能或已经造成的损害，维护国家安全和社会稳定，促进经济社会全面、协调、可持续发展。网络舆情预警体系的“总体预案”是总纲，它在网络舆情事件分级的基础上构建而成，是指导预防和报送各类网络舆情事件的规范性文件。专项应急预案主要是为应对某一类型或某几种类型的网络舆情事件而制定的应急预案，由主管部门牵头联合相关部门组织实施。地方应急预案指的是地方政府部门的应急预案，它明确各级政府在应对涉及当地网络舆情中的回应主体地位，落实属地管理责任。

第七章 网络舆情处置

作为当代社会最重要的传播媒介，互联网对传达信息、建构关系、维持社会秩序产生了极其深远的影响。但这种影响具有明显的两面性：一方面，互联网在信息传播方面具有速度快捷、受众广泛、互动性强、高度共享等特点，体现出传统媒体无法比拟的优势；另一方面，网络信息内容复杂，来源分散，缺乏整合，充斥着大量低俗恶俗消息，以及一些流言、谣言和虚假信息。互联网成为重大群体性事件的信息发源地和社会舆论的集散地，在网络的支持下，局部事件向全国扩散，个体事件进入了公众领域，一般事件容易成为社会热点，简单事件可能变得复杂，往往会引发舆论风潮，影响社会的和谐稳定。因此，绝大部分网络舆情需要政府介入处理。

“我们的一些领导干部，在面对各类舆情时，往往顾虑太多、声音太少。必须清醒地看到，回避和敷衍，犹如把头埋在沙中的鸵鸟，不能解决问题；忧心忡忡、束手无策，也不是应有的状态；正确的态度和办法是改进执政方式、提高执政效能，加快推进信息化、网络化建设，努力在进网用网上有突破，在育网管网上见成效，争做敢用善用网络的先行者。”① 这是政协主席俞正声任上海市委书记时，在上海九届市委十六次全会上说的一番话。

---

① 《俞正声在上海九届市委十六次全会上的讲话》，新华网，http://news.xinhuanet.com/local/2011-11/14/c_122276015.htm，2011-11-14。

第一节 网络舆情处置的基本内涵和基本原则

一、网络舆情处置的基本内涵

网络舆情处置有广义和狭义之分。广义的网络舆情处置涵盖网络舆情监测、网络舆情研判、网络舆情预警、网络舆情处置、网络舆情评估“五环工作链”的所有网络舆情管理工作。狭义的网络舆情处置主要是指在舆情事件发生后的舆论处置，一般包括网络信息公开、网络舆论引导、网络舆情管控等措施。本节采用狭义的理解，集中梳理和论述“五环工作链”中的网络舆情处置这一环。

理解网络舆情处置，要弄清网络舆情处置与网络舆情实体事件处置的联系和区别。具体来说，两者的联系主要表现在：

第一，网络舆情实体事件是物质存在，网络舆情是意识反映。网络舆情实体事件是第一性的，网络舆情反映是第二性的。

第二，网络舆情处置与网络舆情实体事件处置需要密切配合。网络舆情是随着网络舆情实体事件的处置而发展变化的。没有网络舆情实体事件的妥善处置，网络舆情的妥善处置将会面临着许多无法应对的困境。网络舆情处置需要“线上处置”和“线下处置”两种方式的密切配合。

网络舆情处置与网络舆情实体事件处置虽然相互联系，但它们之间的区别也是非常明显的，这主要表现在：

第一，网络舆情处置对象与网络舆情实体事件处置对象不同。网络舆情实体事件处置对象是现实社会中存在的一系列突出问题、突发事件、矛盾冲突；而网络舆情处置对象是网络空间中存在的意识形态冲突、相关信息流动、利益表达问题。

第二，网络舆情处置方式与网络舆情实体事件处置方式存在差异。网络舆情实体事件处置，需要遵循《中华人民共和国突发事件应对法》、《国家突发公共事件总体应急预案》等相关法律法规，合理有序地做好突发事件的预防、监测与预警、应急处置与救援、事后恢复与重建等工作。网络舆情处置，除需要遵循上述法律法规外，还需要遵循《中华人民共和国政府信息公开条例》等相关政策规定，认真负责地做好信息公开、新闻报道、舆论引导、网络管控等工作。

二、网络舆情处置的基本原则

1. 事件处置与舆情应对同步开展、同步部署

“两个同步”原则，是网络舆情处置最主要的原则，它指网络舆情实体事件处置与网络舆情处置要同步开展、同步部署；也叫“嵌入式”原则，意指网络舆情处置需要同步“嵌入”到网络舆情实体事件处置的过程中，形成高度契合、紧密衔接。事件处置是第一位的，除了少数造谣生事的情况外，多数舆情都是和事件本身联系在一起的，如果事件不能得到妥善处置，舆情是很难最终平息的；而且，只有事件的有效处置，没有舆情处置的跟进，就会形成信息不对称的局面，最后导致负面影响，从而造成对公信力和执政基础的无形损害。因此，事件处置与舆情处置必须紧密协同衔接起来，同步部署、同步展开，处置完成之后还要全面总结，举一反三，形成一个完整的工作反馈系统。在实际工作中，任何重网络舆情实体事件处置而轻网络舆情处置、重网络舆情处置而轻网络舆情实体事件处置的做法都是错误的。网络舆情处置工作做得好，可以有力促进网络舆情实体事件处置；反之，会加剧事态向坏的方向发展，甚至酿成激烈的群体性事件。这就要求网络舆情管理部门与网络舆情实体事件管理部门建立有效沟通、高效协调的机制，保证网络舆情预警发出后，得到相关党政主管部门的积极回应与有效应对，做到事件处置与舆情处置同步启动，确保以最短的时间、最快的速度，发布最新消息，正确引导舆论，最终从根本上化解网络舆情问题，进而“倒逼”现实深层问题的解决。

2. 及时准确、公开透明、有序开放、有效管理、正确引导

2008 年，汶川发生特大地震，国内媒体聚焦灾情，进行全方位报道。在此基础上，政府提出了“及时准确、公开透明、有序

开放、有效管理、正确引导”的二十字方针，成为新形势下舆论引导的指导性原则。面对突发事件，政府要把握第一时间，用权威信息予以回应，抢占舆论阵地，确立先发优势，掌握话语权，最大限度地清除谣言产生的根源，控制流言传播的空间。在回复言论的处理上，要注意信息真实准确，公开透明；要注意核心事件信息一致，各级部门口径一致；要注意回答公众关心的实际问题，杜绝空泛的言论；还要注意言论推进的有节、有序，依据事件进展，查清一点说一点，发言循序渐进，不可失语，也不可妄语。政府要将正确舆论导向放在首位，坚持正面宣传为主的方针，使社会主义核心价值观融入社会主流舆论之中，凝聚集体意见，疏导公众情绪，引导热点问题，开展舆论监督，把坚持正确导向与通达社情民意统一起来。同时要进一步完善法律，加强对互联网的管理，保证虚拟世界的和谐稳定，有序发展。

3. 低开低走、网来网去、就事论事不论战

低开低走，就是不能把舆情处置、新闻发布的级别很快就提到很高的程度，尽量将事件处置和舆情处置限定在事件发生地所处的级别。例如，原本发生在一个村里的事件，地级市马上召开新闻发布会，几天后，省里出面召开新闻发布会，这样很快就把问题的处置集中到省级层面，社会关注度必然会更高，更容易引发聚焦和炒作，回应和处置的难度就会更大，最终陷入比较被动的境地。因此，在研究网络舆情处置措施时，可以省、市、县几级联动，起草新闻发布稿也可以请上级帮忙琢磨把关，但出面处置的层级最好限定在事件发生地所处的级别。

网来网去，就是网络关注的热点，一般不要用平面媒体回应，否则有可能使事态扩大、升级，导致后续处置工作没有回旋余地。但是，如果遇到重大舆情需要权威声音以正视听时或涉及广大人民群众生命财产安全时，要借助新华社、人民日报、中央电视台等中央媒体以及地方党报党台发出权威声音。

就事论事不论战，是指要有针对性地回应社会关切，而又不针锋相对地论战，这样比较主动，有回旋余地，有利于网民接受，有利于热点降温，有利于发挥“理性平和”的示范引领作用。

第二节　网络信息公开的基本原则和主要策略

在网络舆情处置过程中，信息公开是首要环节。“流言始于封锁，谣言止于公开。”在网络信息高速发展的今天，想要依靠封锁信息蒙混过关几乎已不可能，那种对突发事件进行“捂盖子”的做法往往适得其反，被网民抓住“猛打”，以致事件被不断放大。所以说，在突发事件舆情处置中，“说不说”是态度问题，但“如何说”却是一门艺术，在很大程度上决定着整个舆情事件的处置成效。

一、网络信息公开的基本原则

一般来说，在新媒体时代，突发事件发生后，信息公开工作和舆论引导工作应遵循16字原则，即“快报事实、慎报原因、重报态度、准报结果”。

1. 快报事实

快报事实就是及时公布信息，公布事件事态。在突发事件舆情处置中，信息公开是原则，不公开是例外。谣言往往止于真相，要不断强化时效观念，第一时间发布权威信息，第一时间公布事实真相，提高时效性，增加透明度，赢得话语权，先入为主，掌握主导权。做到及时、客观、透明，最大程度消除突发事件所带来的社会负面影响，促进事态向良性方面发展。同时，事件事态是一个动态的过程，不仅要第一时间快报，而且要根据社会关切程度不断地报。

2. 慎报原因

慎报原因就是在未准确查明事件原因之前，对事件、事态下结论要慎重。不仅对事件本身产生的原因下结论要慎重，对事件的性质、事件的处置方式等下结论也要慎重，切忌激化矛盾、授人以柄。

3. 重报态度

重报态度就是要表明积极回应社会关切的态度，诚恳回应相关质疑，谦卑面对媒体和公众，宣示政府在突发事件处置过程中应该切实承担的责任和义务，诚邀公众监督事件处置的过程，鼓励公众举报实体事件处置过程中存在的问题，吸纳公众关于事件处置所提供的意见和建议，舒缓公众的敌对情绪。对于一些涉及国家机密等不宜公开的事件，可以不公布事件本身，但对相关部门处置事件的态度要及时公布。

4. 准报结果

准报结果就是仔细核实实体事件处置的各个环节、各个细节，确保准确把握相关事件的处置工作，准确发布事件处置相关措施的情况，紧密跟踪、及时发布事件处置的进展，保证处置结果发布过程中不引发误解、误读和误传。

二、网络信息公开的主要策略

1. 第一时间发布权威信息，第一时间掌握话语权

在新媒体语境中，每逢重大突发事件特别是灾难事件发生，受众越来越习惯于相信来自第一时间、第一现场的声音和解读。信息公开一旦错过最佳发言时机，虚假、不良信息就会通过新媒体渠道快速复制传播，造成流言肆虐、事态恶化的严重后果，使事件迅速升级。从突发事件的传播规律和受众的接受心理来看，“传闻是新闻的替代品”。受众在毫无心理准备的情况下最先得到的信息，对于受众形成态度具有关键作用。在突发事件舆情处置中，相关单位和部门必须坚持快速介入、先声夺人，在第一时间发布权威信息，第一时间掌握话语权，第一时间抢占舆论先机，及时公布事实、揭露真相、回应社会关切，最大限度地挤压各种谣言和负面信息的传播空间，掌握网络舆论的主动权。

重大突发公共事件是如何发生的，在短时间内往往难以给出定

论，因而部分地方政府持谨慎态度，要求待原因查明后再由新闻媒体报道，这从情理上说是有道理的，却忽视了信息传播的基本规律，错过了舆论引导的最佳时机。在信息社会，先发的舆论会起到先入为主的效果。政府主动发布新闻，予人坦荡、负责的感觉，使人容易相信所说的内容。而政府发布新闻滞后，那么事件的描述权、解释权、评论权就会被他人掌控，一旦谣言兴起，政府再发布声明澄清事实，也不会得到认同。原上海市政府新闻发言人焦扬就曾说过："突发事件中的新闻传播最可怕的不是记者抢发新闻，而是记者抢发的不是出自政府发布的新闻。……谁第一时间发布新闻，谁就掌握了舆论的主动权、事件处理的主导权。"①

典型案例：

三亚"天价危楼"事件②

2012年6月底，三亚市中级人民法院耗资4000万元对办公楼进行装修，因加装了过重的钢结构和使用了过多的装饰材料，致使大楼主体出现了倾斜。2013年6月17日，三亚市将大楼移交给市住建局，法院将另获新址建楼，而无人对此损失负责。消息一出，相关负面舆情不断出现，而三亚市相关部门无视网络舆情，应对严重滞后，造成了负面影响。媒体以"鸵鸟政策"代指三亚市相关部门的处置方式，这一情况值得政府各级部门深思、警惕。

2. 科学选择信息发布方式和渠道

在网络舆情事件的信息发布中，新闻通稿能起到公布事实真

---

① 焦扬：《完善新闻发布制度 强化政府危机管理》，《新闻记者》2005年第1期。

② 该事件原文参见《媒体称三亚应对"天价危楼"舆情扮演"鸵鸟"》，《中国青年报》2013年6月22日。

相、引导社会舆论、遏制谣言的重要作用，对发布信息的媒体的选择也是非常重要的。一般来讲，对一般性的网络舆情事件来说，信息公开选择与事件发生地同级别的新闻网发布是比较科学的。市州和省级新闻网站可以帮助推送和转载。对一些重大突发事件，可以直接在省级新闻网站发布信息，更具权威性和传播力。

典型案例：

武汉雾霾天气事件①

2012 年 6 月 11 日上午，武汉市部分地区出现了能见度低于 1 千米的雾霾天气，民众议论纷纷，网上出现了多种传言。事件发生后，武汉市有关部门、企事业单位已通过其官方网站、官方微博等途径向公众辟谣。武汉中心气象台实时发布动态信息，湖北日报、湖北电视台、武汉电视台等主流媒体及时发声，特别是荆楚网等网站运用各种网络技巧，争取直接与网民沟通对话，减少和消除不实谣言和传闻的负面影响。武钢总值班室称该企业没发生任何事故，并通过其官方微博“幸福武钢”辟谣。在新媒体语境中，官方要善于使用各种新型传播媒介，便于更好地和网民沟通，以保证信息传播效率的提升。

3. 真实准确地陈述事实，积极回应公众关切和问题焦点

在突发事件的信息发布中，一些单位或某些官员习惯于隐瞒不报或大事化小。这种做法在新媒体语境中完全行不通，信息渠道的多元化使得事实真相极易浮出水面，瞒报或错报一旦查明，只会激起更大的负面舆论，严重损害政府公信力。对于媒体和公众关注的重大事件，政府新闻发布应该遵循新闻报道的客观性原则，提供真

---

① 该事件原文参见《武汉今日雾霾天气形成原因查明》，荆楚网，http：//news. cnhubei. com/gdxw/201206/t2099863. shtml，2012-06-11。

实陈述，表达真诚意愿，做到“事实层面”上客观报道，“意见层面”上主观引导。

除了要真实准确地陈述事实，积极回应公众关切和问题焦点也很重要。例如，某些权力丑闻被媒体曝出后，当事者抵死狡辩，露出倨傲的神情，这只会更令政府威信扫地。与之相反，那些设身处地、将心比心，将自己置于广大民众的立场，用心体味民意诉求，并在能力限度内积极回应这种民众诉求和社会关切的政府部门或官员，有时则能将影响地方形象的公共危机化于无形，甚至会因为真诚回应而得到民众的理解和认同，从而扭转尴尬局面。

典型案例：

深圳车祸“顶包”事件①

2012年5月26日凌晨在深圳发生车辆相撞的交通事故，致使3人死亡。警方公布肇事者身份，死者家属质疑“顶包”，此后警方先后公布录像、车主照片、DNA检验结果，确认了肇事者的身份。深圳警方面对网民的质疑，先后召开三次新闻发布会，并通过微博平台与网民对话，不回避，不敷衍，态度诚恳，表现直接。深圳警方在进行回应的时候，有针对性地回答网民提出的问题，言之有物，不做“零回复”。最终得到了网民的认同，成功地化解了舆情。某些部门在面对网民的提问时，往往环顾左右而言他，内容空洞无物，没有明确的答复与解释，反而会引起网民的不满与疑虑，引发舆论风潮。

4. 增强“对话意识”，诚恳谦卑、全面平衡地表达

突发事件发生后，政府及相关部门要在第一时间作诚恳的表态，以召开新闻发布会或者新闻通稿的形式告知媒体和公众现在情

① 该事件原文参见《DNA鉴定证明深圳车祸自首者未顶包》，《新京报》2012年5月31日。

况如何，尽管不可能一步到位，也无法将所有的信息全部公布，但至少要说出最核心的信息，如何人、何时、何地、发生何事、是什么原因、怎样发生的、政府的态度如何、已经采取什么措施等，这也是媒体和公众最为关注的内容。在随后的时间里，要根据事情进展不间断地发布信息，对过去由于情况不清晰而发布的不准确、不全面的信息给予必要的纠正和补充，把事故处理的最新情况及时广而告之；即使在事故得到妥善解决后，也可以采取小型通报会等形式，将突发事件的来龙去脉及处理情况、经验教训告知媒体与公众。

在这个过程中，为避免信息回应引起公众质疑，政府一定要据实通报，要保证对外发布的所有信息都是经过精心准备、严格审核的，而不是信口开河、即兴发挥的。同时，还要坚决避免舆情回应中说大话、空话、套话、假话和官话的现象出现。媒体有关突发事件的负面炒作出现后，政府相关部门首先要积极与媒体沟通，开诚布公，说明事实真相，指出媒体报道的不实之处，阻止媒体的炒作行为。

典型案例：

武汉城管卧底事件①

2013 年 6 月 15 日，武汉网友“岔巴子”发帖称，洪山区城管局两名城管白天以执法者身份在街道上巡逻，晚上则化身小贩摆摊设点，这一帖子发布后迅速引发关注。起初，多数网友都对城管的行为表示同情，称“城管也有生活压力”。但是事件很快发生逆转，武汉市城管局洪山区分局召开首场新闻发布会称，城管队员夜间练摊实为“有计划的换位思考卧底式体验”。“卧底”之说立即引来舆论哗然，同

---

① 该事件原文参见《武汉城管“卧底体验”被质疑剧本味太浓》，荆楚网，http：//news. cnhubei. com/xw/wuhan/201306/t2604639. shtml，2013-06-18。

时城管提出的“摆摊日记”也饱受质疑。随后武汉城管再开发布会，称从未用过“卧底”这个词，但舆情仍向不利于城管的方向发展。

信息公开是一种态度，也是一种能力，“说不说”是个态度问题，但“怎么说”却是个方法问题。既要将其重要性上升到建设政府公信力、争取公众信任的层面；又要在具体操作方法上予以把握，符合全面、真实、具体等原则，注意具体的表述技巧。近年来，许多官员出现“雷语”，常常自摆乌龙，引发网络舆论风潮。这就要求政府领导和工作人员注意自身形象，提高媒介素养，加强理论学习。

第三节　网络舆论引导的主要策略

舆论是社会或社会群体对于某一事物的共同认识和集体意见，具有多向和互动的特点。舆论引导就是按照预期方向，通过大众媒介传播一定的观点或信息，整合公众观念，引导言论方向，平衡舆论发展。在信息化时代，党提出了“提高引导能力”、“唱响网上主旋律”等战略任务。

一、主动设置议题，加大正面宣传力度

要围绕关系群众切身利益的社会问题设置议题，聚焦社会关切；围绕群众关心的热点问题设置议题，反映群众呼声，围绕党和政府的中心工作精心设置专题，开展正面宣传。同时，积极努力去占领微博、社交媒体等新型舆论场，努力更好地与新群体进行对话，熟练使用社交网络语言，密切关注新型舆论场的发展态势，主动设置具有新型网民群体接近性的议题，掌握并有效应用微博、社交媒体等的舆论引导方式。

典型案例：

武汉沌阳高架桥爆破①

2013 年 5 月 18 日，武汉沌阳高架桥实施爆破，告别了历史舞台。在此之前，网民对此事件并不理解，怀疑存在重复建设、落后规划、贪污腐败等问题，荆楚网通过东湖论坛上的网民言论，及时察觉到了这种负面情绪。在当天进行全媒体报道桥梁爆破实况时，发表了三篇评论员文章：署名北楚的《沌阳高架爆破展现中国工程自信》、署名东跃的《破旧为立新，重振“汉阳造”》、署名南路的《城建规划须考虑城市发展速度》。这三篇评论或将注意力集中到高架爆破的具体操作中；或指出新道路的开拓对于城市未来的意义；或阐明日新月异的城市发展，暴露了以往城建设计的不足。最终荆楚网所设置的议题、所发布的评论解答了网民的疑惑，将舆情化解于未萌之时。

二、主动调控网上热点敏感舆情

紧密跟踪重大突发舆情，增强舆论引导的针对性、主动性。迅速控制事态，抢抓时效，尽早处理，争取事态由大化小、由热变冷、由强变弱，防止其蔓延扩大。紧密跟踪网络舆情生成、演化的生命周期，并配合网络舆情的发展过程做好应对工作。在网络舆情的潜伏期，要注重舆情预警，做好提前预案；在网络舆情的发生期，要注重有效发布，做好阐疑释惑；在网络舆情的发展期，要注重设置议题，做到主动出击；在网络舆情的平息期，要注重持续跟踪，做到严防复燃。

坚持灵活的动态反应，利用主流网络媒体做好正面宣传报道，灵活和熟练运用各种网络技巧（网络评论、新闻跟帖等），争取直

---

① 该事件原文参见《世界桥梁第一爆 沌阳高架桥拆除爆破》，荆楚网，http：//news. cnhubei. com/xw/2013zt/zygjcc/，2013-05-21。

接与网民沟通对话，减少和消除不实谣言和传闻的负面影响。针对某些涉及地方政府形象的负面新闻，一旦调查属实，建议政府迅速采取必要的“切割”手段，包括中央和地方切割、地方和基层切割、政府和无良官员切割。避免上级政府为下级政府、政府为个别无良官员的不作为和其他问题“背书”。

典型案例：

芦山地震谣言事件①

2013年4月20日，四川省雅安市芦山县发生7.0级地震。灾难发生一周内，网络上兴起了大量流言蜚语，如“微博寻找徐敬回家”、“雅安救灾军车再坠崖”、“可往伤处敷生土豆片自救”、“西南交大阻止学生下楼避震”等。网络谣言传播范围广、扩散速度快、接受者众多、影响力巨大，政府不能单纯依靠网络的自我净化效果，要主动调控舆情，多渠道、多阶段、多方联动地公开信息，消除网民的疑虑与不安。

三、团结和培养一批有社会影响力的意见领袖

意见领袖是指在网络中极其活跃，乐于向他人提供信息，通过人际交往网络不断扩大影响的人物。既要重视传统媒体引导言论的重要意义，又要认识到网络上的意见领袖在掌控话语权上的积极作用。大量在网上活跃着的专家学者、媒体人和各界精英，引导着亿万网民的言论方向，各个利益群体和社会阶层都能在互联网中找到对应的领袖人物。因此要善于发现和寻找意见领袖，善于与其沟通、交流，通过意见领袖来引导网络舆论。同时，还应团结、组织网络评论员，紧密跟踪社情民意，撰写相关评论文章或帖文。一方面，他们可以以“评论员文章”形式公开出现，阐释官方观点，

---

① 该事件原文参见《芦山地震十大不实谣言》，人民网，http：//society.people.com.cn/n/2013/0424/c1008-21267950.html，2013-04-24。

论证官方做法的合理性；另一方面，他们也可以充当论坛、BBS、微博评论的网评员，对言论不当的帖子或新闻，跟帖进行反驳和正面宣传。

第四节　网络舆情管控的主要策略

互联网曾被称为“无国界、无法律、无管治”的“三无世界”，由此产生了大量问题。当前，加大对互联网舆情信息的管控力度已成各国共识。如何让网络舆论在法律的框架内有序传播，如何保障公众的知情权、参与权、表达权、监督权，我们的网络舆论在现行制度中到底存在什么问题，这些问题都值得深入研究。总体来说，坚持依法管理、科学管理、有效管理的立法理念，加快推进针对网络侵权犯罪的相关立法工作，必须尽快纳入议事日程。

一、加快立法，让网络舆论在法律的框架内有序传播

维护网络的法制就是维护基本的社会秩序、维护人民群众的根本利益，网络舆论的法律规制已成为目前日益紧迫的问题。对于网络的管理，我国还存在很多立法盲区。但对谣言的传播，在中国现存法规条例中也有适用的法律法规。如《中华人民共和国治安管理处罚法》规定：“有下列行为之一的，处五日以上十日以下拘留，可以并处五百元以下罚款；情节较轻的，处五日以下拘留或者五百元以下罚款。”其中第一款就是“散布谣言，谎报险情、疫情、警情或者以其他方法故意扰乱公共秩序的”行为。

典型案例：

吴虹飞被拘留事件①

2013年7月21日，北京机场爆炸案后，女歌手吴虹飞发

---

① 该事件原文参见《女歌手吴虹飞被刑拘 面临5年以下徒刑》，《法制晚报》2013年7月26日。

微博称："我想炸的地方有北京人才交流中心的居委会，还有建委……"不久吴虹飞被警方拘留。公安部副部长黄明（微博）表示："对扬言实施放火、爆炸等极端暴力行为及编造、故意传播虚假恐怖信息，扰乱社会秩序的，要依法严肃处理。"其后吴虹飞被判为行政拘留和罚款。对于敏感时期的负面言论，处理是有必要的，但如何处理，网民议论纷纷，官方也有举棋不定之感。归根结底，就是因为此类事件在法律法规中尚无明确记载。面对网络的复杂情况和急剧变化，政府应当加快立法步骤，使工作人员有法可依。

二、倡导行业和公民自律，增强信息传播的社会责任感

互联网行业从业者，应自觉遵守国家有关互联网发展和管理的法律、法规和政策，大力弘扬中华民族优秀文化传统和社会主义精神文明的道德准则，积极推动互联网行业的职业道德建设；应自觉遵守国家有关互联网信息服务管理的规定，自觉履行互联网信息服务的自律义务，正确对待网络信息，理性把握网络舆论。同时，所有公民都应保持健康、理性的心态，不听信谣言，更不传播谣言，从正确的途径获取信息，掌握科学的思维方法，才不会被谣言所伤害。坚决反对和自觉抵制谣言，应该从我做起，不造谣，不信谣，不传谣，做一个负责任的网络公民。

三、加强网站属地化管理，进一步理顺网络管理体制

2004 年以来，中央明确提出对互联网的管理要实行属地化原则，要求实施有效管理，并对形成中央和省（直辖市、自治区）两级管理格局做出了具体规定，这无疑为规范互联网管理、尤其是网上内容的管理指明了方向。要充分认识加强互联网属地化管理工作的重要性和紧迫性，建立互联网管理长效机制，建立专门部门，充实管理队伍。在具体的工作中，要加强对域名和 IP 地址的基础管理，参与全国网站信息数据库建设工作，将管理的权责落实到地

方；要加强网络与信息安全技术平台建设，提高网络与信息安全的管理能力，管控和引导网络舆情，提高地方管理互联网的能力。在日常工作中吸取经验，继续完善、优化管理机制。同时加大对信息网络传播视听节目的监管力度，重视网络文化建设。总之，要大力推进互联网属地化管理的规范化、制度化，引导和促进互联网健康有序地发展。

四、依据现有法律法规，切实打击网络不良信息

根据《互联网新闻信息服务管理规定》，以下 11 类信息必须予以删除：违反宪法确定的基本原则的；危害国家安全，泄露国家秘密，颠覆国家政权，破坏国家统一的；损害国家荣誉和利益的；煽动民族仇恨、民族歧视，破坏民族团结的；破坏国家宗教政策，宣扬邪教和封建迷信的；散布谣言，扰乱社会秩序，破坏社会稳定的；散布淫秽、色情、赌博、暴力、恐怖或者教唆犯罪的；侮辱或者诽谤他人，侵害他人合法权益的；煽动非法集会、结社、游行、示威、聚众扰乱社会秩序的；以非法民间组织名义活动的；含有法律、行政法规禁止的其他内容的。

五、对重大突发舆情采取必要的舆情管控措施

针对重大突发舆情事件，要借鉴美国等国家的分级分类管控方法和特殊时期封网等管控经验做法，全方位开展互联网舆情事前、事中和事后的管控工作。网络重大突发舆情事前管控方法包括由各论坛服务商和版主人工审核舆情，对论坛发帖进行合法性审查及延时发布，运用智能型软件自动过滤敏感词语，对微博发帖实行实名制等等。网络重大突发舆情事中管控方法包括对负面敏感舆情进行实时跟踪与引导，必要时进行封堵删除等等。网络重大突发舆情事后管控方法包括通过公安部门协调网络管理单位，采用技术手段对 IP 地址进行监测查证，对违反法律规定的信息发布者、信息传播者进行法律制裁等等。

典型案例：

孝感“挖肾”事件①

2012 年 5 月 15 日，孝感一论坛上出现题为“挖肾团伙猖獗，孝感人民愤怒难安”的帖子，吸引了许多网民的注意，被多家网络社区转帖，一时间谣言四起，人心惶惶。孝感市公安局对此高度重视，经过详细调查，发现实无此事。此后及时在网络上发布通告，告知真相，并呼吁市民不要轻信谣言。5 月 18 日，民警抓获传播谣言帖子的陈某，依法作出行政拘留五日的处罚。面对谣言，孝感市公安局迅速反应，查明事实真相，提出警示，处理造谣人，其经验值得学习。

① 该事件原文参见《孝感 21 岁无业男网上造“挖肾”谣言 被行政拘留》，《楚天都市报》2012 年 5 月 21 日。

第八章　网络舆情评估

科学的网络舆情评估，有利于判断舆情的走势、发生烈度、社会影响的广度，从而做出正确的处置与引导，减轻社会震动对党和政府形象的伤害，维护改革发展的稳定局面。同时，网络舆情评估也是梳理舆情管理工作的经验教训，总结舆情发展变化过程中带规律性的东西，提高舆情管理能力的重要手段。

第一节　网络舆情评估的内涵、意义及现状

一、网络舆情评估的内涵

网络舆情评估是指舆情管理的主管部门、相关专家以及舆情发生涉及的相关部门对网络舆情进行分析、总结和评价的系统。

通常的网络舆情评估包括事前对重大决策的风险评估，事中对事件的动态把握和研判过程的评估，以及事后的总体评价和总结。本章所指的网络舆情评估是对重大决策的事前风险评估和以结果为导向的事后评估。

二、网络舆情评估的意义

开展网络舆情评估是加强互联网管理工作的重要一环，对于推动互联网管理的科学化进程，提高党委政府和相关部门应对网络舆情危机的能力，促进和谐社会建设，具有很强的现实意义。同时，做好互联网的运用、引导和管理，也有利于营造良好的舆论环境，有利于向群众展示本地区积极向上、发展势头良好的真实形象，有利于领导干部集中精力推动经济社会发展。

要想达到有效化解网络舆情危机的目的，就有必要建立舆情评估机制。当网络舆情变为现实的网络危机事件后，有关职能部门采取哪些具体行动，如何化解危机，又如何消除不良影响，这都需要评估总结，以便汲取相关经验教训，提高舆情处置能力。

三、网络舆情评估机构现状

目前，从事网络舆情评估的机构主要有人民网舆情监测室、新华网网络舆情监测分析中心、中国传媒大学网络舆情（口碑）研究所、中国人民大学舆情研究所、上海交通大学舆情研究实验室等。

1. 人民网舆情监测室的《地方应对舆情能力排行榜》

人民网舆情监测室构建了地方政府应对网络舆情能力评估和预警指标体系。从 2009 年 7 月开始，该室每个季度定期推出"地方应对网络舆情能力排行榜"。其专业舆情分析师用"'官方响应、信息透明度、地方公信力'三个常规指标，以及'动态反应、官员问责、网络技巧'三个特殊指标，构建了地方政府应对网络舆情能力评估和预警指标体系，并以智能搜索引擎技术为依托，采用德尔菲法，从各种网络舆论载体中梳理地方热点舆情，并借助已形成的一套舆情应对的研判体系，就地方政府的网络舆情应对处置能力做出客观分析，形成考评结果并定期发布"①。

2. 新华网网络舆情监测分析中心的《城市网络形象排行榜》

新华网网络舆情监测分析中心联合武汉大学互联网科学研究中心，主要对城市网络形象进行评定排序。通常是从百度关键词热搜榜、新浪微博热门微博及腾讯微博热门话题中，梳理出月度有关城市网络形象的 15 件典型"舆情热点事件"，从舆情事件热度值、官方回应、媒体应对能力等方面建立相关城市舆情应对能力评估指

① 人民网舆情监测室：《人民网发布 2012 年一季度"地方应对网络舆情能力推荐榜"》，人民网，http://society.people.com.cn/GB/223265/17719489.html，2012-04-23。

标体系。

3. 中国传媒大学的网络舆情指数体系（IRI）

中国传媒大学网络舆情（口碑）研究所推出的网络舆情指数体系（IRI）由网络舆情波及度、网络舆情参与度和网络舆情评价度三大维度组成。网络舆情波及度是衡量所有网络媒体（包含新闻媒体、论坛媒体和博客媒体）中涉及相关信息的网站的比例的指标。网络舆情参与度是衡量某一主题在网络中所产生的反响和热议程度的指标。网络舆情评价度即考查网络舆论环境对某一主题的整体态度倾向的指标。在此三大指标的基础上，再通过区分载体类型、网络信息传播行为类型等方法细化指标，从而形成了一个多级的、复杂的网络舆情指数体系。

此外，也有研究从舆情流通量、舆情要素、舆情状态趋势等维度，或从网民反映、事件信息特性、事态扩散等方面，构建面向网络舆情安全的评估指标体系。

第二节　重大决策的舆情风险评估

一、重大决策的舆情风险评估的内涵和意义

重大决策的舆情风险评估，是指网管部门提前介入，对当地党委政府所制定的直接关系人民群众切身利益且涉及面广、容易引发社会稳定问题的重大决策事项，在做出决策前实现先期分析、预测和评估，确定风险等级，做出风险评估结论，采取措施防范、化解和控制社会稳定风险，着力从源头上预防和减少社会矛盾的工作过程。

党的十八大报告提出“建立健全重大决策社会稳定风险评估机制”。近年来，我国各地先后发生几起重大群体性事件、群众性的抗议活动，都与在重大决策、重大项目上不够尊重民意、未进行充分的风险评估有密切关系。事先估计不准或未做充分评估，一旦舆情发生，就仓促上阵，导致盲目应对，以决策错误而告终。这种

情况下，不仅经济受到损失，发展受到延误，政府公信力也很受伤害。

二、重大决策舆情风险评估的范围

重大决策舆情风险评估的范围主要包括以下五个方面的内容：一是重大决策部署；二是重大建设项目；三是涉及群众根本利益的措施；四是关系某个群体人员的法规；五是关联较多群众的切身利益的事项。

三、评估的程序

根据评估对象的性质、特点和内容，准确把握评估重点，明确评估的具体方式、步骤、时限和目标要求，制定评估方案。

1. 广泛搜集民意

通过听证会、走访座谈、问卷调查、媒体公示、搜集网民意见等形式，广泛征求群众对评估事项的意见和建议。

2. 预测舆情风险

对决策方案的合法性、合理性、可行性和风险可控性，从网民和舆情的角度进行全面分析论证，查找社会稳定风险点。对所有风险点逐一进行分析，参考相同或者类似决策引发的社会稳定风险情况，预测、研判风险发生的概率，可能引发的矛盾纠纷的激烈程度、持续时间、涉及人员数量，可能产生的各种负面影响，以及相关风险的可控程度。

3. 评定风险等级

根据分析论证的情况，按照决策实施后可能对社会稳定造成的影响程度确定风险等级，提出不实施、部分实施或暂缓实施、完善方案后实施等建议。风险等级分为高风险、中风险、低风险三类：

第一，大部分群众有意见、反应特别强烈，可能引发大规模群体性聚集事件，造成社会动荡和全国性影响、给改革发展带来严重影响的，对政府公信力造成严重伤害的，为高风险；

第二，部分群众有意见、其根本利益受到较大损害，反应强烈，形成舆情风波，可能引发抵制及信访活动、引起矛盾冲突、给改革发展带来较大影响的，为中风险；

第三，多数群众理解支持但少部分人的直接利益受到伤害，不断发声，引发网络舆情，给改革发展带来一定影响的，为低风险。

4. 撰写风险评估报告

评估报告应当包括评估事项和评估过程，各方意见及其采纳情况，决策可能引发的社会稳定风险，风险评估结论和对策建议，风险防范和化解措施，以及应急处置预案等内容。

典型案例：

个税起征点顺民意提高至3500元①

2011年，个税修正草案中关于个税起征点的上调受到社会前所未有的关注，公众、人大常委会委员、专家对进一步提高个税免征额的呼声异常强烈，为保证个税修改的科学性和合理性，全国人大通过多种形式广泛征求民意。4月25日至5月31日，全国人大网公布《中华人民共和国个人所得税法修正案（草案）》全文，并向社会公开征集意见，共收到逾23万条意见，这些意见中，针对“起征点从2000元提高到3000元”的方案，只有15%表示赞成，而35%明确表示反对，48%则要求修改。同时还召开了两次座谈会，分别邀请了11位专家和16位公众代表就草案发表意见。在广泛征求民意的基础上，十一届全国人大常委会第二十一次会议决定，个税起征点由2000元/月提高到3500元/月。个税起征点上调是一项涉及广大人民群众切身利益的重大决策，人大常委会广泛搜集

① 该事件原文参见宦艳红：《个税起征点顺民意提高至3500元》，《东方早报》2011年7月1日。

民意，评估个税修改的科学性和合理性，使得最终结果符合社会整体福利。

第三节　网络舆情事后评估指标体系

网络舆情事后评估是以结果为导向的评价。网络舆情事后评估体系立足于网络舆情处置的最终效果。据此，我们根据舆情管理部门是否第一时间介入、相关部门有无及时采取应对措施、舆论是否快速有效平息、事件是否有效解决这四个方面制定相关指标，着重对介入处置的效果进行评估。

一、舆情管理部门第一时间介入

1. 第一时间发现舆情

在舆情事件中体现出较强的舆情预测能力，即在网络舆情潜伏期，能根据历史数据或者突发事件类型等对网络舆情进行趋势预测的能力，为制定快速反应对策指明方向。做好敏感时期和敏感词汇的检索，形成灵敏快捷的监控网络，确保全天候、全方位的监控，在第一时间发现并报告敏感舆情。

2. 准确研判敏感舆情

在网络舆情事件研判阶段，体现出较强的舆情研判能力，能够准确判别舆情的敏感度。在网络舆情事件发生时，及时判断舆情走向，采取必要的措施解决网络舆情事件。对于日常性网络舆情，能够及时发现苗头性舆情，持续关注；对于突发性网络舆情，能够跟踪热点信息，有针对性地引导管控。

3. 向涉事部门提出预警

网络舆情主管部门在监测到敏感舆情后，应代表党委向涉事部门发布舆情通报，提出情况核实要求，做出舆情趋势预警。

4. 向上级主管部门回复报告

按上级主管部门下发的舆情处置单和催办要求，组织重要舆情核实，撰写回复报批，向上级回复报告要及时、真实、准确。

典型案例：

成都公交燃烧案　第一时间掌控新闻集散地①

2009年6月5日上午8点2分，成都市公共交通集团北星公司的一辆牌号为川A49567的、满载乘客的9路公交车在行驶至成都动物园附近、市北三环川陕立交桥下桥处时发生燃烧并造成重大人员伤亡。该事件造成27人遇难74人受伤。2009年7月2日该案告破，系故意放火案，犯罪嫌疑人张云良已当场死亡。

该事件发生后，迅速通过互联网传向全国，有传言说大火烧死了上百人，又说事故原因是因为公交车上没有配备安全设施，又有人怒指公交车司机不开车门最早逃跑。网上开始出现恐慌和愤怒的情绪，将当地政府推向风口浪尖。

当地政府在事发后，为了在最短时间内发布信息，第一场新闻发布会就在现场举行，澄清了"公交车自燃"的传言，并给出"死亡20余人"的基本信息，这尽管不能解答民众的所有疑问，但在很大程度上安抚了民心。当天下午2点50分，成都市举办第二次新闻发布会，通报了最新、最准确的伤亡数据和伤员营救的最全面情况。晚上11点20分，第三场新闻发布会召开，此时已有来自全国各地40多家媒体记者赶至现场，针对"公交车司机逃离现场"的传闻，发布会披露当事司机积极救人的调查结果，同时通过展示事故车辆油箱、发动机完好的照片证明公交车"车内燃烧的汽油并非来自公交车"。第

① 改编自刘上洋：《中外应对网络舆情100例》，百花洲文艺出版社2011年版，第9～12页。

二天下午4点30分，第四次新闻发布会召开，记者看到了在废墟中找到安全锤残迹的照片，公安机关初步公布认定：此次惨剧是一起故意纵火案。

6月7日深夜11点，成都市召开第五次新闻发布会，宣布“有人携带易燃物品上车，不排除过失或故意引发燃烧，但可以排除爆炸引发燃烧”的初步调查结论。随着事件轮廓的逐渐清晰，公众的猜忌和愤怒情绪消解，不安与恐慌情绪也得到缓解。成都“6·5”公交车燃烧事件之所以能有效掌控舆论，化险为夷，关键是当地政府应对得当。三天五场发布会，体现的一是反应迅速，二是公开透明。

二、相关部门及时采取应对措施

涉事主体、主管部门对重要敏感舆情能迅速协调处置，及时发布权威信息，有效引导、控制舆论，积极回应社会关切。

1. 应急预案启动及时

网络舆情应急预案在应急系统中起着关键作用，它明确了在网络舆情发生之前、发生过程中及结束之后，谁负责做什么、何时做，以及相应的策略和资源材料准备等。

相关涉事部门事先有网络舆情处置预案，并能在预警后紧急启动应急预案，能根据网络舆论应急预案在应急准备和应急响应的各个环节详细安排，开展及时、有序和有效的网络舆情处置工作。

2. 处置措施有效、合理、合法

网络舆情事件一旦发生，相关部门能够在第一时间发布准确、权威的信息，稳定网民情绪，最大限度地减少或避免网民猜测和不实言论的扩散蔓延。

处置措施是否有效、合理、合法，反映了党委政府组织相关部门联动的程度，即领导机构、责任部门、网监部门等指挥有序、协作联动的程度。

3. 属地管理到位

网络舆情事件发生后，相关部门在进行舆情处置时应符合属地管理原则。属地管理不到位，推脱、转移矛盾，是不履行责任的行为。

一旦发现网络舆情属实的，要按照属地管理原则，及时通报或抄告涉事单位。涉事的相关基层政府或职能部门要认真调查核实，区分性质，分清责任，依法依规对相关单位和人员进行严肃追究查处。凡出事后不作为，导致事态扩大，最后由上级部门出面应对和解决，造成整个舆情处置局面被动的情况，都视为管理失职。

4. 信息公开尺度把握准确

信息公开是网络舆情处置的必要手段之一。信息公开处理得好，能有效转化网络舆情危机，但并非所有的网络舆情都适宜公开。相关部门在处置时，要准确把握信息公开的尺度。

信息公开必须依法依规。对于不宜公开的信息，如涉及军事机密的信息、正在审理中的案件等，需要做好保密工作，不可随意透露。但同时，一方面要积极协调地方公安网监、宣传广电等部门对危害社会稳定的敏感舆情进行果断有效的导控，缩小传播范围，控制事态发展；必要时，做好对公众的解释工作。另一方面，要及时利用各种媒体平台积极回应网民关切，发布信息，做出科学合理的解释，消除疑问，化解危机，避免恶意炒作，避免群体性事件的发生。

对于适宜信息公开的议题，如社会热点问题、社会公共事件等，应坚持主动公开原则，引领正确的舆论导向，避免因权威信息缺失而导致炒作。

5. 运用媒体主动得体

在舆情处置过程中，善于利用官方媒体渠道及互联网等传播工具，努力澄清事实，披露真相，介绍进展，进行舆论疏导，争取舆论支持。

首先，很好地运用官方网站、论坛、博客、微博、网络社群等新媒体进行信息发布和意见沟通，熟练掌握网络沟通和舆论引导的技巧。

其次，新闻发言人发言得当，能及时消除公众疑虑，不因言语失当而产生次生舆情。妥善处理与媒介的关系，对媒体一视同仁，不与媒体发生冲突，能友好协调并配合媒体的采访。

典型案例：

云南安居房被风吹倒事件舆情分析①

2013年4月8日，有村民向媒体曝光称云南省昭通市永善县黄华镇政府为移民盖的移民房偷工减料，墙被风吹倒了，报道文字配有一段10分钟的视频，引发网友热议。

4月8日，黄华镇政府制定的溪落渡移民安居工程负责人仁再学，起初坚称没有墙被风吹倒这回事，但当听说村民提供了现场视频后，又改称："这些都是刁民，喜欢闹事。"同时声称："刚砌好没几天的墙，又是空心砖的，被风吹倒是正常的。"

4月10日上午，云南永善县人民政府新闻办回应称，针对黄华朝阳集镇移民房建工程存在的质量缺陷，施工方已按要求整改或正在整改；并称"经查阅质检站和第三方检测单位出具的试验报告，支砌墙体所用砂浆、砖块强度等级符合设计和规范要求"。

4月10日晚间，永善县人民政府通过其政务网站对此事回应，称墙被吹倒的原因是，墙体支砌后不到一天时间，未达到砂浆设计强度，加之房屋处在集镇最外侧、处于风口，因此被吹倒。目前，政府已经要求施工方重砌墙体，并对相关人员

---

① 人民网舆情监测室：《云南安居房被风吹倒事件舆情分析》，人民网，http：//yuqing. people. com. cn/n/2013/0412/c354318-21117974. html， 2013-04-13。

进行“严肃的批评教育”。媒体报道的关注点一方面放在安居房被吹倒的事实本身，另一方面放在官方表态上——称“被风吹倒属正常情况”和“系刁民闹事”，令官方的回应略显尴尬。部分网民发帖表示官方回应有违常识。也有评论指出：某些官员在解释工程质量问题时，总能表现出出色的狡辩才能。这些太过离谱的解释，往往更会令公众愤怒难抑。

三、舆论快速有效平息

社会问题或突发事件发生后，传统媒体和网络媒体对该舆情事件的报道、转载、评论、分析会形成社会热点，甚至演变成公共事件。媒体的社会影响力很大，对公众的判断有重要影响，如果媒体报道，就会引发网民对该事件的热议。网民通过论坛、微博等，对与该舆情信息有关的内容进行评论和转载，表达自己的情绪、意愿、态度和意见，形成网络舆情风暴。舆情事件如果得到了作为舆情处置主体的关注，并且能够在第一时间监测到敏感舆情，准确研判到舆情的敏感性而做出预警预案，然后采取合理的应对措施及时介入、公正处置，媒体、网民便不再关注该事件，媒体关注度、网民关注度下降并快速衰退，最后达到舆论快速有效平息。

1. 舆论快速平息：时间跨度周期

舆论快速平息是指舆情事件的时间跨度周期较短（2～3 天内），政府部门在应对处置舆情时及时、真实、准确、主动，坚持快速处理原则，坚持舆情发生后第一时间展开调查处理、通报调查结果、回应群众关切，改变舆情的意见流向和正负态势，尽量把舆情带来的负面影响降到最低，使舆情得到快速的平息。

政府如果行动迟缓（一周内不发声），舆论得不到快速的平息，信息的不对称将给谣言和虚假消息的传播留下较大空间，使得事态的严重程度、发展趋势、讨论议题等不断变化，往往造成网民情绪淤积、谣言漫天，不利于事件的解决，危害政府公信力。由此可见，政府处置及时有效的舆情事件往往在很短时间内会消解，而舆情持续漫长（不作回应的断点舆情，多次爆发、高平台聚集、广范围传播）的事件通常是政府应对不力、不当或政府无所作为所致。

2. 舆论有效平息：舆论消亡

舆论有效平息是指以网络舆情信息流量变化为依据，观察媒体关注度、网民关注度以及网民态度倾向的变化，媒体关注度、网民关注度持续降低趋于消亡，网民态度倾向于平静，则表明舆情处置有效得当，反之则为无效或不得当。

网络舆情信息流量变化率是指在一定统计时期内某一舆情信息通过互联网不同的数据源通道形成的网站个数、报道篇数、帖文条目、博文数量以及转发量、点击量、跟帖情况等相关信息总量的变化值，它总是通过 Web 页面数的变化来呈现的。它的重要作用在于它能清晰地反映一段时间内某个网络舆情信息流量变化的走势，以此来判定某个舆情信息在互联网上形成、变化、消亡的情况。

（1）媒体关注度

伯纳德·科恩指出，在多数时间，报界在告诉人们怎么想时可能并不成功，但它在告诉它的读者该想些什么时，却是惊人地成功。媒体的议题引领作用、转换功能十分强大，媒体呈现的信息、话语、观点发生变化，会深刻影响其他群体，使得舆情进一步发展或是趋于平静，因此媒体关注度的变化通常是判断舆论是否有效平息的重要依据之一。

媒体关注度是依据舆情事件被传统媒体、网络媒体报道、转载、评论分析的量而定的。媒体的报道、评论、分析会对公众判断、舆情走势产生重要影响，媒体关注度降低则说明政府或舆情管理部门介入处置得当，上升则相反。

舆论处置及时得当，媒体关注度就会呈现下降趋势。具体表现为：传统媒体没有挖掘新的线索材料，对该舆情事件没有持续跟进，分析评论文章减少，网络媒体对该舆情事件所做的新闻专题和相关新闻的页面更换，转载减少、信息沉底。

网络舆情没有得到主体的回应或应对拙劣，按常规舆情走势，媒体会持续热议该事件。一方面是不断地将事件放大，将事件的某个元素或发展态势快速发布，推高网络舆情；另一方面则是不断寻找疑点进行评议，持续吸引关注。

(2) 网民关注度

网民关注度是指网民对与舆情事件有关的内容进行发布、阅读、评论、转载，以此方式来表达自己的态度、观点和看法等，从而体现民众对该舆情信息的关注程度。网民关注度体现于论坛发帖量、论坛点击总数、论坛回复总数、微博转载数、微博跟评数、新闻跟评数等。

第一，论坛发帖量。论坛发帖量指一定统计时期内某一舆情信息在某一论坛的总发帖数，发布的帖子数量越多，舆情所受到的关注程度就越高。

第二，论坛点击总数。论坛点击总数指在一定统计时期内网民就某一舆情事件的相关全部舆情信息（新闻、博文、帖子等）进行点击的总量。

第三，论坛回复总数。论坛回复总数反映了网民参与舆情事件的网络讨论程度。

第四，微博转载数。微博转载数指在一定统计时期内网民就某一舆情信息在微博进行转载的总量。一般来说，网民对某一话题或事件特别有共鸣，才会转载。

第五，微博跟评数。微博跟评数指一定统计时期内网民在微博对舆情信息进行评论的总量。

第六，新闻跟评数。新闻跟评数指在一定统计时期内网民就某一舆情信息的新闻报道进行相关评论的总量。

反映网民关注度的论坛发帖量、论坛点击总数、论坛回复总数、微博转载量、微博跟评数、新闻跟评数数量越高，则说明网民对某一舆情事件的关注度越高，参与度越高，表明舆论处于高位，舆情事件的引导和处置效果不明显；如果上述数据明显降低，则表明舆论得到了有效平息，舆情处置工作到位。

(3) 网民态度倾向

网民态度倾向是指公众对舆情事件态度的转变态势。网民对舆情事件的态度倾向，很可能随事态的发展而变化。随着该事件被逐步解决或处理，公众的态度倾向会变得相对正面；应对事件不力或表现拙劣，会导致网民情绪高涨，引发不满、愤恨、仇视等暴力化情绪，而随着事件的得当处置，舆情会逐渐减少，网民的感情色彩会更加弱化。

四、事情有效解决

1. “倒逼”问题解决

“倒逼”问题解决是指网络舆论对政府的治庸问责、公共治理形成了强大的舆论压力，或多或少地改变了事件的走向，“倒逼”政府对问题做出解决。对于必须进行问责和信息公开的舆情事件，则应对责任主体的领导或事件当事人进行处理并公开消息，或者公布事件信息，出面解决问题。同时，政府部门应承诺认真吸取经验教训，对类似问题举一反三，建立相应的长效机制，确保此类问题不再发生。

舆情事件的转折点通常是具体问题得到解决或相关人员被处置的时候。一旦地方政府对事件当事人、涉事官员做出处理或问责，媒体和网民的关注程度往往就开始呈现迅猛下降的趋势，网络舆情基本恢复常态。而事件得不到有效处置，则会进一步引发舆论风波。

2. 政府公信力

政府公信力是指网络舆情或热点话题发酵前后，网民、地方群众对政府的信任度、满意度，以及由此引发的对政府形象的综合印象。

在网络舆情处置中，政府能适应或理解网民的诉求，回应网民关切，提高施政合法性与认同度，那么政府公信力就能得到保持甚至提升。政府获得公众信任、拥护和支持的能力越强，公信力就越高，其基于非强制力之上的执行力也就越强。

当一个突发事件或者网络热点出现后，马上会形成一个多种不同声音相互影响、整合、转化的舆论博弈场，倘若政府发布不真实、不准确或片面的信息，或是未及时采取行之有效的解决方案而对信息进行刻意的“封、堵、瞒”，势必加重网民的质疑甚至误解，降低政府公信力，无法做到取信于民。

3. 群众满意度

群众满意度是指群众对舆情事件的解决感到满意的程度。群众认为政府的处置公平公正，维护了涉事群众的利益，则其满意度高。

随着舆情事件被合理合法地解决或处理，群众的质疑、不满情绪会逐渐消失，对政府的处置表现出认同感和信任感；如事件得不到有效处置，则会削弱群众的满意感，加深群众的不信任感。

下编
实践篇

第九章　重大项目部署类舆情案例解析

近年来，随着社会经济的持续发展，耕地、淡水等资源日显珍贵，民众环保意识和参与决策意识逐步提高。一些地方政府把“以经济建设为中心”片面理解成“以 GDP 增长为中心”，上马一些有社会风险或环境风险的工程项目。在大型工程项目出台前，相关部门缺少对社会风险和环境风险的评估机制，不重视项目公示和民意收集环节，导致公众不理解，使得这些工程项目被民众片面地理解为损害生命健康安全或损坏社会公共福利而遭到民众的抗议和抵制，最终引发群体性事件。从厦门、大连的 PX 事件，到什邡、启东、镇海的群体性事件，再到南京梧桐树事件、青岛植树事件等，这些都是由重大项目部署引发的舆情事件。

第一节　舆情特点

一、根本成因是公民环保法制意识和决策参与意识的提高

中国环境科学学会副理事长杨朝飞称：自 1996 年以来，环境群体性事件一直保持年均 29% 的增速。按照“经济导致民主”理论，人均 GDP 在 3000 美元到 1 万美元之间，是最容易使一国发生民主化转变的“变迁区间”，民众的民主法制意识会不断增强，主动参与政府决策的积极性提高。随着群众对生活质量的要求的提高和环保意识的提升，以污染环境、消费资源等为代价换来的经济快速增长已经不被公众接受，对于大拆大建搞形象工程建设，公民开始质疑，要求信息公开，公众开始有意识地、自发地、群体性地表

达诉求，这充分说明公众文化素质的提升和公民意识的觉醒。

二、社交媒体成为该类舆情事件的最佳发酵场

论坛、贴吧、博客、微博等社交媒体成为网民发表意见、联络聚集的重要场所，社交媒体为该类舆情事件提供了最佳发酵场。当某一重大工程项目或者城市基础设施建设奠基或者开工时，如果个别网民在当地论坛、贴吧等社交媒体发表带有指责性的质疑，在邻避效应、小事大闹心态等影响下，会瞬间引发大量网友评论、转发和围观，并通过 QQ 群、微博等扩大影响力。如果政府在此期间处置不当，网民很可能由线上“围观”转向线下活动，网上网下高频互动会把事件推向极端化和暴力化。

三、涉及面广，涉及人数众多，危害大

由于重大项目部署类舆情涉及面广，涉及的利害关系人人数众多，此类舆情一旦爆发，容易受到网友的广泛关注，引发大量网友评论、参与和转发，引发线上动员、线下行动。一旦形成群体性聚集，容易发生群体极化现象，产生激烈对抗，对社会破坏性极大。

四、此类事件多以项目停建或者搬迁收场

在重大项目部署类舆情出现后，只要出现大规模聚集抗议的群体性事件，政府唯一有效的平息办法就是立刻改变之前的决定，宣布工程搬迁或者永久停止。项目“叫停”虽然能有效平息舆情事件，但并不意味着这是正确的决策。正如某些事件在事后有大量网友质疑：“叫停”难道都是正确的行为吗？几百亿的项目说停就停，不经过任何的法律程序，给项目工程的后期处理留下很多问题，如以前签订的合同是否还有法律效力、企业的损失谁来赔偿、企业是否可以把政府告上法庭等。这样的政府形象如果从点连成片，对经济发展和社会稳定都将极为不利。

第二节　应对要点

当前，重大项目部署的舆情风险评估机制存在不健全、公示曝光率低、公示时间延误、公示缺乏沟通等问题。在项目建设过程中，相关部门忽略民意、应对极化、处理方式僵化。地方政府需要在维护公众利益与寻求经济增长点间获取平衡，在面临环境问题引发的冲突下运用合理规范的操作手段。

一、建立重大项目部署的舆情风险评估机制

地方政府在对直接关系人民群众切身利益且涉及面广、容易引发社会稳定问题的重大项目进行决策时，应首先对此类项目可能存在的风险进行先期分析、预测和评估，确定风险等级，作出风险评估结论，并采取措施防范、化解和控制社会稳定风险，着力从源头上降低风险发生的概率。

二、重视民意调研和舆情分析工作

地方政府在引进一些产业和项目，或在对传统企业进行改造和治理时，要切实从普遍大众的利益出发，平衡经济效益和社会效益，把环境评估和社会风险评估考虑在内，将民意调研纳入到项目策划建设的一部分，并根据民意调研结果调整和完善项目建设方案。这些工作可以通过民间、半官半民性质和官方的组织开展，相比官方的民调机构，第三方机构如媒体、环保 NGO 组织等因其独立、公正的优势，可以在沟通官方与民间舆论场方面发挥积极的作用。

三、做好公示阶段的宣传工作

大部分公众在重大项目部署公示时不怎么关心，当工程进入奠基、开工建设阶段，涉及自身直接利益时，才开始高度关注。因此，只在网站公示的方式并不适应地方民众的信息接收习惯，应该充分发挥地级、县区级广播、电视、报纸等传统媒体的作用。同时

应注重关注民众诉求，敞开言论渠道，正视问题，及时回应，请相关专家、学者以及第三方机构理性解释项目的利害得失，确保沟通渠道长期畅通，要逐渐形成与民众“平等对话”的意识，并使之常态化、制度化。“对话”缺失下的信息真空是诱发群体性事件的一颗定时炸弹，如果政府应对和处理不当，群体性事件就会不可避免地发生。

四、建立健全相关环保法律法规

随着法律法规的健全和公民法治意识的提高，大量的社会管理问题最终要通过司法手段解决。让司法诉讼成为公民便捷、有效的表达渠道，这方面发达国家及我国港澳台地区都有很多民众打环境官司胜诉的案例。司法解决也避免了所谓“政府屈从民意”的问题，维护了相关企业的合法利益。通过法律手段，双方各自拿出理论和事实证据，专家学者当庭作证，法官律师交叉盘问，工程项目建设的必要性、合理性，通过双方真枪实弹的辩论展现在公众面前，才能使公众全面认清项目的利弊得失，避免民意受到“传言”的误导。

五、建立完善的舆情应急预案

完善的舆情应急预案，是指保持部门联动、信息沟通，强化领导，落实专人，加强对网络舆情尤其是负面舆情的监测预警与控制，从而达到有效化解网络舆论危机的目的，其中主要包括监测、预警、应对三个环节。在监测环节，有关部门和人员对网络舆情的内容、走向进行密切关注，全面准确掌握新情况、新动态，及时反映，及时报告；在预警环节，对网络舆情的内容进行判断和分析，对正在形成、有可能产生更大范围影响的舆论进行筛选，为接下来可能发生的网络舆情走向做好各种应对准备；在应对环节，当网络舆情变为现实的网络舆论危机事件后，积极采取应对措施，妥善化解危机，消除不良影响。

六、平等对话，做好信息公开工作

群体性事件爆发后，相关政府部门应第一时间亲赴现场，做好群众情绪安抚工作，并注重倾听和关注民众诉求，进行平等对话，同时注意做好信息公开和发布工作，这其中包括做好政府和群众之间的沟通、必要的项目（政策）解释、最新的事实报道，起到上传下达、遏制网络谣言的滋生和蔓延的作用。

七、政府要理性处置，切勿滥用警力

随着公民法治、民主意识的觉醒，警力与武力的滥用只能造成流言和谣言的快速传播，导致事件的继续升级和复杂化。游行示威是公民的基本权利，对于理性的游行示威和抗议行动，政府应对时也要冷静，避免因滥用警力造成肢体冲突而导致暴力事件。对于特殊人群应当给予适当的关注，如妇女、儿童、学生等社会弱势群体，防止不良报道的产生。同时，针对群体性事件中的伤亡谣言，应当及时表态澄清，并且勇于承担责任。在自媒体传播时代，街头透明运动兴起，警力的滥用会造成舆论场的二次引爆，负面情绪在网上快速传播，引发次生灾害，使政府由主动变为被动。

八、提升微博运营技巧，重视与意见领袖沟通

针对不同的传播主体，应有不同的语态要求，微博用语运用不当，作用适得其反。例如在什邡事件发展的高潮期，在“活力什邡”的微博上出现“坚决维护社会和谐稳定大局”的口号式信息，引发了网友的不满。此外，意见领袖在舆情发展过程中起到重要的舆论推动作用，群体性事件中往往存在大量意见领袖参与传播，因此政府必须加强与意见领袖的沟通，使其发挥积极的舆论引导作用。

☞案例分析☜

案例一：

什邡群体性事件①

一、事件概述

四川省什邡市宏达钼铜多金属资源深加工综合利用是国家汶川地震灾区产业发展振兴重大支撑性项目、四川“十二五”发展规划重点项目、四川总投资上百亿元的重大工业项目之一，经国家环保部审批同意，于2012年6月29日在什邡举行开工典礼。四川什邡市政府宣布钼铜项目开工建设，这一决定引起当地市民的不满。2012年6月30日到7月2日，因担心四川省什邡市宏达钼铜多金属资源深加工综合利用项目引发环境污染问题，当地部分群众到什邡市委、市政府聚集，并逐步演变为群体性事件。警民冲突发生后，什邡官方就钼铜项目三次表态，并最终决定今后在什邡不再建设钼铜项目。

二、舆情源头

1. 源头说明

2012年5月15日，什邡官方网站“什邡之窗”的书记信箱回复里便已经出现针对“宏达集团钼铜污染问题”的回复，但是显然群众的意见并未引起官方的足够重视，只是转交环保局处理。

2. 原文内容摘要

关于宏达集团钼铜“污染问题”的回复

来信网友：

---

① 原文参见《四川什邡市宏达钼铜项情况通报：如大多数群众不理解就不开工》，人民网，http://society. people. com. cn/n/2012/0702/c1008-18427921. html，2012-07-02。

你好！来信已收悉，按国务院《信访条例》有关“属地管理、分级负责，谁主管、谁负责”的原则，你反映的质疑宏达集团拟投资103亿元建设钼铜生产项目所产生的“污染问题”已交由环保局处理。现将办理情况回复如下：

1. 老百姓所反映的宏达集团拟建钼铜生产项目是已通过省发改委立项、国家环保部审批的拟建项目。目前该工程已通过环保部的技术评审，进入环保部行政审批程序，现处于尚未动工建设阶段。

2. 关于老百姓对该项目生产和建设可能带来“污染问题”的担忧，市委市政府高度重视。市委市政府针对老百姓的担忧顾虑拟采取专家访谈形式、邀请部分干部代表与村民代表到国内同类行业具有先进生产工艺与技术的生产基地进行参观考察。

3. 作为基层环保部门，什邡市环保局立足于该项目的环评要求，认真履职，监督和管理好项目在建设期间环保措施的落实情况，积极配合宏达公司、市上相关部门做好疑虑干部与村民的释疑工作。

感谢您对我们工作的关心和支持！祝您工作顺利，生活愉快！

（摘自“什邡之窗”，www. shifang. gov. cn）

三、舆情传播进程

1. 舆情潜伏期（2012年5月15日—2012年6月28日）

2012年5月15日，什邡官方网站“什邡之窗”的书记信箱回复里出现针对“宏达集团钼铜污染问题”的回复，回复称“污染问题”将转交环保局处理。

2. 舆情爆发期（2012年6月29日—2012年7月1日）

2012年6月29日，四川宏达集团钼铜多金属资源深加工项目开工典礼在什邡市经济开发区举行，钼铜项目的开工引发人们的关注，当地市民借助微博、论坛等互动平台表达对此项目的质疑和反对。

6月30日，十几名市民到什邡市委集中上访。7月1日晚19时左右，有近百名学生和百余名市民分别聚集在什邡市委门口和宏达广场两地上访示威，要求停建项目。经宣传解释疏导，当晚24时左右，聚集群众全部散去。

3. 舆情升温期（2012年7月2日）

2012年7月2日上午，因担心该钼铜项目引发环境污染问题，当地部分群众到什邡市委、市政府聚集，并逐步演变为群体性事件。有部分市民不听劝阻，强行冲破警戒进入市委机关，砸毁一楼大厅8扇橱窗玻璃、3个宣传栏、4个宣传展板。

7月2日中午，由市长徐光勇、常务副市长张道彬，当面向聚集群众就宏达钼铜项目相关建设问题作出明确答复：一是责成企业从即日起停止施工，如大多数群众不理解、不支持项目建设就不开工；二是组织工作组，派出干部到各镇（街道、开发区）、企业、学校、农村、社区等，听取广大市民对钼铜项目的意见和建议，并以市政府公告的形式，通过多种媒体向全市人民作出承诺。

7月2日下午14时许，执行警戒任务的特警被迫采取措施对过激人群予以驱散。在驱散过程中，有数名群众受轻伤，均被及时转送医院救治。在市领导答复后，市政府聚集市民陆续离开，但在市委门口仍有市民不听劝阻，继续聚集拥堵。

4. 舆情降温期（2012年7月3日—2012年7月4日）

2012年7月3日9时，什邡市公安局发布关于严禁非法集会、游行、示威活动的通告，对煽动、策划、组织非法集会、游行、示威者将依法处理。12时，什邡市新闻办发信息澄清“事件中有人员死亡”的传言。18时左右，什邡市委、市政府决定今后不再建设钼铜项目。宏达股份停牌。

7月4日凌晨1时，什邡市新闻办发布信息：宏达钼铜项目群体事件中所有受伤人员均得到及时、有效的治疗。凌晨2时左右，什邡市政府新闻办发布消息：公安机关带离的27人中，3人刑事拘留，3人行政拘留，其余21人全部释放。21时，什邡官方对“封城”消息进行辟谣。

5. 舆情平息期（2012年7月5日以后）

据什邡市人民政府官方微博“活力什邡”的消息，2012年7月5日，什邡召开全市干部大会，宣布经中共四川省委同意，中共德阳市委决定中共德阳市委常委、副市长左正同志兼任中共什邡市委第一书记，中共什邡市委书记李成金同志协助左正同志工作。

7月7日，“活力什邡”发布微博：“7月2日，在什邡市宏达钼铜项目群体性事件中，个别人员利用互联网散布现场人员死亡的谣言，造成极坏的社会影响。6日上午，一名涉嫌在互联网上恶意散布失实照片和谣言的人员已被查实。”至此，官方的回应打消了公众疑虑，舆论逐渐平息。

四、舆情回应

1. 回应情况（表9-1）

表9-1　对“污染问题”舆情的官方回应

时　间	标　题	媒　体
2012-07-02	什邡市人民政府关于钼铜项目建设有关情况的通告	活力什邡（新浪官方微博）
2012-07-02	关于宏达钼铜项目有关问题的意见	活力什邡（新浪官方微博）
2012-07-03	什邡市人民政府关于处理宏达钼铜项目有关情况的通报	活力什邡（新浪官方微博）
2012-07-03	什邡市委、市政府决定：今后不再建设钼铜项目	活力什邡（新浪官方微博）
2012-07-03	四川什邡积极妥善处置宏达钼铜项目群体性事件	活力什邡（新浪官方微博）
2012-07-06	一名涉嫌利用互联网散布谣言人员被查实	活力什邡（新浪官方微博）

2. 回应内容摘要

回应一：

什邡市人民政府关于钼铜项目建设有关情况的通告 近日，

宏达集团在我（详见长微博）... http://t.cn/zWbOfCO（分享自 @长微博原文）

转发（167）| 收藏| 评论（132）2012-7-2 14:04 来自分享按钮（什邡市人民政府新闻办公室官方微博）

回应二：

中共什邡市委 什邡市人民政府 关于宏达钼铜项目有关问题的意见 为维护我市人民群众合法权益，维护我市社会大局稳定，经市委、市政府研究，就宏达钼铜（详见长微博）...（分享自 长微博工具 ）http://t.cn/zWbsiZ6

转发（1146）| 收藏| 评论（941）2012-7-2 23:40 来自新浪微博（什邡市人民政府新闻办公室官方微博）

回应三：

什邡市人民政府 关于处理宏达钼铜项目有关情况的通报 7月2日，因担心宏达（详见长微博）... http://t.cn/zWGAs4m（分享自@长微博原文）

转发（1887）| 收藏| 评论（1485）2012-7-3 08:53 来自分享按钮（什邡市人民政府新闻办公室官方微博）

回应四：

什邡市委、市政府决定：今后不再建设钼铜项目 7月3日下午，市委书记李成金接受记者采访，他指出：什邡是"5.12"特大地震的极重灾区，全市广大干部群众（详见长微博）...（分享自 长微博工具 ）http://t.cn/zWGXIdU

转发（45535）| 收藏| 评论（24136）2012-7-3 17:58 来自新浪微博（什邡市人民政府新闻办公室官方微博）

回应五：

四川什邡积极妥善处置宏达钼铜项目群体性事件 四川什邡宏达钼铜群体性事件发生后，德阳、什邡两级党委政府高度重视，积极应对，采取有效措施，积极化解矛盾，坚决维护人

民群众的合法（详见长微博）...（分享自 长微博工具 ）http：//t.cn/zWGKvPZ

转发（6932）| 收藏| 评论（7178）2012-7-3 19：50 来自新浪微博（什邡市人民政府新闻办公室官方微博）

回应六：

【一名涉嫌利用互联网散布谣言人员被查实】7月2日，在什邡市宏达钼铜项目群体性事件中，个别人员利用互联网散布现场人员死亡的谣言，造成极坏的社会影响。6日上午，一名涉嫌在互联网上恶意散布失实照片和谣言的人员已被查实，详见视频。http：//t.cn/zW5FcYS

转发（1181）| 收藏| 评论（3291）2012-7-7 00：15 来自新浪微博（什邡市人民政府新闻办公室官方微博）

五、舆情分析

1. 总体判断

什邡群体事件由微博源发，经互联网推动，引发网民强势围观，在发生警民冲突后，舆论哗然，什邡官方采取的应对方式把自己推到了全国舆论的风口浪尖。在事件发生后，什邡官方积极应对，最终宣布不在什邡建设钼铜项目，顺应了当地民意，从而使得事态得到控制。

2. 媒体报道情况（表9-2）

表9-2　　**“什邡事件”媒体报道情况**

时　间	标　题	媒　体	省　份
2013-06-29	震灾区什邡首个百亿级投资项目正式开工	中国新闻网	北京
2013-07-03	什邡事件：公众从不需要什么假惺惺的旗号	和讯网	北京

续表

时间	标题	媒体	省份
2013-07-04	环保不过关 什邡钼铜百亿投资项目遭质疑停工	东方早报	上海
2013-07-13	什邡钼铜项目反思	财新网	北京
2013-07-16	什邡钼铜项目环评报告曾获奖 忽视民意被迫关停	财新网	北京

六、舆情点评

1. 评论摘要

(1) 官方媒体错失舆论引导良机

不论天津、什邡，还是其他地方，遭遇突发事件，面对互联网的汹汹议论，当地官方媒体普遍保持沉默，错失了释疑解惑、沟通民众的契机，值得反思。天涯社区建议，政府不宜一味埋怨老百姓“不了解、不理解、不支持”，症结在于民间无法释放民意，官方又惯于凌驾民意，怨隙渐深，共识难达，一旦偶然出现某个事件，都可能直接蹿火，引发对抗。2008 年孟连事件后，云南省委副书记李纪恒严厉警告基层官员：对党充满感恩之情、待人善良温和的群众，与警察对抗，用暴力维护自己的权益，这件事情必须引起各级干部铭心刻骨、灵魂深处的反省。

（摘自《中国青年报》2012 年 7 月 9 日，祝华新）

(2) 粗放型招商埋社会危机

在类似招商过程中，一些地方政府优先关心增加当地经济总量，对企业环评放低标准，就这些项目给人民生活以及心理的影响没有足够考量，对一些涉及生态威胁的项目提前许诺，甚至“帮助”企业在审批时过关。这些粗放型招商项目一开始就埋下了社会危机的伏笔。

很多情况下，一些政府官员往往会存有侥幸心理，以为社会不同意见很容易克服，有的甚至认为，百姓不会觉察，或者即使察觉也不会有反对，更不会采取激烈的维权行动。这使得一些地方政府屡屡因粗放型项目陷于非常被动的境地。其实地方政府为何不反过来想想，如果招商引资一开始就把环境生态因素视为基本门槛，很多争议项目就不会那么容易提上议程。这也正是坚持服务型政府，又做到科学发展的基本要求。

（摘自《环球时报》2012 年 7 月 3 日，毛寿龙）

（3）信息透明公开的缺失

四川什邡，一个计划投资超百亿的钼铜项目由于当地人的激烈反对终于搁浅了。催泪弹、震爆弹、警棍、鲜血，网络上迅速传播开来的这些令人惊悚的词汇和图片，提示着当地政府和群众之间冲突的尖锐程度。什邡市政府官员也承认当初和群众之间的沟通不足，他们只是没有想到，自己习惯性忽略民意的后果竟然这样严重，他们在维稳思路下的急躁处置似乎也是这种惯性所致。如今，项目虽然已经叫停，但其背后公众参与环保的无力和官民割裂之深却仍在困扰着我们。与此同时，企业，这个事件的重要环节，都在事件中被“忽略”了——无论是它的项目，还是它的利益和未来。

虽然事件暂时得到平息，但其过程的一波三折折射出这个所谓的四川省“十二五”重点项目自始至终的信息不透明以及地方政府招商的热切和环保监管职能的缺失。

（摘自《中国经营报》2012 年 7 月 7 日，崔文官、王力凝）

2. 案例评析

（1）缺乏完善的舆情预判机制

什邡群体事件在 2012 年 6 月 29 日钼铜项目宣布开工之后便露出苗头，至 7 月 2 日爆发，在这几天中，政府有充足的时间制定应急预案并采取有效的措施来处理，从效果看，当地政府显然缺乏完善的舆情预警研判工作机制。

（2）警力的滥用加剧了事件矛盾的升级恶化

什邡事件中，特警曾使用催泪弹等工具将过激人群予以驱散，警力的滥用加大了群众和政府之间的隔阂，使群众站到了政府的对立面。

（3）新型社交媒体运用技能有待提升

相关部门在处理网络舆情事件时，应注重运用微博等社交媒体发布信息，与民间舆论场达成沟通显得尤为重要。什邡事件中，事件的发酵和发展与论坛、微博等社交媒体息息相关，一些著名律师、大量意见领袖参与传播，导致负面舆论不断升级和扩大。

案例二：

昆明 PX 项目事件①

一、事件概述

2012 年底，年规模千万吨的中石油炼油项目将在昆明安宁上马的消息传出后，引发了当地民众对周围环境和自身健康的担忧。随后，当地媒体于 2013 年 2 月 6 日刊发了 PX 项目获批的新闻报道，引发舆论关注。2013 年 5 月 4 日，3000 多昆明市民齐聚市中心南屏广场，对即将新建的 PX 炼油项目表达抗议，就此，网络中的舆论风暴演变成了现实环境中的群体性事件，矛盾集中爆发。随后，昆明官方一再表态中石油云南炼油项目将充分尊重群众意愿，昆明市相关负责人回应 PX 项目，中石油位于安宁的炼化基地项目已经审批，相关环保标准全部符合国家要求，PX 项目是炼化基地的下游配套项目，目前尚在规划研究当中，并未确定建设。中石油也澄清称安宁炼化项目“不含 PX 装置，也不生产 PX 产品”，但这一回应难以纾解网民和昆明市民对环境问题的担忧。舆论质疑声依

---

① 原文参见李萌、王研等:《“PX”建还是不建，信息透明度须增加》，《新华每日电讯》2013 年 5 月 7 日。

然不断。

二、舆情源头

1. 源头说明

2012 年 11 月，有网民发微博称：“昆明 PX 项目？求辟谣！”2013 年 2 月 6 日，当地媒体《昆明日报》刊发《国家发改委正式批复中石油云南项目 安宁将成西南石油中枢》后，安宁市中石油 50 万吨/年对二甲苯生产项目开始引发舆论关注。

2. 原文内容摘要

> 从 2005 年开始前期工作，到 2009 年确定“落子”安宁，再到 2013 年 1 月拿到国家发改委正式批文，1000 万吨/年的中石油云南炼油项目前后走过了近 8 个年头。从《项目选址意见书》获得省住建厅批复，项目矿藏压覆报告获省国土厅批复到项目环评获国家环保部批复，再到项目获得国家发改委正式核准，历经 4 年时间，53 项前期工作的所有支持性文件均已得到批复。
>
> 长期以来，云南主要依靠华南、西北等地的炼油厂提供成品油，处于成品油运输的末梢。1000 万吨/年的炼油项目建成后，云南人将挥手告别没有炼油基地、能源供应紧张的局面，也有理由相信，不久的将来，高油价和油荒将成为历史。①

三、舆情传播进程

1. 舆情潜伏期（2012 年 11 月—2013 年 2 月 5 日）

2012 年底，年规模千万吨的中石油炼油项目将在昆明安宁上马的消息传出后，引发了当地民众对周围环境和自身健康的担忧。2012 年 11 月，有网民发微博称：“昆明 PX 项目？求辟谣！”但这

① 参见《国家发改委正式批复中石油云南项目 安宁将成西南石油中枢》，《昆明日报》2013 年 2 月 6 日。

一舆情未能引起当地政府的关注。

2. 舆情爆发期（2013年2月6日—2013年5月3日）

2013年2月6日，当地媒体《昆明日报》刊发《国家发改委正式批复中石油云南项目 安宁将成西南石油中枢》后，安宁市中石油50万吨/年对二甲苯生产项目开始引发舆论关注。

针对质疑，昆明市政府于2013年3月29日召开新闻发布会，表示“项目经过最严格的审查审核，符合国家标准和要求”，但这种“只见调查结果不见调查过程细节”的回应并未释疑，在随后组织的座谈会上也未能满足群众的知情诉求。

3. 舆情升温期（2013年5月4日—2013年5月9日）

2013年5月4日下午，近3000名昆明市民聚集在市中心的南屏广场，抗议PX（对二甲苯）和PTA（对苯二甲酸）项目在该市落户。人民日报、新华网、网易新闻等各大主流媒体、门户网站，均对这一事件做出了报道和评论，一时间引起舆论热议。

4. 短暂降温期（2013年5月10日—2013年5月12日）

2013年5月10日，昆明市召开新闻发布会，相关部门均做出回应：项目负责方称该项目的可研报告和环评报告尚未完成；昆明市市长称PX项目是否上马将走民主决策程序；中石油称云南炼油项目是国家能源安全战略，“安宁炼油项目不含PX装置，也不生产PX产品”。舆论暂时降温。

5. 舆情反复期（2013年5月13日—2013年5月15日）

2013年5月13日，昆明市政府召开中石油云南炼油项目恳谈会。中石油云南石化有限公司总经理胡兢克对市民高度关注的云南炼油项目选址问题做了系统介绍。针对“中石油云南炼油项目环评报告能否公开”的问题，云南省发改委副主任、能源局局长马晓佳接受采访时表示，“该项目的环评报告涉密，不能公示”。环评报告保密一说引发民众猜测。

6. 舆情高峰期（2013年5月16日——2013年5月21日）

因民众的诉求未得到完全满足，2013年5月16日，上千名昆明群众再次聚集于云南省政府前的昆明市正义路口，抗议云南安宁炼油及PX项目。大批警察在现场维持秩序，拉起封锁线。群众和警察出现推搡情况，但无大的肢体冲突。5 月 17 日，昆明市市长李文荣开通微博，称“希望能在此搭建一座与大家坦诚沟通的桥梁”。他成为首位开通微博的省会城市市长。5 月 20 日，网友称“昆明市政府要求通过卫生、医保等部门口头通知昆明所有医院、药店，要求对购买口罩者进行实名登记”，引发“防民之口甚于防川”的网络激辩，舆论再次聚焦。

7. 舆情平息期（2013 年 5 月 22 日以后）

2013 年 5 月 22 日下午 15 时，昆明市政府再次邀请 23 名市民代表举行第二场恳谈会。昆明市下辖的安宁市自实行“买口罩实名制”以来，在网上引发广泛质疑。5 月 25 日，安宁市政府新闻办宣布撤销《关于加强对各类口罩销售监管工作的通知》。经过多方的努力沟通，舆论逐渐平息，网民趋于理性。

四、舆情回应

1. 回应情况（表 9-3）

表 9-3　　**对“PX 项目”舆情的官方回应**

时　间	标　题	媒　体
2013-03-29	昆明市政府新闻发布会	昆明市政府新闻办
2013-04-19	PX 项目是否放在昆明安宁将咨询民意	经济观察网
2013-05-06	“PX”建还是不建，信息透明度须增加	新华社
2013-05-10	昆明市政府新闻发布会	昆明市政府新闻办
2013-05-13	中石油云南炼油项目恳谈会	昆明市政府
2013-05-17	昆明市市长开通实名微博	新浪微博
2013-05-22	中石油云南炼油项目恳谈会	昆明市政府
2013-05-25	昆明市工商局：昆明禁售白 T 恤是谣传	昆明日报

2. 回应内容摘要

回应一：

2013年3月29日，昆明市政府召开新闻发布会，表示项目经过最严格的审查审核，符合国家标准和要求，但未公开项目细节。

回应二：

PX项目是否放在昆明安宁将咨询民意

2013年4月19日，针对愈演愈烈的群众抗议和信息公开诉求，安宁市草铺街道党工委书记周德昆回应称，由于该项目关乎国家战略，环境评估报告中的机密部分需要剥离之后才能向公众披露。对于PX项目，周德昆表示，省政府高度重视，正由云天化牵头评估PX及其他下游副产品的可行性。论证结束后，将有一个民意咨询过程。但在随后组织的座谈会上未能满足群众知情诉求。

回应三：

"PX"建还是不建，信息透明度须增加

2013年5月6日，昆明市民首次群体性抗议活动发生后，昆明市相关负责人再度重申，该项目的相关环保标准全部符合国家要求，PX项目是炼化基地的下游配套项目，尚在规划研究当中，并未确定建设。

回应四：

2013年5月10日，昆明市召开新闻发布会，相关部门均做出回应：项目负责方称该项目的可研报告和环评报告尚未完成；昆明市市长称PX项目是否上马将走民主决策程序；中石油称云南炼油项目是国家能源安全战略，"安宁炼油项目不含PX装置，也不生产PX产品"。

回应五：

2013年5月13日，昆明市政府再度召开中石油云南炼油项目恳谈会。中石油云南石化有限公司总经理胡兢克对市民高度关注的云南炼油项目选址问题做了系统介绍。她表示，选址经过科学论证，符合国家的相关要求和昆明市建设规划的要求。针对“中石油云南炼油项目环评报告能否公开”的问题，云南省发改委副主任、能源局局长马晓佳接受采访时表示，“该项目的环评报告涉密，不能公示”。

回应六：

2013年5月17日，昆明市市长李文荣开通微博，称“希望能在此搭建一座与大家坦诚沟通的桥梁”。他成为首位开通微博的省会城市市长。

回应七：

2013年5月22日下午15时，昆明市政府与23名市民代表就中石油云南炼油项目举行第二场恳谈会，用近两个小时的时间，就市民和网民普遍关注的环保、监管、取水、选址、空气质量、搬迁村民的安置和就业等问题进行了开诚布公的交流，市政府现场答复在逐渐消除市民代表的疑虑。

回应八：

昆明市工商局：昆明禁售白T恤是谣传

昆明市工商局5月29日发出通知，澄清“昆明禁售白衬衫、白T恤”的消息，经查证为谣传，并要求全市各级工商部门纠正“口罩实名制”和“打印实名制”的做法。

五、舆情分析

1. 总体判断

该事件是一起由网民自行发起的，从线上组织发展到线下群体性聚集的环保类舆情事件。网民最初通过自媒体呼吁昆明市民为抵制 PX 项目散步游行，并最终由网络蔓延到现实社会中。中国城市居民日益增加的环保活动已成为中国关注的主要问题之一，对项目管理方的质疑表明公众并不信任国有企业及其发展工业的能力，近年冬季发生的一连串严重空气污染事件也进一步唤起了中国民众的环保意识。

2. 媒体报道情况（表 9-4）

表 9-4　　　　昆明“PX 项目事件”媒体报道情况

时　间	标　题	媒　体	省份
2013-02-06	国家发改委正式批复中石油云南项目 安宁将成西南石油中枢	昆明日报	云南
2013-05-05	昆明 PX 项目：充分尊重广大群众意愿	中国日报	北京
2013-05-07	昆明：PX 项目尚在规划研究中	新京报	北京
2013-05-08	“PX”建还是不建，信息透明度须增加	新华每日电讯	北京
2013-05-23	昆明市长实名开微博　官民对话多搭建沟通桥梁	人民网	北京
2013-06-28	全方位多角度评价昆明石化项目	人民网	北京

六、舆情点评

1. 评论摘要

（1）期待昆明成功走出 PX 困局

近年来，环境问题屡屡成为群体性事件的引爆点，我国正在进入一个特殊的“环境敏感期”。对政府部门而言，为避免公众由于不信任而滋生过激行为，关键是用公开求得公信、用对话取代对立、用尊重民意避免漠视舆论，项目上马“疾行之”莫如“徐图之”，哪怕项目有利无害，即便群众存在误解，也应该及时、全面、深入地向群众讲清楚，避免因环境风险引发社会风险。

（摘自《人民日报》2013 年 5 月 15 日，李拯）

（2）信息公开解疑虑

PX 项目在中国已成为敏感符号，其解决之道还在于政府、企业和群众的沟通，项目信息公开透明，政府引导市民广泛参与企业项目的立项、评估和生产建设，“没有神秘感了，它自然不会恐怖”。

（摘自《新京报》2013 年 5 月 7 日，金涌）

（3）合理避免“邻避效应”

如果修建的邻避设施虽然对多数人有益，但是对少数人的伤害和损害已经超过对多数人的益处，就应通过谈判协商，政府告诉受损的居民，会给你们什么样的补偿，会配套什么样的保护措施。居民如果觉得这些条件，足以抚平可能带来的伤害，就有极大的可能继续谈下去。

（摘自《新京报》2013 年 5 月 7 日，何艳玲）

2. 案例评析

（1）自媒体充当了发起群体性事件的主力

网民最初通过自媒体呼吁昆明市民为抵制 PX 项目散步游行，并最终由网络蔓延到现实社会中。在豆瓣等社区论坛，网民呼吁“南屏步行街昆明青年五四抗议中石油炼油，别把我们的家园变成炼狱，昆明不再沉默”；在腾讯微博、新浪微博、百度贴吧等平台，网友的呼吁得到当地网民的积极响应；在手机短信、电话、微信等交互性平台，相关信息也在第一时间散发。

（2）加强信息公开，有效减少邻避冲突

在中国，邻避冲突正处于多发期，邻避运动已成为城乡规划和建设中亟需正视的新现象。面对邻避冲突，发达国家的经验是将选定厂址、兴建与营运等环节透明化、法治化，并对利益受损方给予合理补偿。在中国过往的案例中，往往以领导人下令停建或易地上马收息事宁人之效。"在'环境敏感期'，凡涉及公众环保焦虑事件，政府更应通过召开听证会，公开环境评估报告信息，从而提高决策的民主参与度、运行透明度。"①

① 周强：《环境维权如何化解"邻避效应"?》，《新华每日电讯》2013年5月7日。

第十章　网络谣言类舆情案例解析

随着传播技术手段的更新，谣言的传播途径也在不断变化。互联网具有匿名性、开放性、互动性、时效性等特点，为谣言的传播提供了便利的条件。随着互联网技术的快速发展和网民数量的增多，网络谣言似乎越来越猖獗。例如，广元“橘蛆”事件、金庸“被逝世”、响水县“化工厂爆炸”、“抢盐”风波、沈阳店铺关门歇业等都是由网络谣言引起的舆情事件。在这些事件中，谣言的传播加大了事件的复杂性和舆情应对的难度。此外，在一些突发舆情事件的传播过程中往往也夹杂着大量的谣言、流言和不实信息，如武汉雾霾天气、“5·26”深圳飙车案、天津蓟县大火等舆情事件。

第一节　舆情特点

一、社交媒体是网络谣言滋生的温床

网络谣言的造谣手法大致有捕风捉影、凭空捏造、移花接木、断章取义、偷换概念等。网络谣言主要有两种成因：一是信息在传播过程中发生变异，导致信息失真，成为谣言；二是某些人基于特定目的对信息进行恶意篡改，形成谣言。目前，谣言的传播路径往往表现为：谣言从微博引爆，引起较大的舆论后，再借助各类社交媒体进行第二次充实和深度加工，使得谣言的舆论影响进一步扩大，最终引起网络新闻媒体和传统媒体的跟踪报道。

二、谣言的传播大多跟公共事件有密切关系

公共事件往往触及大多数人的利益，容易引起网友广泛关注，从而参与评论、转发。无论是由谣言引发的舆情事件，还是突发事件中伴随的谣言，如果谣言不被及时澄清，都可能引起各种次生灾害，对国家、社会和个人都危害巨大。

三、谣言的产生往往跟相关部门信息公布不当有关

谣言的传播跟相关部门信息封闭和发布不及时有关。谣言止于真相，应对谣言最有效的办法是迅速公布真相。在相关公共事件中，相关政府部门如果瞒报，不依据事实公开信息或者信息公开迟缓，往往会导致谣言满天飞，呈现病毒式扩散态势，导致舆论失控。

四、谣言的传播跟政府公信力的下降有关

从“躲猫猫”到“鞋带自缢死”，从“试探性自杀”到“临时性强奸”，在这些舆情事件中，官方的解释不合逻辑，导致公众带着愤怒、不满和嘲笑的心态去追根究底，探寻真相。在“5·26”深圳飙车案、天津大火、周克华被击毙等众多舆情事件中，公众对事件的质疑成了一种惯性。如何在网友的“围猎”中提升公信力，是政府面临的重任之一。

第二节　应对要点

一、加大信息公开和辟谣的力度

在应对谣言时，相关部门应做到信息依法依规公开。谣言发生时，政府相关部门应及时公布准确信息。消除谣言，还要加强网络媒体和传统媒体的配合。信息公布时，不仅要重视官方媒体，更应重视非官方的网络媒体。此外，政府应加强对流言的监控，及时介入，发布信息，预防流言转变为谣言。

二、加强与民间辟谣团体和意见领袖的沟通与配合

目前，国内已经有自发组成的民间团体在辟谣方面发挥作用，如科普性的公益团体科学松鼠会、自称辟谣党主席的意见领袖点子正等。政府应鼓励不同专业和领域的人士组成第三方监督机构，应对这些为辟谣作出贡献的团体或个人给与充分的肯定，并在政策上为他们的工作给予支持和保护。

三、网络自治与辟谣机制的建立

近年来，随着网络发展所暴露出的种种弊端，互联网行业也掀起了一场场行业自律行动，如新浪建立了自律专员制度和微博辟谣机制，天涯社区则强化了对网络水军的监控，在每月发布的“天涯舆情指数”中添加了“疑似网络水军舆情干预监测”栏目。这些行动对互联网的言论有一定的规范作用。

另外，2013 年 8 月 2 日，新浪、百度等 6 家网站共同发起的“北京地区网站联合辟谣”平台正式上线，“谣言曝光台”和“钓鱼网站曝光台”滚动播出。这是中国互联网史上第一个在管理部门、行业组织指导下，基于大数据结构，以开放平台方式，由行业领军网站联合建设的辟谣平台。

四、诉诸法律手段，加大对网络谣言的监管力度

相关政府部门要形成若干配套法律，对于确实侵犯他人权益的网络造谣者，要依法惩治。在管理层面，对于主观恶意造谣者，应该实行更加严厉的惩治措施。各大主流新闻门户网站，社交网站和微博应加强合作，探索辟谣合作机制，共同公布信息，提高辟谣信息的到达率。

五、提高网民的信息素养

进一步增强网民的信息素养，提高辨别基本常识的能力，减少因各种客观原因发出的失真信息。慎重对待微博认证的博友，对于

一贯夸大、篡改、歪曲事实的博主，慎重转发或基于其提供的信息进行评论。

☞案例分析☜

案例一：

沈阳店铺关门歇业事件①

一、事件概述

从2012年7月13日起，沈阳东北、五爱等市场大量商铺关门歇业，原因是传言有执法检查打假。随后，鞍山、抚顺、本溪、大连等地都接连发生大量商铺关门的现象。新浪微博、腾讯微博均有网民评论，当地新闻媒体也开始介入报道。到了8月，店铺歇业情况愈演愈烈，有关部门并未对传言做出回应，沈阳市场出现大萧条，群众难以维持正常起居生活，市民开始恐慌并引起全国网友的关注。8月6日，政协委员庄廷伟的一份“沈阳各店铺关店，谣言四起，请权威部门赶紧声明，稳定民心”紧急提案在微博上出现，新浪粉丝量较多的意见领袖发布微博带动事件广泛传播。沈阳市方面发布“勿信传言 正常营业”的微博，官方也开始正面回应此事，随后连续发博文辟谣。8月7日以后，虽然沈阳市政府相关部门继续回应，但网络舆论已成漫堤之势。舆情关注者越来越多，已包括当地人、围观者、意见领袖、新闻媒体记者。

二、舆情源头

1. 源头说明

从2012年7月13日起，沈阳东北、五爱等市场大量商铺关

① 改编自《舆情研究学者沈阳谈沈阳市商铺歇业的舆情应对》，人民网，http：//fujian. people. com. cn/n/2012/0810/c234825-17341921. html，2012-08-10. 。

门歇业，原因是传言有执法检查打假。随后，鞍山、抚顺、本溪、大连等地都接连发生大量商铺关门的现象。新浪、腾讯微博均有网民评论，当地新闻媒体也开始介入报道。媒体除了告知大家关门的店铺范围在扩大，还无意放大了谣言，如《鞍山日报》报道了没有证实的传言，标题"'狠罚200万'吓得鞍山商户纷纷关门"让人以为真罚款200万元。由于相关部门一直没有出面辟谣，越来越多的人在整个事件中信谣、传谣，导致事态扩大并失控。

2. 原文内容摘要

> 传说沈阳工商要打假，结果五爱服装市场、南塔电子市场、小东西商品市场，多少店铺关门。我们就这样，生活在一个假货泛滥的社会。(摘自微博)

三、舆情传播进程

1. 舆情潜伏期（2012年7月13日—2012年7月31日）

从2012年7月13日起，沈阳一些市场大量商铺关门歇业，原因是传言有执法检查打假。随后，鞍山、抚顺、本溪、大连等地都接连发生大量商铺关门的现象。传统媒体介入报道。

2. 舆情爆发期（2012年8月2日—2012年8月10日）

到了2012年8月份，店铺歇业情况愈演愈烈，沈阳市场出现大萧条，网上有大量的关于沈阳店铺关门的传闻，市民开始恐慌并引起全国网友的关注，但有关部门迟迟未对传言做出回应。8月7日后，沈阳市政府通过媒体辟谣，谣言逐渐平息，但舆论并未有效平息。

3. 舆情平息期（2012年8月11日以后）

随着沈阳市政府辟谣，店铺陆续重新开门营业，舆论逐渐平息。

四、舆情回应

1. 回应情况（表 10-1）

表 10-1　对“大量商铺类门”舆情的官方回应

时　间	标　题	媒　体
2012-08-07	勿信传言　正常营业	沈阳发布（沈阳市委宣传部官方微博）
2012-08-07	勿信传言　正常营业	沈阳晚报

2. 回应内容摘要

回应一：

沈阳发布：近期，一些经营业户因受不实传言影响，关门停业。经了解，相关部门除正常管理工作外，并未采取集中整治行动，更未采取高额罚款措施。希望广大业户勿信传言，正常营业。（自沈阳晚报）

2012-08-07　06：29　来自新浪微博　转发（29272）｜收藏｜评论（15736）

回应二：

勿信传言　正常营业

（沈阳晚报讯）近期，一些经营业户因受不实传言影响，关门停业。经本报记者了解，相关部门除正常管理工作外，并未采取集中整治行动，更未采取高额罚款措施。相关部门希望广大业户勿信传言，正常营业。

五、舆情分析

1. 总体判断

该事件是一起谣言类舆情事件，呈现出谣言从线下到线上，再到线下的相互交织、相互影响的特点。事件的起因是沈阳的一些市场店铺听说政府在集中治理打假，并采取高额罚款，于是纷纷关门歇业。由于相关部门未出面辟谣，谣言越传越离谱。随后，传统媒体的报道无意中放大了谣言，如《鞍山日报》报道了没有证实的传言，标题为"'狠罚200万'吓得鞍山商户纷纷关门"。随后，论坛和微博都纷纷出现店铺因打假关门的传言，并且波及周边其他城市，引起全国网民的关注。

2. 媒体报道情况（表10-2）

表10-2　**沈阳"商铺关门事件"媒体报道情况**

时　间	标　题	媒　体	省　份
2012-07-14	听说工商来打假80家商铺齐关门	东北新闻网	沈阳
2012-08-04	"关门风"刮到辽中县90%商铺关门	凤凰网	北京
2012-08-07	沈阳"满城尽是卷帘门"大量商铺关门"避检"	新浪网	北京
2012-08-07	沈阳部分商铺因工商局"打假"传言纷纷歇业	腾讯网	北京
2012-08-07	沈阳回应商铺关门风：勿信传言 未采取高额罚款措施	和讯网	北京
2012-08-08	商铺集体歇业缘于对运动式执法的恐惧	新浪网	北京
2012-08-10	记者调查：沈阳部分商家停业事件全过程	新华网	北京

六、舆情点评

1. 评论摘要

（1）沈阳大量店铺关门仅仅是制假泛滥吗？

打假本是好事，也是市场的一贯做法，何以造成如此众多的店铺关门？打假，就怕假打，也怕乱打。比如店家卖的产品进货渠道正规，标识明显，若还有质量问题，就得追究生产者责任而非商家责任。在执法过程中，最重要的是依章办事，岂能随心所欲罚款抓人？如有网友称，南塔最大的牙签批发商户被要求出示各种手续——营业执照、税务登记、产品合格证等，找不出一点毛病。但有检查官问：有没有砍伐许可证？结果将人罚了一通。这便是荒唐的打假。我们的一些地方政府，最喜欢搞些运动式的整治行动，平日放任自流，最后却来个一网打尽。这一放一抓，是故意放纵，是政府监管职责的缺失。

（摘自天涯论坛 2012 年 8 月 7 日，网友：赣能向天笑）

（2）政府的威风还是政府的失职？

对于政府而言，究竟是“商铺该归我管”还是“我有责任保护合法经营”？执政的重点是“处罚违法”还是“保护合法”？虽然从语义看，处罚违法与保护合法同义，但是在实际操作上大不相同，处罚违法可以提前预警预防，也可以延后执法，“养肥了再宰”。如果目的就是“处罚”，体现“管”的权威，那么显然违法现象越多越“有作为”，也越“有油水”；如果目的只是“保护合法”，那么必须提前预防、强化秩序，违法现象也只能越来越少。

（摘自天涯论坛 2012 年 8 月 8 日，网友：田夜）

（3）满城尽是卷帘门，唱的哪出空城计

先是宣传部门和工商部门站出来辟谣：并未采取集中整治行动，更未采取高额罚款措施，大家勿信传言，正常营业吧！但是无预期的效果。于是，打假的牵头单位——公安部门站来说话了：哎呀，打假活动已告一段落，与宣传部门的言论相抵触了。露了馅，只能讲实情了，市政府出于稳定人心的需要，便发表声明：要严肃处理乱检查、乱罚款等违规执法、粗暴执法行为……可是，还是担心事态继续恶化，于是便有强制性命令出现了，强迫商铺的业主在规定时间必须营业，不营业必须交待情况——这无疑又激化了矛盾。看来，沈阳市政府在处理此类突发事件中，没有一点应急的常识，那种傲慢的官老爷做派依然十分明显。

（摘自天涯论坛 2012 年 8 月 8 日，网友：贾也）

（4）满城尽是卷帘门，公信力还有生存余地吗？

面对这样的集中检查，不少商户认为还是歇业了事。客观地讲，这其中不乏以讹传讹的成分，但是，导致民众宁愿信其有，也不能冒被罚款抓人的风险，深层次的原因何在？就在于执法机关的公信力严重缺失，早已淹没在茅台、拉菲、鲍鱼、权钱交易的腐化之下了。满城尽是卷帘门，丝毫没有市场经济下活跃的消费气氛，而是人人自危的担惊受怕，那么这样的场景，掌掴了谁的脸？又是谁该在这场罢市的闹剧中深入反思呢？

……

当权者若尚存一丝责任感，就该尽快矫枉纠偏，恢复市场本该具有的活力，勿过激地使用行政手段干预市场经营活动，遵循市场经济该有的体制与规则，才是放各方面一条生路。

（摘自天涯论坛 2012 年 8 月 8 日，网友：缠绕夜色）

2. 案例评析

沈阳满街商铺闭门歇业的舆情事件发生后，官方回应速度相对较慢，引发民众的恐慌。官方回应之后，与此同步出现的还有网友上传的大量揭示闭门歇业“真相”的图片，官方说法遭遇严重质疑，当地官方的公信力开始遭遇挑战。面对网友对多部门前后矛盾的说法的质疑，权威机构却未能作出积极、合理的回应，冷漠了民意，使得政府公信力遭受较大的冲击。

面对此种舆论困境，我们给出如下建议：

首先，公开更多信息，还原事实真相。

在 2012 年 8 月 7 日，沈阳市政府新闻办官方微博发布了一段说明，缓解了部分网友的猜疑情绪。如果沈阳官方能在此时把真实情况完整公布，并诚恳地就给市民带来的不便表示歉意，则对消弭网民的质疑有极大的帮助。一味地掩盖事实，推卸责任，则可能导致二次舆情危机发生。

其次，善用网络平台，加强沟通，勿冷漠民意。

在该事件中，沈阳官方借助微博传递信息的做法是值得肯定的，但是在2012年8月7日，沈阳市委宣传部的官方微博“沈阳发布”发布第一则信息后，网友评论中质疑的声音此起彼伏。面对此番情境，官方未能回复一条网友评论，互动率低下，从而使得舆论失去引导，给舆情发酵留下了空档，致使官方再次陷入舆情处理的困境当中。

再次，舆情应对应多部门联动，建立危机应对机制。

舆情爆发后，沈阳市新闻办、工商局、公安局等部门的回应相互打架，面对网友质疑，未能有效整合新闻办、工商局、公安局等资源进行权威信息发布，使得官方声音极容易被负面的质疑声所淹没，从而加大了危机处理的难度。

案例二：

2011年抢盐事件①

一、事件概述

2011年3月，日本突发9.0级大地震，地震引发海啸并造成福岛第一核电站爆炸，核泄漏的阴云笼罩日本周边的国家，隔海相望的中国民众也饱受煎熬。一时间，日本核辐射会不会对中国造成影响成为网络热门话题。恐慌中，谣言乘虚而入，在短短的十天时间内，全国大部分民众参演了从“吃碘防辐射”到“抢碘盐”，又扩大为“抢盐”，之后全民辟谣，最后又全民“退盐”的闹剧。抢盐风波表明政府和媒体的公共危机应对更加成熟和稳健，网络舆情

① 改编自佟力强：《2011网络舆情及突发公共事件危机管理经典案例》，北京市互联网信息办公室，2011年，第31～38页。

与应对起到了上通下达、社会预警、引导舆论、维护稳定等作用。

二、舆情源头

1. 源头说明

2011 年 3 月 15 日，亦即日本“3 · 11”大地震后的第四天，“日本核辐射导致海水受到污染，海盐从此变核盐”以及“碘盐可以预防核辐射”之类的传言开始在网络上出现。网下传播加固了谣言并开始引发恐慌。

2. 原文内容摘要

> 2011 年 3 月 15 日上午，在杭州一家电脑公司工作的陈某，用网名“渔翁”在网上发布信息称：“据有价值信息，日本核电站爆炸对山东海域有影响，并不断地污染，请转告周边的家人、朋友储备咸盐、干海带，暂一年内不要吃海产品。”该信息被很多网民转发。(摘自网络)

三、舆情传播进程

1. 舆情潜伏期（2011 年 3 月 11 日—2011 年 3 月 14 日）

由于日本地震引发核电站核泄漏，网民出于对核电站爆炸及核辐射的担忧，开始在网上讨论防辐射之道，部分网民在微博中指出，吃碘片可以防辐射。2011 年 3 月 12 日，有关核辐射飘向太平洋的报道出现，美国西海岸的居民深受影响，在美国出现抢购碘化钾药品的行为。3 月 14 日，一条冒用 BBC 名义的谣言开始在菲律宾用户中传播，谣言称日本政府证实因第二波地震波及的福岛县的核子厂辐射抢救失败，辐射开始蔓延亚洲区域国家。

2. 舆情爆发期（2011 年 3 月 15 日—2011 年 3 月 16 日）

2011 年 3 月 15 日，一条提醒大家不要吃海带、海产品，海盐从此变核盐，碘盐可以防辐射的谣言出现并通过电话、网络和手机短信疯狂传播，人们纷纷由抢碘盐泛化为抢盐，公众情绪陷入恐慌。3 月 16 日，从浙江开始，全国各地纷纷出现抢购食盐的风潮。

3. 舆情平息期（2011 年 3 月 17 日以后）

2011 年 3 月 16 日，浙江各级领导通过微博进行辟谣。3 月 17 日，国家相关部门开始通过全国各地各级媒体辟谣，稳定人心。中国盐业总公司也紧急开通新浪微博，连续发布辟谣微博。3 月 18 日，谣言逐渐平息。

四、舆情回应

1. 回应情况（表 10-3）

表 10-3　　对“抢购食盐”舆情的官方回应

时　间	标　题	媒　体
2011-03-17	国家发展改革委发出紧急通知 要求各地立即开展市场检查 坚决打击造谣惑众哄抬食用盐价格等违法行为	国家发改委官方网站
2011-03-17	/	中国盐业总公司官方微博

2. 回应内容摘要

回应一：

国家发展改革委发出紧急通知
要求各地立即开展市场检查
坚决打击造谣惑众哄抬食用盐价格等违法行为

3 月 17 日，国家发展改革委发出紧急通知要求各地立即开展市场检查，坚决打击造谣惑众、恶意囤积、哄抬价格、扰乱市场等不法行为。

近日，部分地方受谣言影响，引发食用盐集中购买现象，一些不法经销商乘机哄抬价格，牟取暴利，群众反映强烈。为保障居民生活必需品市场供应和价格稳定，维护市场秩序，国家发改委发出紧急通知，要求各地价格主管部门立即行动，开展市场价格检查，坚决打击造谣惑众、恶意囤积、哄抬价格、扰乱市场等不法行为；积极与相关部门协调配合，多方组织货源，保障食用盐等商品的市场供应，稳定市场、稳定价格；加强宣传，及时澄清不实信息和传言。我国食用盐等日用消费品库存充裕，供应是完全有保障的。希望广大消费者理性消费，合理购买，不信谣、不传谣、不抢购。

回应二：

关于部分地区食盐抢购现象声明：中国完全有能力保障食盐供应。各地食盐供应出现紧张，是由于短时间内大量抢购所致，事实上中国的食盐储备非常充足。目前，发生抢购的地区盐业公司都已经启动应急预案，启动国家和省级储备，实行24小时紧急配送，希望消费者不要信谣传谣，不要盲目囤盐抢盐。

转发（2839）| 收藏 | 评论（849）2011-3-17 13：49 来自新浪微博　中国盐业总公司官方微博

关于部分地区食盐抢购现象声明：盐价是由国家管制的，国家定价。囤积居奇、哄抬物价的行为，将受到国家有关部门的处罚。碘盐防核辐射、海水被污染没有科学依据，请大家不要信谣传谣。

转发（760）| 收藏 | 评论（823）2011-3-17 13：59 来自新浪微博　中国盐业总公司官方微博

五、舆情分析

1. 总体判断

该事件是一起由突发自然灾害引起的全国范围的谣言类舆情事件。由于公众对核辐射有恐惧心理，加上信息不对称，该谣言产生后立即像病毒一样，在极短的时间内借助手机短信、微博、QQ 群等媒介，被快速复制和传播。最后，在政府及时有效地辟谣、中国盐业总公司启动应急工作机制并在全国范围内调拨食盐后，谣言才得以平息。

2. 媒体报道情况（表10-4）

表10-4　　“抢购食盐事件”媒体报道情况

时　间	标　题	媒　体	省份
2011-03-17	广东多地出现抢盐现象 专家称吃盐防辐射不靠谱	广州日报	广东
2011-03-17	发改委：坚决打击造谣惑众哄抬食用盐价格等违法行为	南方周末	广东
2011-03-17	哈尔滨：多部门联手应对“抢盐”风潮	人民网	北京
2011-03-17	中盐表示有能力保障食盐供应　最多两周恢复正常	新浪网	北京
2011-03-17	江西多地居民抢购食盐　官方称供应充足价格不变	中国新闻网	北京
2011-03-17	官方采取紧急反应 浙江抢购食盐队伍散去	中国新闻网	北京

六、舆情点评

1. 评论摘要

（1）反思抢购食盐风波不该局限于谣言

显然，问题的关键不在于民众本身，更不在于抢购行为的非理性，而在于民众原本就缺乏足够的信任感和安全感。要是所谓专家教授的科学素养和人格品质能获得民众的充分信任，社会保障制度足以让民众不过多担忧未来生活的风险，地方政府能在谣言出现的第一时间站出来澄清事实真相，并做好安抚工作，想必这次抢购食盐的闹剧也就不会发生，至少不会一浪高过一浪。民众抢购食盐的风波起于谣言，但需要反思的主体不只是抢购者，反思的内容也不能局限于谣言和食盐。否则，诸如此类的抢购事件，恐将继续上演，明天或后天，这里或那里。

（摘自新华网2011年3月17日，王石川）

(2)“抢盐”风波，需要反思的很多

我们的民众为什么如此容易轻信流言？“谣言止于智者”，动辄轻信谣言当然是“不智”的表现。“非典”时疯抢板蓝根，相信绿豆、茄子、生吃泥鳅能治百病，如今又抢购碘盐甚至酱油、腌菜来预防核辐射……种种令人啼笑皆非的举动，折射出民众在疾病防治、灾难应对以及科学常识等方面的严重无知与独立思考能力的严重欠缺。然而，该反思的绝不仅仅是民众自身；教育、医疗、科普……各个相关主管部门都应该深刻反省：难道已经成为第二大经济体的国家的国民，该是这种素质？对于民众的无知，你们有没有责任？

（摘自《检察日报》2011年3月18日，李国民）

(3) 不怕谣“盐”有市场，就怕辟谣慢吞吞

毋庸讳言，抢购食盐热只是表象，在其背后，有许多问题值得关注。比如，灾难之后人心的脆弱，比如辟谣机制尚不完善，更遑论预警机制十分缺位，此外还凸显出政府部门的公信力遭遇挑战、政府决策不够透明等。相关部门唯有从完善制度入手，多一些提前介入、有效应对的能力，谣言的空间才会逼仄一些。

（摘自新华网2011年3月17日，王石川）

(4) 面对“谣盐”，不能只“有盐以对”

面对这则谣言，发改委出手整治哄抬物价，盐业部门加大食盐供应，相关专家及时解释辟谣，政府部门的快速反应值得

称道。但仅仅“有盐以对”还不够，更重要的是要有言以对。权威部门要及时发布公众关心的准确信息，比如除了核安全局发布各城市核辐射值外，海洋和气象部门也要对海洋环境的各项指标作及时公布。另外，不能只给出“光杆论断”，还要有翔实的论据和形象的解释做补充，这样才能有效消解公众的担心。

（摘自《河南商报》2011 年 3 月 18 日，韩青）

2. 案例评析

（1）政府部门应对当更为快速

从“3 · 11”日本发生大地震、海啸和核辐射泄漏事件后，第二天到第五天，网民很快开始建言吃含碘的东西防辐射；之后网民的行动从线上的建议和讨论变成了线下的行动，开始买碘片、抢碘盐和抢盐，直至五天后引起物价的波动，相关政府部门才发觉此事并陆陆续续地开始辟谣。事发后的第七天和第八天才进行大规模的全媒体式辟谣。如果建立完备的网络舆情预警和应对预案，实时监测与应对将变得快速。

（2）全媒体辟谣彰显作用

谣言止于真相。此次抢盐风潮中，值得一提的是政府部门采用的全媒体辟谣方式非常有效，电视、报纸、广播、网络以及微博、短信等多管齐下，猛烈的辟谣力度，在短短两天之内就快速平息了抢盐行为。这种方式值得借鉴。

（3）学会用“网言网语”引导舆论

2010 年 11 月柬埔寨的踩踏事件后，河北公安网络发言人通过微博公布了“踩踏事件中自救方法”，教公众如何在踩踏事件中保护胸腔和腹腔，引起网民热烈追捧。政府网络发言人团队应该经常传播此类自救知识，可以将日常宣传改编成形式多样的“网言网语”，便于传诵、记忆，以一种亲民活泼的姿态引导舆论。

第十一章　网络反腐类舆情案例解析

网络反腐是互联网时代的一种群众监督新形式，从早期的电子政务平台到现在的各种社交媒体，网民借助互联网揭露贪污腐败，形成网络舆论热点，进而“倒逼”相关部门介入调查，成为行政监督和司法监督的有力补充。从房管局长“天价香烟”、烟草局长“香艳日记”、卫生局长“微博开房”到“表哥”杨达才、“房叔”蔡彬，论坛爆料、微博反腐成了网络的一个重要功能。近两年来，网络反腐频频使官员落马，雷政富、孙德江、郑北泉、周伟思、单增德、吴红、袁占亭等一系列官员因网络举报而被查处。

第一节　舆情特点

一、越来越多的网民选择网络反腐

相比传统的社会监督模式，网上举报速度快、影响大，又有低成本和低风险的优势，容易形成舆论热点。在论坛、贴吧、社交网站、微博等平台进行检举揭发的网友越来越多。新华网曾经做过的一个网络问卷调查：“你最愿意用什么渠道参与反腐?”统计数据显示，74.5%的网友选择网络曝光。

二、见微知著，步步紧逼，与情色话题相互交织

网络反腐一般遵循这样的程序：网友在社交媒体爆料→引起网友注意→进行跨媒体平台的转发→意见领袖参与→舆情全面引爆。意见领袖的参与会快速引爆舆情事件，使之成为舆论场焦点，随后传统媒体会介入，政府和司法部门进行相关调查，查处贪污受贿行

为，对涉事官员进行停职或者使事件进入司法程序，网民皆大欢喜。同时，情色与贪污腐败相结合，在一定程度上降低了政治性话题的严肃性和专业性，使得更多普通老百姓有话可说，也提高了网友参与事件的积极性。

三、信息繁杂，真假难辨

网络举报是一把双刃剑，在看到网络反腐取得的累累硕果的同时，也要看到其带来的大量负面效应。网络举报因其偶发性甚至戏剧性的弱点，使得反腐效果难言乐观。网上信息冗余杂乱、真假难辨，利益集团驱动、权力争斗、人身攻击等基于各种目的和动机的行为难以捉摸，网络谣言和误伤事件也不断出现。例如，2012 年 12 月 6 日上午在中国网、中新网、新华网等各大网站有两条新闻吸引眼球：《北京交管局局长被调查 涉嫌购车摇号中徇私舞弊》、《罗昌平实名举报国家能源局局长涉嫌巨额骗贷》。同一天下午各大网站又出现两则这样的新闻：《官方一日两次澄清：北京交管局长未被立案调查》、《国家能源局回应局长被举报：纯属污蔑造谣》。一天之内信息千变万化，让网友在感到一头雾水的同时，开始不断诟病现行体制的弊端。

第二节　应对要点

一、政府及司法部门要快速介入调查并及时回应

现如今，各级政府部门都有舆情搜集和监测机构，对论坛、贴吧、博客、播客、微博等各个社交媒体平台的信息进行过滤和筛选，如果发现关于本地和本部门的苗头性舆情，必须快速上报，进行跟踪监测，联合相关部门快速介入调查，澄清事实，及时回应网友质疑。

二、线上及时应对，线下快速处置

舆情的发生是现实社会矛盾的产物，舆情的处置最终要落实到

对事件本身的处置上来，只有事件本身得到妥善处置，舆情才会真正平息。如果线上做了快速回应，而线下处理工作非常缓慢，引发网友的二次“倒逼”和追问，会使舆情应对陷入被动，相关部门失去公信力。只有线上及时应对，线下快速处理，滚动公布相关信息，才能使事件尽快得到平息。只有社会矛盾的真实化解，才能最终促成良好舆论环境的形成。

三、网络反腐要向法治化、制度化和规范化迈进

网络是反映社情民意的一个重要窗口，只有建立健全反贪污腐败法律体系，推进权力运行公开化、制度化和规范化，才能确保让人民监督权力，让权力在阳光下运行，才能促进“网络反腐”持续健康发展。面对目前异常严峻的腐败形势，网络平台只能作为反腐的重要组成部分，而实际更需要通过顶层设计，将网络反腐纳入法治化、制度化轨道。

☞案例分析☜

案例一：

“表哥”杨达才微笑门事件①

一、事件概述

2012 年 8 月 26 日凌晨，陕西延安发生 36 人遇难的特大交通事故后，省安监局局长杨达才的一张在事故现场面带微笑的照片引起网民的极大不满，很快有网友“人肉”出数张杨达才在不同场合佩戴各种不同名表的照片，由此引发众多网友的质疑。随后，杨达才又被曝出拥有价值十万多元的眼镜和名贵腰带，再次引发热议，

---

① 事件参见杨青云：《中国网民特厉害 27 天时间让微笑表哥杨达才下台还原新闻真相》，http://blog.sina.com.cn/s/blog_960d0aad01017n76.html，2012-09-26。

舆情的热度很高。2012 年 9 月 21 日，陕西省纪委在西部网宣布撤销杨达才陕西省第十二届纪委委员、省安监局党组书记、局长职务，舆情开始降温。杨达才被“双规”后的调查显示，其现金存款超过 1600 万元，网民期待着杨达才被调查的结果。2013 年 2 月 22 日，经陕西省纪委调查，杨达才在任职期间严重违纪并涉嫌犯罪。经陕西省纪委常委会研究并报省委批准，决定给予杨达才开除党籍处分，对其涉嫌的犯罪问题移交司法机关依法处理。于是，杨达才的“微笑门”事件演化成了杨达才的贪污腐败事件。

二、舆情源头

1. 源头说明

2012 年 8 月 26 日 16 时 35 分，网友“@ JadeCong”在翻看“8 · 26”陕西延安特大交通事故的现场图片时被一名大腹便便、背手挺肚官员的笑容激怒，随即发表微博“事故现场官员满面笑容，情绪稳定”，并附上相关截图。随后，涉事官员很快被“人肉”出为时任陕西省安监局局长杨达才，并曝出其有多块价值不菲的手表，引发网民高度关注。

2. 原文内容摘要

> 延安特大交通事故 36 人遇难，现场一名官员笑容满面，情绪稳定。经网友“人肉”，他应是陕西省安监局局长杨达才。这种微笑似曾相识，前年伊春空难，有领导在现场微笑合影留念。去年西安煤气爆炸，消防总队长也笑过。不想揣摩为什么笑，也不需要你泪流满面说我来晚了，但对逝去生命应保持尊重，这是做人底线。(摘自网络)

三、舆情传播进程

1. 舆情爆发期（2012 年 8 月 26 日）

2012 年 8 月 26 日 16 时 35 分，网友“@ JadeCong”在翻看“8 · 26”陕西延安特大交通事故的现场图片时被一名官员的笑容激怒后，随即发出了微博“事故现场官员满面笑容，情绪稳定”，并附上了相关截图。该微博被广泛转发后，36 人死亡的惨剧与冷血官员的微笑形成鲜明对比，顿时引发网友热议，大家纷纷谴责官员的冷血。当日 19 时 53 分，网友“百姓大于天”在其微博爆料称，涉事官员为时任陕西省安监局局长杨达才。当日 22 时 29 分，网友“卫庄”在其微博发布了一张杨达才佩戴手表的照片，并称“网友怀疑是价值 3.8 万多欧元的欧米茄”。当日 23 时 57 分，渤海论坛的新浪官方微博发布了杨达才在不同场合佩戴 5 块不同款式手表的照片。

2. 舆情升温期（2012 年 8 月 27 日—2012 年 8 月 29 日）

2012 年 8 月 27 日 18 时 12 分，第五大道奢侈品网首席运营官孙多菲在其微博中称，已向表行业内专家请教，并列举了 5 块手表的款式、市场价格等信息。这条微博被转发 14531 次，引发评论 5350 条。杨达才因此也被网民戏称为“表哥”。由此，舆情迅速升温。

3. 舆情高峰期（2012 年 8 月 30 日—2012 年 8 月 31 日）

2012 年 8 月 30 日凌晨起，民间知名鉴表专家“花总丢了金箍棒”接连发布了杨达才的其他 5 块手表，并对新增的表估价超过 20 万元。这些爆料，让杨达才“低调、诚恳”换来的正面评价化为乌有，反而因撒谎而陷入诚信危机。越来越多的表的曝光，也让杨达才从“微笑局长”晋升为“表哥”和“表叔”。8 月 31 日 21 时 30 分，“花总丢了金箍棒”出现在央视《新闻 1+1》节目《局长的“微笑”局长的“表”》中。然后，法制日报、南方都市报、钱江晚报、新民晚报等传统媒体纷纷对关于此事在微博上的言论进行摘编报道。其中，钱江晚报的报道《车祸现场官员傻笑　网友质问你笑啥》被各大媒体转载 140 余次，被凤凰网转载后，点击量超过 16 万人次，迅速将舆情推向高潮。

4. 短暂降温期（2012 年 9 月 1 日—2012 年 9 月 16 日）

进入 9 月，随着“保钓”议题的升级，对杨达才手表问题的调查结论和处理结果的话题淡出公众视线。虽然部分媒体并未因此放弃对有关部门后续作为的监督和对杨达才现状的报道，但是，舆情开始降温了。

5. 舆情反复期（2012年9月17日—2012年9月20日）

2012年9月17日，《钱江晚报》刊文《局长天天在正常上班》，使得一度趋于平静的舆情再次掀起高潮。该消息被凤凰网转载后，点击量高达33913人次。网友“终南一翁”表示：“纪委查的结果怎么样？应该给民众一个交代。不然就是对网民的不尊重和对局长的不负责任。”舆情出现反弹。

6. 舆情平息期（2012年9月21日）

2012年9月21日，陕西省纪委通过西部网宣布杨达才存在严重违纪问题，依据有关纪律规定，经省纪委常委会研究并报经省委研究决定：撤销杨达才陕西省第十二届纪委委员、省安监局党组书记、局长职务。对调查中发现的杨达才的其他违纪线索，省纪委正在进一步调查，舆情渐渐平息。

四、舆情回应

1. 回应情况（表11-1）

表11-1　　对“杨达才微笑门事件”舆情的官方回应

时　间	标　题	媒　体
2012-08-29	陕西安监局局长杨达才微访谈回应质疑：合法收入购买5块手表	新浪微访谈
2012-09-20	关于刘艳峰同学申请公开陕西省安监局局长杨达才2011年工资的复函	人民日报官方微博
2012-09-21	陕西省安监局局长杨达才存在严重违纪问题被撤职	西部网

2. 回应内容摘要①

回应一：

① 事件参见杨青云：《中国网民特厉害27天时间让微笑表哥杨达才下台还原新闻真相》，http：//blog. sina. com. cn/s/blog_ 960d0aad01017n76. html，2012-09-26。

陕西安监局长杨达才微访谈回应质疑：合法收入购买5块手表

访谈一开始，杨达才就对此次事件引起的不良影响表示歉意，随后开始回答网友们的提问。网友“@半醉半醒”提问事故现场杨达才为何要笑，杨达才称：“来到事故现场，看到情况，我们的心情很沉痛，由于事故太过重大，现场气氛其实很压抑，有些基层同志向我介绍情况的时候，都显得特别紧张，有的同志口音比较重，有些话我听不太清楚。我让他们放松些，可能一不留神，神情上有些放松。现在回想起来，我也很内疚。”

回应二：

关于刘艳峰同学申请公开陕西省安监局局长杨达才2011年工资的复函

复函称，依据《中华人民共和国政府信息公开条例》，刘艳峰申请公开陕西省安监局局长杨达才个人工资收入事项，不属于陕西省财政厅政府信息公开范围。

回应三：

陕西省安监局局长杨达才存在严重违纪问题被撤职

调查表明，杨达才存在严重违纪问题，依据有关纪律规定，经省纪委常委会研究并报经省委研究决定：撤销杨达才陕西省第十二届纪委委员，省安监局党组书记、局长职务。对调查中发现的杨达才的其他违纪线索，省纪委正在进一步调查。

五、舆情分析

1. 总体判断

事件起初只是一起涉及政府官员面对重大灾害事件态度冷漠而

引发网友强烈不满的舆情事件，后来被网民“人肉”搜索后，从平常所戴的各种名表中引爆出贪腐案件，最终导致被免职，并受到法律制裁。事件跨度近1个月，在草根网民对“逢官必贪”激愤抨击和扑朔迷离的各种腐败传言散布网络的同时，部分“意见领袖”和具有专业知识的网民成了关键性人物，他们的思想观点较为理性，起着引导舆情的作用。

2. 媒体报道情况（表11-2）

表11-2 **“杨达才微笑门事件”媒体报道情况**

时　间	标　题	媒　体	省　份
2012-08-29	局长的“表”比“表情”更值得探究	新华网	北京
2012-08-31	陕西“微笑”局长再被扒出6块表 已有名表11块	山东商网	山东
2012-09-03	陕西“微笑局长”被要求公开工资回应名表质疑	新京报	北京
2012-09-20	杨达才“微笑局长”到“表哥”事件始末：从此官员不戴表	人民网	北京
2012-09-22	陕西“微笑局长”被撤职系网民歪打正着	中国青年报	北京
2012-09-25	媒体还原“微笑表哥”27天落马舆情	人民网	北京
2012-09-25	媒体还原杨达才落马事件 网友开启“扒表”热潮	检察日报	北京

六、舆情点评

1. 评论摘要

（1）局长的“表”比“表情”更值得探究

杨达才的微笑自然而然地引起了网友们的强烈不满，很多媒体都发出追问：杨局长，您究竟为什么笑？面对惨烈车祸，局长您高兴个啥？还有一些网友更是从职业习惯、人性、职责等多方面来探究杨达才微笑的深层原因。一时间，“杨达才的微笑”似乎成了一个令人难以索解的谜，几乎可以与那个著名的“蒙娜丽莎的微笑”之谜相提并论。杨达才的“多表”之谜必须揭开，这并非杨达才的个人隐私问题，而恰恰是公众的知情权问题，同时也是杨达才自证清白的机会。如果刻意回避这个问题，公众的好奇心和疑问只能更加强烈。

（摘自新华网2012年8月29日，辛木）

(2) 杨达才“微笑局长”到“表哥”事件始末：从此官员不戴表

个别官场中人的“行头”之所以受到公众的关注，更多的恐怕还是与腐败扯在一起。有道是，吃饭穿衣量家当。有些人平时习惯于权力寻租，热衷于攫取不义之财。一些不义之财悉数收入囊中之后咋办？他们既不热心社会公益事业，又不善于接济亲朋好友，只好在“显摆”上下功夫。公款宴请场合，他们吃“讲营养”，张开饕餮之口，天上飞的、地上跑的、海里游的、水里生的，只要被他们看中，绝对是“大饱口福”。私下场合，这些人更是注重“名牌效应”，手表非名牌不戴，皮鞋、衣服非名牌不穿。以杨达才为例，拥有十多块名贵手表，13万元的眼镜架，还有价格不菲的腰带……这些都在向世人炫耀着权力的荣耀。这说明，贪慕虚荣已成为一些官员的“流行病”，殊不知，利用不义之财装扮自己，也就等于把自己暴晒在“阳光之下”。

（摘自《检察日报》2012年9月18日，李红军）

(3) 当“名表控”局长遭遇“监督控”大学生

针对官员中的“名表控”、“名烟控”、“奢侈品控”，社会上就需要有无数个锲而不舍、苦逼真相的“监督控”、“真相控”。根据既往反腐实践，社会监督的一个极其重要的前置条件，就是全面、准确地公开官员的合法财产和收入来源。且看那些落马贪官，在解释其钱财珠宝来源时，多可笑的理由都能说出来，什么亲戚赠与、父母遗产，什么打麻将赢的、炒股票买彩票挣的——不管你信不信，反正我不信。

（摘自《中国青年报》2012 年 9 月 4 日，张培元）

（4）微笑局长为官员财产公示添了把火

实践中，巨额财产来源不明罪虽然有上述问题，但并不意味着这个罪名没有意义，事实上，如果它能和官员财产公示制度相结合使用，发挥出来的反腐力量是巨大的，它可以保证官员在公示财产的时候不敢弄虚作假，否则可能面临着最高十年的刑期。所以从这个角度来讲，巨额财产来源不明罪是官员财产公示制发挥反腐利器作用的一个坚强后盾和重要保障。没有巨额财产来源不明罪，官员公开的财产即使与事实不符，最后可能也只会成为道德问题。

（摘自《法制日报》2012 年 9 月 7 日，烨泉）

2. 案例评析

（1）调查处理速度慢，政府公信力下降

2012 年 8 月 30 日，杨达才的各种“戴表照”在网上曝光后，陕西省纪委即回应称，将本着实事求是的态度，对事件所涉及的问题进行认真深入的调查，如确有违纪或腐败问题，将依照有关规定严肃处理。然而，直到媒体爆出“杨达才仍在正常上班”的消息，关于将杨达才撤职的消息才火速公开。在这段长达 20 多天之久的时间里，网上传言四起，对当地纪委的公信力和工作效率的质疑之声不绝于耳。

（2）反腐不能靠网友“倒逼”，必须纳入法制化轨道

监督制约体制长期缺位甚至形同虚设，这是造成腐败高发的根本原因之一。杨达才被“双规”，不少媒体竞相欢呼这是“网络反腐的又一次胜利”。这欢呼声值得相关部门和人员掩卷长思，反腐

倡廉本来应该是司法部门的主要职责，以微博为代表的网络舆论场似乎成了反腐的主要平台，网友把具有偶然性和戏剧化特点的网络反腐作为参与反腐的首要渠道，让人反思为何纪委、检察院、反贪局等众多部门职能缺失。

案例二：

雷政富腐败案事件①

一、事件概述

2012 年 11 月 20 日 16 时许，一篇题为《重庆北碚区区委书记雷政富接受性贿赂与少女淫乱》的文章与视频截图，出现在一家取名为“人民监督网”的私人网站上。几小时后，这些内容开始在微博上发酵，随之迅速蔓延到整个网络。11 月 23 日中午，重庆市人民政府新闻办官方微博发布公告，确定不雅视频中的男性系雷政富本人，并决定免去其区委书记职务，立案调查。此次官员性爱视频事件，从事发到处理前后总共 63 小时，创造了中国网络反腐新纪录，网友一片叫好。2013 年 6 月 19 日，该案在重庆市第一中级人民法院公开审理。2013 年 6 月 28 日，重庆市第一中级人民法院一审宣判，雷政富以受贿 316 万余元被判有期徒刑 13 年，剥夺政治权利 3 年，没收 30 万元财产，追缴 316 万余元受贿款上交国库。

二、舆情源头

1. 源头说明

2012 年 11 月 20 日 23 时许，“@纪许光”连发 4 条微博爆料称，重庆市北碚区委书记雷政富（正厅级干部）道德沦丧，包养情妇，并与之淫乱遭偷拍。11 月 21 日，纪许光又发了 13 条微博进行跟进

---

① 事件参见《2012 年中国政务舆情报告》，《领导决策信息》2013 年 1 月 7 日。

报道，详细曝光了更多犯罪细节。11 月 22 日，其继续发了 5 条微博，吁请对原始视频进行鉴定，对不雅视频中的“疑似雷政富”的男子的声线频率、影像关联性、逐帧播放连续性进行权威的第三方司法鉴定，并允许记者、公民组织参与见证。11 月 23 日，经过纪许光的穷追猛打，在网民的关注下，重庆市人民政府新闻办公室官网终于发了一条“喜讯”：经重庆市纪委调查核实，近日互联网流传有关不雅视频中的男性为北碚区区委书记雷政富。

2. 原文内容摘要

据重庆市人民政府新闻办公室最新消息，进入网上流传的不雅视频中的男性已确认为北碚区区委书记雷政富，同时，重庆市委今日研究决定，免去雷政富同志北碚区区委书记职务，并对其立案调查。（摘自网络）

三、舆情传播进程

1. 舆情爆发期（2012 年 11 月 20 日—2012 年 11 月 22 日）

2012 年 11 月 20 日 16 时许，一篇题为《重庆北碚区区委书记雷政富接受性贿赂与少女淫乱》的文章与视频截图，出现在一家取名为“人民监督网”的私人网站上。几小时后，这些内容开始在微博上发酵，随之迅速蔓延到整个网络。资深记者纪许光于 11 月 21 日连发 13 条微博进行跟进报道称，重庆市北碚区区委书记雷政富被指包养情妇并与之淫乱。11 月 22 日，其继续发了 5 条微博呼吁对原始视频进行司法鉴定。

2. 舆情降温期（2012 年 11 月 23 日—2013 年 1 月 22 日）

2012 年 11 月 23 日，重庆市人民政府新闻办公室发布消息称：“互联网流传有关不雅视频中的男性为北碚区区委书记雷政富。”当天，重庆市委研究决定，免去雷政富同志北碚区区委书记职务，并对其立案调查。

11 月 24 日，媒体和网民开始转发重庆市委的决定，并发表评论。11 月 25 日，有记者透露，重庆市委决定对北碚区原区委书记雷政富立案调查后，市纪委调查组正深入开展工作，调查结果将及时公布。重庆市纪委表示，对于领导干部违法违纪问题，一定发现一起查处一起，决不姑息。上述举动显示出政府对此事的关心和重视，舆情由此开始慢慢降温。

3. 舆情反复期（2013 年 1 月 25 日—2013 年 5 月 9 日）

2013 年 1 月 23 日，一串指代官员的字母重新将此事引爆。《南方都市报》称，和雷政富一样和女性发生不正当关系、并被拍下不雅视频的包括曾任重庆市某区常务副区长的 F、曾任重庆市政府某办公室主任的 L、曾任重庆市某区区长的 H、曾任重庆市城投控股的某上市地产公司董事长的 S、曾任重庆市某委员会主任的 P 等。文中同时称视频的制作者系重庆永煌公司的负责人肖烨、严鹏等人。他们雇佣年轻女性挑逗引诱官员，与其发生不正当关系，并拍下视频，以此作为要挟，获得巨大不正当商业利益，并称肖烨等人已被警方刑拘并移送检察院。这段时间内，舆情处于断断续续的反复期，但基本呈现下降的趋势。

4. 舆情平息期（2013 年 5 月 10 日以后）

2013 年 5 月 10 日，该案由重庆市人民检察院第一分院依法向重庆市第一中级人民法院提起公诉。2013 年 6 月 28 日，重庆市第一中级人民法院一审宣判，雷政富以受贿 316 万余元被判有期徒刑 13 年，剥夺政治权利 3 年，没收 30 万元财产，追缴 316 万余元受贿款上交国库。其他涉案 21 名人员均被处置。无其他的炒作点出现，网民议论大幅减少，舆情逐渐平息。

四、舆情回应

1. 回应情况（表 11-3）

表 11-3　　**对“雷政富事件”舆情的官方回应**

时　间	标　题	媒　体
2012-11-23	重庆北碚区委书记雷政富被免职并立案调查	重庆市人民政府新闻办公室官网

续表

时间	标题	媒体
2013-06-19	雷政富受贿案在重庆市第一中级人民法院公开审理	新华网
2013-06-28	雷政富受贿案一审宣判　被判刑13年没收财产30万	中国法院网

2. 回应内容摘要①

回应一：

重庆北碚区区委书记雷政富被免职并立案调查

经重庆市纪委调查核实，近日互联网流传有关不雅视频中的男性为北碚区区委书记雷政富。重庆市委研究决定，免去雷政富同志北碚区区委书记职务，并对其立案调查。

回应二：

雷政富受贿案在重庆市第一中级人民法院公开审理

记者在现场看到，部分人大代表、政协委员、媒体记者到庭旁听。公诉人指控重庆市北碚区原区委书记雷政富涉嫌受贿金额316万余元。雷政富当庭对指控内容表示认可，但对个别被指控事实有异议。目前，庭审仍在继续。

回应三：

雷政富受贿案一审宣判　被判刑13年没收财产30万

6月28日上午，重庆市第一中级人民法院对雷政富受贿

① 事件参见《2012年中国政务舆情报告》，《领导决策信息》2013年1月7日。

案一审公开宣判，以受贿罪判处雷政富有期徒刑13年，剥夺政治权利3年，并处没收个人财产30万元，对雷政富受贿赃款316万余元予以追缴，上交国库。

五、舆情分析

1. 总体判断

这是一起时间跨度长达7个月之久的舆情事件，舆情的焦点是情色交易、权钱交易，政府官员腐败堕落、贪污受贿，事件节点刚好选择在党的十八大之后，是经过精细策划、操作的一起网络反腐舆情事件，起源于网站，发酵于微博，引起传统主流媒体的关注，进而引发了一场席卷全国的舆论风潮。但是，由于现实事件的解决速度很快，处置得力，赢得了网友们的一致好评，对重塑政府的公信力很有帮助。

2. 媒体报道情况（表11-4）

表11-4　　**“雷政富事件”媒体报道情况**

时　间	标　题	媒　体	省　份
2012-11-23	媒体称重庆主动处理雷政富事件纪检新风获好评	新华网	北京
2012-11-24	雷政富“反腐语录”走红　政府网站已撤下其简介	南方都市报	广东
2012-11-29	雷政富的政商生意经	南都周刊	广东
2013-01-13	媒体披露与雷政富事件女主角开房	凤凰网	北京
2013-01-25	媒体回顾雷政富事件网络反腐线路	中国新闻网	北京
2013-06-19	雷政富19日将出庭受审　媒体梳理其落马过程	中国新闻网	北京

六、舆情点评

1. 评论摘要

(1) 媒体称重庆主动处理雷政富事件纪检新风获好评

一些干部和有关专家表示，官德不彰，民风难淳，党政干部是推进社会主义核心价值体系建设的关键人群，应进一步强化“以德为先”的用人标准，建立科学的干部“考德”体系，加强对干部权力的外部监督，坚决惩治少廉寡耻的害群之马，让干部真正成为社会主义价值观的“引领者”与践行者。

(摘自新华网 2012 年 11 月 23 日，朱薇、李松)

(2) 莫为雷政富们的“反腐语录”遮望眼

这些年来，像雷政富这样明修栈道、暗渡陈仓，台上衣冠楚楚、台下禽兽不如，当众是英雄、背后是蛀虫，“贼喊捉贼”的演技高超、形神兼备的官员，早非特例。原浙江省纪委书记王华元，东窗事发前两天还在反腐倡廉大会上慷慨陈词:“公开是监督的前提，阳光是最好的防腐剂”。

当雷政富获封“雷冠希”绰号，当不雅性爱视频与“反腐语录”形成鲜明对比之时，我惊讶的不只是雷政富在位时演技的“超常”，还有反腐机制的滞后和“慢半拍”。要知道，带翅膀的不一定是天使，它也可能是鸟人。防范雷政富这类带翅膀的鸟人充当天使，不仅需要迅即修补机制之短，用制度给权力套上“笼头”，把“阳光”当作最好的防腐剂，让众多的监督“探头”都派上用场，还需要你我练就一双识真辨假的火眼金睛，使贪官及时露出“麒麟皮下的马脚”。

(摘自光明网 2012 年 11 月 26 日，高福生)

(3) 反腐要速度更要力度

节奏加快的政府反应、充满忧患意识的治党言辞、不惧风险的制度创新，这些都意味着中国反腐事业的新思考新探索，它一头连着国家的未来，一头担着执政党的使命。全面建成小康社会，需要制度和民心的合力，而要凝聚这种力量，绕不开反腐败这一重大课题。回到近期一系列反腐案例上来，其实民众更关注其后的法治进程，关注由点到面制度的修复和完善。人们对“63小时”寄托着更多的期许，愿从这个历史的小细节起步，反腐倡廉建设更加发力，更有成效。

（摘自《人民日报》2012年11月26日，郝洪）

（4）雷政富的落马具有标本意义

“欲修其身者，先正其心。”雷政富的落马是一面生动的反面教材，其警示意义不言而喻。在人人都有麦克风的自媒体时代，不论任何人行为处事都应该更加检点。希望每一个党员干部从雷政富的腐败案件中汲取教训，加强学习，修身养性，坚定共产主义理想信念，树立正确的世界观、人生观、价值观，自觉筑起拒腐防变的防线，永葆共产党员的先进性和纯洁性。

（摘自中国江苏网2012年11月26日，张卫斌）

2. 案例评析

（1）现实事件处置的速度快，实现了充分的民众监督

从雷政富不雅视频曝光到其被免职仅63小时，现实事件处置的速度非常快。从重庆市纪委及时公开回应、审慎调查，到市政府新闻办第一时间发布调查进展情况，直至雷政富被立案调查，快速反应彰显了有关部门在处理这一事件上的决心，公开、透明的程序则凸显了处理这一事件的思路：案件自民众监督始，民众监督也将贯穿案件全过程。

（2）舆情事件处置更加科学合理

该事件中，将“防止利益冲突”作为反腐制度建设的关键环节之一，抓住了重点。雷政富受到了应有的法律制裁。另外，现实事件处置的力度也比以往增大。重庆市委对于党员干部违纪违法问题，坚持“发现一起查处一起，决不姑息”。他们以事实为依据，以法律为准绳，遵循严格的程序，深入开展调查工作，确保案件经得起历史检验和社会评判。

第十二章　涉警涉法类舆情案例解析

中国社科院社会科学文献出版社和上海交通大学联合发布的《中国社会舆情与危机管理报告（2012）》认为，在诸多领域的舆情中，涉警涉法类舆情成为社会最为关注的领域之一。该报告统计、分析了近两年影响力较大的涉警涉法类舆情事件，2010 年有 61 起，2011 年有 88 起。从孙志刚事件、“躲猫猫”事件到邓玉娇案、药家鑫案、深圳飙车案、周克华被击毙、唐慧案等，涉警涉法类舆情事件一直都是网络关注的热点。

第一节　舆情特点

一、容易引起网民关注，成为舆论场焦点

涉警涉法类舆情事件中，民意诉求多半表现为公共权力和民生领域的相关矛盾，一般都涉及生命财产安全问题。此类事件一旦在网络曝光，会引起网友极大的围观和参与兴趣。邓玉娇案、“躲猫猫”事件中，大量网友直接参与调查和网络直播。网友对涉警涉法类舆情事件的积极参与，体现了网友公民意识和法治意识的觉醒。网络民意对涉警涉法类舆情事件有明显的积极作用，敦促相关部门积极处理案件，促进重大案件的快速调查和查处，有利于监督司法权的行使。把公权置于千万网友的监督之下，可以有效防治司法腐败。

二、此类舆情具有非理性、情绪化和复杂化的特点

网络民意具有非理性、情绪化、被娱乐化、复杂化等特点，仇

官、仇富、仇腐败等心态会被网络放大，遇到合适的土壤可能会对社会产生巨大的破坏。在“哈尔滨杀医案”发生当天，人民网刊登了该消息，在“读完这篇文章后，您心情如何?”的调查中，当时6161人参与，选择“高兴”的有4018人，很显然这是现实中深刻的医患矛盾及网民对此的非理性情绪在网络民意调查中的反映。另外，大量的网络调查缺乏科学性，在问卷设计、样本选取、调查方法等方面存在问题，再加上网络水军、网络推手、公关公司等利益集团的存在，也使网络民意复杂化。

三、网络民意影响司法独立性

从邓玉娇案、药家鑫案到吴英案，网络民意是否影响到司法审判，是否会导致法律道德化、情绪化，一直存在着巨大的争议。网络民意大多基于道德评判，“不杀不足以泄民愤”，首先关心的不是具体行为是否符合法律，而是是否合情合理。司法审判必须坚持“以法律为准绳”，保持法律的尊严和神圣。法律要实现公平正义，法官必须有理性的专业素质和坚定的法律信仰。

四、容易攻击相关政治、司法制度

因涉及公平、正义，社会关注度高的司法个案本身容易被广大网民提到大制度层面来解读。另一方面，值得警惕的是，境外敌对势力也经常利用司法个案作为渗透破坏的突破口，攻击我国政治制度，试图颠覆我国政权。

第二节　应对要点

一、加大对敏感司法案件的信息公开力度

党的十八大报告将“司法公信力不断提高”作为政治建设的重要目标。2010年，最高人民法院下发《司法公开示范法院标准》，要求将司法公开落实到具体工作中。只有推动司法的公开透明，才能确保人民的知情权和监督权，避免因信息缺失造成公

众的疑虑、不满。这就要求司法部门加大司法信息公开力度，对公众开诚布公，除去部分机密信息外，使公众了解案件的基本情况与具体细节，引导公众对案件做出合理的判断。同时注意保持与媒体的联系，把握信息源头，防止媒体出现不实报道。此外，司法部门还要主动与公众进行沟通，在出现危机时，澄清事实、消除误解，倾听民意，开展讨论，健全民意沟通机制，抢占舆情高地。

二、规范案件当事人及其亲属、律师等披露信息的行为

早在2004年，最高人民法院、司法部就联合发布了《关于规范法官和律师相互关系维护司法公正的若干规定》，对律师披露信息的行为有所规定。如今，司法运作机制日趋复杂，需要对司法过程中各个主体的行为进行约束。部分当事人及其亲属、律师对于案件审理不甚满意，往往有倾向地在网络新闻媒体、微博微信上公布一些案件资料，使公众舆论发展有利于己方，进而影响案件的审判结果。为了防止某些人操控舆情，影响司法独立，有必要对当事人及其亲属、律师的行为做出更为细致、具体的要求。一方面，司法部门明确规定各人披露信息的内容和方式，并出具文书证明告知到位；另一方面，司法部门要对不符合规范的行为要及时处理，并通过媒体告知大众，提高大众的认识能力，避免舆论左右司法。

三、建立涉警涉法舆情信息工作机制

建立涉警涉法舆情信息的收集、分析和研判工作机制，提高危机决策的科学性和有效性。各级政府部门尤其是政法部门必须建立有效的舆情监控研判预警机制，才能做到临危不乱，有效地应对和处理此类事件，把损失降到最低。通过软件和人工进行舆情的搜集和监测，并“结合当前社会问题、网民心态及本地区网民关注的热点等对舆情作出进一步的判断，预测舆情发展走势，对可能引爆舆论的涉警舆情及早作出防范。另外，建立涉警涉法舆情案例库、数据库极为重要，这一方面有利于汲取以往涉警涉法舆情处理中的

经验教训，另一方面也可从历史的演变、梳理中发现涉警舆情演变的规律，以有效应对未来可能发生的涉警舆情”①。

四、公检法等相关部门要建立联动机制

涉警涉法类舆情事件由于近年发生频率较高，各级政府部门尤其是公安部门基本上都形成了完善的舆情应对机制，总结了大量舆情应对的经验。武汉建行爆炸案、“5 · 26”深圳飙车案等，警方利用微博征集破案线索，第一时间发布信息，取得了良好的效果。目前“影响较大的涉法涉警舆情事件中，不少案例的涉事方不限于警方、法院两家，而是公检法部门以及司法、监狱等部门均有所涉及，例如药家鑫杀人案、河南智障人入狱案等。而涉法涉警类案件的侦查、审理、监管过程中，也往往牵涉公检法系统中多个相应部门。因此，只有多部门相互配合，多方协调，形成联动，保障案件处理公平公正，才能使涉法涉警类舆情事件的应对更有力”②。

五、加强政法干警自身素质建设

在目前全面开放、高度透明的执法环境下，政法干警必须提高自身素质，必须更加注重树立理性、公正、文明、规范的执法理念，把这一理念贯穿到每一项执法活动和每一个执法环节中，切忌粗暴执法、知法犯法。

---

① 赵丽：《2012 年粗暴执法类网络舆情事件较去年大幅下降》，中国网，http：//www. china. com. cn/news/law/2012-08/24/content_ 26322496. htm，2012-08-24。

② 赵丽：《2012 年粗暴执法类网络舆情事件较去年大幅下降》，中国网，http：//www. china. com. cn/news/law/2012-08/24/content_ 26322496. htm，2012-08-24。

☞案例分析☜

案例一：

周克华被击毙事件

一、事件概述

2012年8月10日上午，重庆沙坪坝区一中国银行储蓄所门前发生一起持枪抢劫杀人案，造成1人死亡，2人受伤，案犯行凶后逃走。当天下午，重庆市公安局发布通告，缉捕犯罪嫌疑人周克华。8月14日凌晨，公安民警在重庆沙坪坝童家桥将周克华击毙。但由于部分媒体报道失实，出现前后矛盾和细节错误，网民对官方公布的信息产生了不信任感，认为周克华未被击毙，通过论坛、微博等网络平台对案件的过程与细节表示质疑，引发舆情风潮。8月19日，重庆网警通过微博回应网民的疑问，确认周克华已经死亡，关于周克华未死的信息皆属误解和谣言。网上盛传被击毙的案犯其实是长沙警察，涉事网友和警方先后澄清事实。事件至此告一段落，但周克华死亡和政府应对舆情的能力的话题一直是网民关注的重点，舆情在延续一段时间后始告平息。

二、舆情源头

1. 源头说明

2012年8月14日8时，周克华被击毙的消息在中央电视台13套《突发新闻》栏目中播出。不久，重庆时报的微博又发布消息，称发现周克华自杀后的尸体。

2. 原文内容摘要

> 据本台记者了解到的最新消息，重庆“8·10”持枪抢劫案的嫌犯周克华今天早晨六点多已被击毙。今天早上七时许，8名民警发现周克华尸体，疑似自杀，目前警方已初步确认。（摘自网络）

三、舆情传播进程

1. 舆情爆发期（2012年8月14日—2012年8月15日）

自2012年8月14日央视首度报道周克华被击毙的消息后，各家媒体纷纷跟进，这一时期媒体和网民主要关注的是周克华被击毙的具体情况。而重庆时报微博称周克华系自杀，报道严重失实，导致了以后网民的怀疑。

2. 舆情升温期（2012年8月16日—2012年8月18日）

2012年8月16日中午，网友“陈子河”分别在博客中国和博联社发表文章，标题为《死去的“周克华”其实是便衣警察》。以此为标志，大量认为周克华没有死的质疑声音兴起，形成全国性的舆论风潮。此后谣言盛传，事实被不断扭曲，甚至传出了“重庆被击毙的是长沙便衣警察陈子河”这样的谣言。直至8月21日，网友“刘植荣”在博客上发文《对击毙周克华案的18点质疑》，支持者大有人在。

3. 舆情平息期（2012年8月19日以后）

虽然此前偶有官方人士回应质疑，但一直没有统一、明确、权威性的官方回应，以致事实反被谣言遮蔽。2012年8月19日，重庆警方才在微博中公布事实真相，涉事网友和警方先后澄清事实。此后网民对周克华死亡问题仍有质疑，同时将注意力转向批评政府应对舆情的能力上，舆情在相当长一段时间后才得以平息。

四、舆情回应

1. 回应情况（表12-1）

表12-1 **对“周克华被击毙事件”舆情的官方回应**

时间	标题	媒体
2012-08-15	重庆警方：周克华确系被击毙非自杀	中国网
2012-08-19	/	重庆网警（官方微博）

2. 回应内容摘要

回应一：

重庆警方：周克华确系被击毙非自杀

昨天下午4点半，公安部和重庆市政府联合召开苏湘渝系列持枪抢劫杀人案件侦破情况新闻发布会。重庆市公安局副局长黄伟在发布会现场称，周克华确系被重庆警方击毙，并经对其指纹和DNA进行检验，确认其系周克华本人无疑。

回应二：

周克华确已死亡，网上关于周克华未死的信息皆属误解和谣言。

重庆网警（官方微博）2012年8月19日 http://weibo.com/u/1980140617

五、舆情分析

1. 总体判断

该事件源于一起突发案件报道，属于涉警涉法类舆情事件，事件本身并不复杂，但反映出的问题值得重视。凶手系长年流窜、多次犯案、血债累累的重犯，这是引起网民关注的基础。由于媒体报道失实，引发了全国范围内的争议，导致谣言产生。而官方反应迟缓，应对不力，加重了网民的怀疑心理。对于此次事件，许多专业人士指出了许多问题，提出了一些建设性意见。

2. 媒体报道情况（表12-2）

表12-2 “周克华被击毙事件”媒体报道情况

时间	标题	媒体	省份
2012-08-14	苏湘渝系列持枪抢劫杀人案告破 周克华在渝被警方击毙	新华网	北京

续表

时　间	标　题	媒　体	省份
2012-08-14	周克华今晨被击毙　两民警披露交火详情	央视网	北京
2012-08-15	重庆警方：周克华确系被击毙非自杀	京华时报	北京
2012-08-19	重庆网警回应网友质疑：周克华被击毙毫无疑问	人民网	北京
2012-08-20	"陈子河"为何成了周克华	中国青年报	北京
2012-08-22	公安部、重庆市政府举行"8 · 10 案"侦破表彰大会	中新网	北京
2012-08-23	重庆警方击毙周克华遭质疑 专家分析谣言成因	新华网	北京
2012-08-24	周克华"谣言攻防战"考验政府公信力	新华网	北京

六、舆情点评

1. 评论摘要

(1) 为周克华"找理由"是在说胡话

周克华在被公安民警击毙后，有少数人为周克华的死在心里泛酸，他们把周克华描绘成一个有爱心的人、有理想的人，把他走上犯罪道路归咎于社会。在一些媒体的报道和网络言论中，周克华被逐渐"还原"成一个"好人"，却对他八年来抢劫杀人，手段残忍的事实选择性失明。其实就犯罪对象而言，他完全是为钱财杀人，看不到报复他人和社会的动机。即便周克华曾经有过这样或那样的委屈，也不是他可以杀人的理由。如果一个人连别人生存的权利都不放在眼里了，还有什么资格谈社会公平。一些人之所以罔顾事实，要把周克华的罪行描绘成“愤世嫉俗”，不过是借题发挥，把一个杀人犯对社会稳定的破坏臆想成对社会不公的报复。虽然周克华死了，但对周克华的追捧依然需要我们警惕。

（摘自《齐鲁晚报》2012 年 8 月 15 日，沙元森）

（2）周克华如何被“击毙”，报道咋雾里藏花？

周克华死了确定无疑，但是怎么死的，目前公开信息，让公众扑朔迷离。但是如果当时真相不能还原，公众总是觉得遗憾，进而对媒体的公信力和我们的宣传方式产生疑问。周克华是被击毙还是自杀？枪战现场是三人还是有其他人？笔者就目前收集到的资料进行分析，深感报道混乱，细节模糊，留下许多令人不解的问题。笔者不是质疑重庆公安局的功劳，也不是抹黑两位民警的英勇，就是对媒体的报道如此混乱感到疑惑。

（摘自华声在线 2012 年 8 月 15 日，肖勇）

（3）谁杀了周克华？

关于周克华是否死亡的种种质疑，其实不值一驳。因为有意做这样一宗假案的风险和成本与警方放跑了周克华宣布失败相比，完全不可比。而且依靠现有刑侦技术要确认周克华也是比较容易的，DNA 获取，弹道痕迹比对，影像中人体运动特征分析，在线手机定位与排查等都是已为大众所知的手段。在笔者看来，真正让周克华应付不过来的，除了多年来一直盯着他的超强专案组，更是那越来越密集的公共场所摄像头，成千上万街头巡逻的普通民警，及时印发的 300 万份通缉令，和不计其数看过通缉令默记于心的市民。周克华自以为躲在最危险的地方最安全，以为城市是他最好的青纱帐，但是他忘记了自己作恶多端，血债累累，市民警惕的眼光已经盯上自己，他已经走上绝路。

（摘自凤凰网 2012 年 8 月 31 日，郭刚）

2. 案例评析

周克华被击毙，事件本应告一段落，但种种猜测、质疑、臆断在网上不断传播，掀起了一波新的舆情。官方回应滞后，应对失当，导致谣言攻防战愈演愈烈，政府公信力开始遭遇挑战。面对此种舆论困境，我们给出如下分析和建议：

首先，媒体报道的不谨慎，前后信息不一致，成为谣言传播的温床。政府不能控制媒体如何报道，但可以把握信息的来源，消除不同信源信息供给间的矛盾，保证报道的真实与准确，发挥官方信息的公信力和权威性，使之成为舆论场中的主导意见。

其次，政府信息公开的不及时、发布口径的不一致，让人们在第一时间总是习惯于质疑。官方缺乏相应的媒介修养，对于周克华并未死亡的谣言只是简单地否认，并未提供更多的细节和证据予以支持，失去了对公众的说服力，使得谣言始终没有被消灭。

最后，由于与国际接轨的程度越来越高，加之网民素养不断增强，政府应提高执政能力，警察应加强专业素质。在今后涉警涉法类舆情事件的处理和应对中遵循国际标准，工作更加细致化、条理化，以赢得人民的信赖和支持。

案例二：

延安城管打人事件

一、事件概述

2013 年 5 月 31 日，陕西省延安市城管因治理占道停放车辆，扣留了美利达自行车行的 5 辆自行车，与店主赵国峰及其店员发生冲突。最后，几名城管围殴赵国峰，并有一名城管双脚跳起猛踩赵国峰的头部。延安城管暴力执法的视频在网上传开后，引起网民关注。6 月 3 日，《网曝“延安城管暴力执法”网友：简直就是土匪》、《延安城管被指酒后执法　打伤多人》等报道在西部网、人民网发布，官方迅速回应，称打人者属临时工，这一说法引发全国网民的不满，引发舆论风潮。6 月 7 日，百度贴吧中出现一封赵国峰署名的道歉信，网民怀疑道歉信为官方危机公关所作，又引起了一场争论。事后，舆情逐渐平息。

二、舆情源头

1. 源头说明

2013年6月3日，《网曝“延安城管暴力执法” 网友：简直就是土匪》、《延安城管被指酒后执法 打伤多人》等报道在西部网、人民网发布，网络爆料引发各方关注，人民网等对网络爆料内容进行转载。

2. 原文内容摘要

> 5月31日下午在延安市杨家岭附近，延安城管队员在执法过程中与商户发生撕扯现象。商户称有城管执法人员双脚跳起猛踩倒地商户，有城管队员身上散发着浓浓的酒气。商户称城管未出示任何证件，城管称穿城管服代表身份，没有出示工作证件。延安市公安局宝塔分局表示具体案情正在调查中，不便透露。(摘自网络)

三、舆情传播途径

1. 舆情爆发期（2013年6月3日）

2013年6月3日，《网曝“延安城管暴力执法” 网友：简直就是土匪》、《延安城管被指酒后执法 打伤多人》等报道在西部网、人民网发布，网络爆料引发各方关注，人民网等对网络爆料内容进行转载。

2. 舆情升温期（2013年6月4日—2013年6月6日）

2013年6月4日，官方对此次事件迅速作出回应，但网民对此颇为不满。城管的暴力行为令人震惊，引起网民热议，网民纷纷谴责城管暴力执法。舆情发展由点及面，逐渐转为对延安城管其他负面事件的批评。

3. 舆情平息期（2013 年 6 月 7 日以后）

2013 年 6 月 7 日，网上出现道歉信，但官方和当事人对信件真实性和署名说法不一，多有反复，引起网民质疑。但因此后再无其他炒作点出现，网民议论大幅减少，舆论逐渐平息。

四、舆情回应

1. 回应情况（表 12-3）

表 12-3　　对“延安城管打人事件”舆情的官方回应

时　间	标　题	媒　体
2013-06-04	陕西延安城管暴力执法　相关责任人停职接受调查	中新网
2013-06-06	延安市政府通报“城管打人”事件经过和处理结果	新华网
2013-06-07	延安市城管局就“跳脚踩头”暴力执法事件正式道歉	新华网

2. 回应内容摘要

回应一：

陕西延安城管暴力执法　相关责任人停职接受调查

6 月 4 日，延安市城管局就“5 月 31 日城管监察支队凤凰队执法问题”做出了处理决定：城管局成立联合调查组，对事件进行查处；在事情查清前，支队的分管副支队长、凤凰大队的大队长、分管执法工作的副大队长，以及当天的执法人员，全部宣布停职，接受调查；城管支队的支队长，支部书记向城管局作出深刻的书面检查；要求监察支队开展作风纪律整顿；协调公安部门介入调查。目前，延安市公安局宝塔分局已成立专案组，对此事件进行调查核实。

回应二：

延安市政府通报“城管打人”事件经过和处理结果

陕西省延安市政府就“城管打人事件”召开新闻发布会，通报事件经过和对有关人员的处理结果。当日现场执法8人均受处理，6名协管员被解聘，3名负有领导责任干部被处分。官方称超1/4延安城管属临时工。

回应三：

延安市城管局就“跳脚踩头”暴力执法事件正式道歉

延安市城管局局长张建超说，城管局正式向受害者刘国峰提出道歉，城管局将承担全部医药费，并安排专门人员在医院协同家属照顾。“如果需要在外地医院检查，都将支付全部医药费。”受害者刘国峰表示，事情已经发生了，现在最希望在两天内能够给他处理结果，事情了结得越快越好。同时，除了医药费，车友被扣的自行车要尽快归还，如有损坏，必须按照原价赔偿。

五、舆情分析

1. 总体判断

该事件是一起涉警涉法类舆情事件。虽然城管与市民发生冲突屡见不鲜，但此次事件中城管的暴力行为令人震惊，这是舆情兴起的基础。尽管此后官方迅速做出回应，但“临时工”的说法并不能让网民满意，舆情逐渐升温，网民开始追究城管局长用车、办公大楼等问题。网上出现的道歉信，官方和当事人对信件真实性和署名说法不一，网民大都认为是官方危机公关的结果。官方虽然力图控制舆情，却弄巧成拙，反而激化了矛盾，令人深思。

2. 媒体报道情况（表 12-4）

表 12-4　　"延安城管打人事件"媒体报道情况

时　间	标　题	媒　体	省　份
2013-06-03	网曝"延安城管暴力执法"网友：简直就是土匪	西部网	陕西
2013-06-03	延安城管执法上演"无影脚"　胖城管双脚跳起猛踩	西部网	陕西
2013-06-03	延安城管被指酒后执法　打伤多人	人民网	北京
2013-06-04	陕西延安城管暴力执法　相关责任人停职接受调查	中新网	北京
2013-06-06	延安 30 层城管大厦涉嫌超标　超 1/4 城管属临时工	人民网	北京
2013-06-06	延安市城管局长被指拥豪华公车　超部长级	人民网	北京
2013-06-13	延安被踩头商户：本人没写道歉信　城管局有专人陪护	新京报	北京
2013-06-14	延安城管局：遭跳踩商户道歉很蹊跷　正在调查	新京报	北京
2013-06-14	遭踩头商户：公开信系和延安城管协商结果	新华网	北京

六、舆情点评

1. 评论摘要

（1）城管跳起的双脚怎忍心踩下去？

城管工作有他的特殊性，面对的是小摊小贩，而且这些摊贩文化程度参差不齐，管理难度大。同时，更为难堪的是，城管执法人员自身素质也是有高有低。那跳起的双脚，踩在被管理者、一名普通商户的头上，此情此景……与当前正在开展的群众路线专题教育活动严重背离，值得相关部门相关人员深刻反思。这种损失，以及由此造成的心理裂痕，有时很难抚平。如何收拾这样的局面，又在考验相关部门的突发事件处置能力。

（摘自中国共产党新闻网 · 七一社区 2013 年 6 月 7 日，于治国）

(2) 延安城管还有多少“故事”值得挖掘

先是大量使用临时工，后是惊人的“城管大厦”，再是向企业借豪车，延安城管到底还有多少“故事”值得挖掘？面对质疑，延安市城管局纪委书记王成章称，这是中石油长庆油田公司奖励给城管局的。“借豪车不算违规”，这很有些孔乙己“读书人窃书不算偷”的逻辑意味。这样的歪理逻辑或许真可以为城管官员减轻责任，然而不管是“奖励”也好“借”也罢，都没有改变违规的性质。如果不是“暴跳踩商户头”而将延安城管推到舆论的风口浪尖上，延安市城管局长是不是就可以将豪华座驾一直“借”下去而安然无恙？这暴露出了监管不严还是根本就没人监管？

（摘自《新京报》2013 年 6 月 8 日，杨立波）

(3) “城管暴力执法”凸显社会管理悖论

作为当今中国矛盾最多发的焦点之一，城管体现了社会管理的一个悖论：一方面，受地方政府委托，城管具体操持城市综合管理，承担着维护市容市貌、城市秩序的重任；另一方面，执法手段非常粗放，时常违规执法、暴力执法，与小摊贩发生激烈冲突，影响社会和谐。从宏观层面看，这种悖论是中国城镇化进程中矛盾集中的表现。随着城市不断扩容、人口不断向城市集中，城市的管理难度也在增大。这凸显了中国社会管理的一种制度困境：把前所未有的城市管理课题抛给一个本不具备完全执法资格的部门，显然是强人所难。从城管的角度来看，他们的地位其实十分尴尬。作为一个城市的内设部门，城管并没有全国性的业务指导机构。在法律上，除了《行政处罚法》的模糊规定及珠海、厦门等一些城市制定的相关地方法规之外，大多数地方的城管执法长期停留在法律的模糊地带。再者，城管队伍本身的素质也成问题。在许多地方，城管执法人员素质参差不齐；其次，城管人员身份也不统一，有的是行政编制，有的是事业编制，有的是聘用制。

（摘自《光明日报》2013 年 6 月 7 日，李思辉）

2. 案例评析

城管不规范执法，在一些场合，甚至可以说算不上新闻，但此次事件性质之恶劣，大大刺激了广大民众。公众盼望得到一个合理的解释，但官方还是以千篇一律的“临时工”作答。此后闹出的道歉信风波，让公众怀疑官方自摆乌龙，大大影响了官方的公信力。面对此种舆论困境，我们给出如下分析和建议：

第一，解决现实事件是平息网络舆情的前提。网络舆情的爆发是以现实中的突发事件为基础的，如果现实中的问题得不到妥善解决，那么网络上的风波就会逐渐扩大。虽然延安城管局就此次事件迅速做出了回应，但“临时工”三字不足以服人，反而使网民产生不满情绪，将矛头从个人指向当局，衍生出一波次生舆情。

第二，此次事件中，官方所给出的说法前后不一，使得政府的公信力在网民心中下降。尤其是道歉信风波，网友普遍认为这是一起失败的危机公关，失败的原因是各单位之间没有及时沟通，以致自摆乌龙。我们应该从这样的反例中吸取教训，政府应当设立专门的舆情处置机构，进行统一安排，合理处置，协调各个部门的工作，避免不同工作的冲突，使舆情应对工作有序开展。

第十三章　突发公共事件类舆情案例解析

突发公共事件是指突然发生，造成或者可能造成严重社会危害，需要采取应急处置措施予以应对的自然灾害、事故灾难、公共卫生事件和社会安全事件。突发公共事件以其突发性、危害性、公共性以及不确定性对社会造成较大震动。随着公众公民意识和信息素养不断提升，越来越多的借助于自媒体平台质疑并责问事中和事件后所暴露出来的一系列问题，汇集而成的网络舆情经常会左右突发公共事件的演变进程。“7・23”动车事故、甘肃校车事故、上海地铁追尾、天津蓟县大火、北京特大暴雨、哈尔滨阳明滩引桥坍塌、河南兰考火灾等一系列突发公共事件，借助自媒体及传统媒体的力量快速成为舆论场的焦点。

第一节　舆情特点

一、极大考验政府的执政能力

突发公共事件一般都伴随着巨大的灾难性和危害性，也就是新闻价值比较大，传播速度比较快，要求政府部门必须快速应对。突发公共事件往往伴随着人们生命财产安全的巨大损失，同时暴露出城市基础设施建设和社会管理中存在的弊端，加大了舆情应对的难度和复杂性，是对政府执政能力的史无前例的新挑战。

二、往往牵涉出贪污腐败等次生舆情

中国30年经济增长和社会转型所积累的各种深层次矛盾日益凸显，贪污腐败严重、贫富差距过大、安全基础薄弱等各种社会矛

盾和社会问题交织，利益纠葛纷杂。突发公共事件的发生使社会管理中的弊端和漏洞暴露出来，无疑为民众不满心理的释放提供了契机，同时互联网又提供了有效的途径和平台。人们不满足于单次突发公共事件的解决，而是对事件背后所暴露的官员腐败、基础设施建设和公共安全状况提出质疑，所以突发公共事件往往会牵涉出贪污腐败、豆腐渣工程等次生舆情。

三、往往伴随谣言，增加了舆情应对的难度

近几年来，与重大突发公共事件相关的谣言常常呈现出大规模爆发的态势，尤其是随着新媒体技术的发展，传播路径更为复杂，传播形式也不再局限于口头传播，而是融合了人际传播、群体传播等多种传播方式。这使得与重大突发公共事件相关的谣言在传播的过程中极易产生“群体极化”现象。无论是恶意的舆论攻击谣言还是善意的“用谣言倒逼真相”，都有巨大的社会危害，增加了舆情处置的难度。

第二节　应对要点

一、高度重视、端正态度、信息公开、科学应对

针对突发公共事件类舆情事件，政府部门应当充分重视。一方面，政府必须转变观念，牢固树立科学、及时的应对突发公共事件网络舆情的正确理念。突发公共事件发生后要树立高度重视、实事求是、信息公开的理念，以人为本，用积极应对的心态控制网上、解决网下；另一方面，要主动作为，加速提升有效处置突发事件网络舆情的基本能力。在加强网络信息监管、及时发布客观权威的舆情信息、加强舆情危机化解工作的基础上，正确解决突发公共事件才是根本之举。

二、建立健全网络舆情监测、研判和预警机制

各级政府必须成立专门的舆情机构并建立协调联动的机制，由

专人负责对网络舆情进行监测预警，及早发现苗头性舆情，尽量使其在萌芽期就得到有效处理。这样对于争取时间、争取主动引导具有重要作用。在网络舆情监测、研判和预警环节，遵循人工和计算机软件相结合的原则。要警惕"技术决定论"的自我安慰，着重从制度建设上解决现实问题。

三、注重和意见领袖的沟通互动，对参与网民的舆论引导

从舆情事件的参与主体来看，普通民众和意见领袖对舆论传播的作用不同。意见领袖在大众传播效果的形成过程中起着重要的中介和推动作用，比如微博中的加 V，并且粉丝量较多的和地域性名流等。因此，在对舆论参与对象的引导中，要区分不同的对象采取不同的策略。对于意见领袖必须主动沟通，聆听他们的意见和建议；对于普通大众，则应该态度端正、及时进行对话。

☞案例分析☜

案例一：

武汉雾霾天气事件

一、事件概述

2012 年 6 月 11 日，武汉遭遇极端雾霾天气，三镇上空被雾霾笼罩，能见度极低，并伴有燃烧异味，市民议论纷纷。"化工厂有毒氯气泄漏"、"农民焚烧秸秆"、"武钢锅炉发生爆炸"等未经证实的消息迅速在网上传播，引发部分市民恐慌。经环保部门分析，是因外地秸秆焚烧所致。面对突如其来的舆情，湖北省委、省政府高度重视，迅速采取有力措施，及时发布权威信息，加大对网络谣言处置和舆论引导的力度，有效化解了民众的恐慌情绪，获得了较好的社会效果。

二、舆情源头

1. 源头说明

2012 年 6 月 11 日 9 时左右，武汉市民发现天空被层层“雾气”笼罩。有网友在新浪微博爆料称：“整个武汉被烟雾笼罩，好像整个武汉都在生炉子，是空气污染还是 2012？”随后，网上出现了多种传言，迅速被众多网友转发，引起舆论广泛关注。

2. 原文内容摘要

> 整个武汉被烟雾笼罩，好像整个武汉都在生炉子，是空气污染还是 2012？（摘自微博）

三、舆情传播进程

1. 舆情潜伏期（2012 年 6 月 10 日—2012 年 6 月 11 日 2：00）

2012 年 6 月 10 日，江苏南京市、安徽合肥市等地出现大范围雾霾天气。6 月 11 日凌晨 2 时起，湖北省自西北向东南陆续出现灰霾天气，受影响区域先后为十堰、襄阳、随州、荆州、孝感、仙桃等。据湖北省环保厅测定，此次空气异常排除工业污染事件，初步分析是周边部分省份秸杆焚烧所诱发。

2. 舆情爆发期（2012 年 6 月 11 日 9：00）

2012 年 6 月 11 日上午 9 时许，武汉市突然出现严重的雾霾天气，天空被层层“雾气”笼罩。民众通过网络、手机短信、电话、口头相传等多种方式传递相关信息，不少网友在微博中称“整个武汉被烟雾笼罩，好像整个武汉都在生炉子”。6 月 11 日 10：43 和 11：18，武汉市环保部门、气象部门的官方微博第一时间分别发布了环境监测数据，并称未来三小时仍将持续。

3. 舆情升温期（2012 年 6 月 11 日 11：18—2012 年 6 月 11 日 12：36）

伴随着天气的进一步恶化，在民众传递信息的同时，网络上开始出现多种传言，如“武钢锅炉爆炸了”、“武汉石化发生氯气泄漏”、“武汉青山白云山氯气管道破裂”、“污染来自丹江口市浪河磷化工厂”等帖文逐渐增多。由于正值湖北省第十次党代会期间，夹杂着多版本向政治方面转移的网络恶搞。一时间，网民议论纷纷，相关内容在新浪、腾讯微博转发，跟评平均每分钟增加数百条。6月11日中午，武汉市内已有药店、商店发生抢购口罩、净化器、纯净水等现象，一时间担心、害怕等各种忧虑情绪在民众中广泛弥漫，并引发一定的社会不安情绪。

4. 舆情降温期（2012年6月11日12：36—2012年6月11日23：44）

2012年6月11日12：36，荆楚网连续发布《武汉出现灰霾天气 多种网络传言不实》、《武汉今日雾霾天气形成原因查明》等多篇权威报道，回应网络和社会关切。随后，省网管办一边协调人民网、新华网等网站转发新闻和微博，一边协调电信、移动、联通三大运营商向全省手机用户群发短信。同时，通过省广电总台经视频道、公共频道、新闻综合广播和楚天交通台等多家广播电视媒体滚动播出相关信息。武汉市安监局、武汉消防、青山区有关部门、武钢集团等纷纷通过微博发布声明，称截止到6月11日13：00，未接到有关事故报告。随后，武汉市政府应急办发布安监、环保部门的数据，称武汉市“未发生爆炸和有毒气体泄漏事故，也未发生大面积燃烧秸秆现象”。6月11日23：44，荆楚网发布“武汉2人涉嫌雾霾造谣遭行政拘留”的消息。

5. 舆情平息期（2012年6月12日以后）

由于各相关部门通过多种媒介发布权威信息，及时处置谣言制造者并公布相关信息后，民众的恐慌情绪迅速得到遏止，舆情急剧降温。随后几天，湖北部分地区再次出现雾霾天气时，民众情绪稳定，未产生舆情。

四、舆情回应

1. 回应情况（表 13-1）

表 13-1　　对“武汉雾霾天气事件”的官方回应

时　间	标　题	媒　体
2012-06-11	武汉出现灰霾天气　多种网络传言不实	荆楚网
2012-06-11	武汉今日雾霾天气形成原因查明	荆楚网
2012-06-11	武汉市环保局微博发布雾霾天气成因	荆楚网
2012-06-11	网传武汉企业发生事故致灰霾天气　调查证实属谣言	荆楚网
2012-06-11	网传青山化工厂爆炸照片系伪造	荆楚网
2012-06-11	武汉中心气象台纠正雾霾说法　称大雾状况将持续至 12 日上午	荆楚网
2012-06-11	武汉 2 人涉嫌雾霾造谣遭行政拘留	荆楚网

2. 原文内容摘要

回应一：

武汉出现灰霾天气　多种网络传言不实

6 月 11 日，武汉市民发现天空被层层“雾气”笼罩。有网友在新浪微博爆料称：“整个武汉被烟雾笼罩，好像整个武汉都在生炉子，是空气污染还是 2012？”随后，网上出现了多种传言，如发生火灾、农民焚烧秸秆、武钢锅炉发生爆炸、青山区域的化工厂发生氯气泄漏事故等。据荆楚网多方了解，网络传言均不实。

针对发生火灾的说法，武汉消防部门回应：“全市上午仅天门墩出警了一次，但是并非大火。”武钢总值班室称该企业没发生任何事故，并通过其官方微博“幸福武钢”辟谣。青山区有关部门亦证实，该区域化工厂未发生事故。另外，武汉市政府门户网站发布消息称：“该市林业、公安消防局核实，今日上午武汉市未出现森林火灾与大面积社会火灾事故。”

回应二：

武汉今日雾霾天气形成原因查明

12 时 40 分，湖北日报记者杨麟第一时间向荆楚网传回武汉中心气象台专家权威会商结果。结果显示：从天气条件分析，武汉市 11 日早晨边界层有逆温现象，大气扩散条件差，加上前期空气湿度大，和大气的悬浮颗粒物结合，形成了雾霾天气。此前，武汉中心气象台于 10 时 30 分发布大雾黄色预警信号：武汉市现在已经出现能见度小于 500 米、大于等于 200 米的雾，未来 3 小时仍将持续，请注意防范。

回应三：

武汉市环保局微博发布雾霾天气成因

6 月 11 日下午 3 点 20 分，武汉市环保局的新浪微博上发布了关于今日雾霾天气的最新消息。据市政府应急办称，受东北风与下沉气流共同影响，今日在我省中东部（含武汉）形成大面积雾霾天气。据环保部门监测，雾霾天气颗粒物成分中植物性有机碳（如燃烧秸秆等）含量增加，其他成分未见异常。经安监、环保部门核实，我市未发生爆炸和有毒气体泄漏事故，也未发生大面积燃烧秸秆现象。

回应四：

网传武汉企业发生事故致灰霾天气　调查证实属谣言

6 月 11 日近 13 时起，武汉市公安局青山区分局通过其官方微博，发布多条辟谣信息。指出，经与辖区消防、环保以及相关企业联系，截至目前未接到任何与气体泄漏等事故有关的情况报告。希望公众科学、理智地对待灰霾天气现象，告诫公众不要盲目传播没有依据的言论和图片，对于故意传播虚假言论和图片，造成严重后果的将依法追究其法律责任。

13 时许，武汉市安全生产监督管理局亦在其官方微博上劝告市民勿听信谣言，称："目前有 QQ 群和网上传言为我市化工企业发生危险化学品泄漏，经核实，谣言所提及的钢铁、化工等企业未发生任何气体泄漏等安全生产事故。截止到中午 13 点，市安监局未接到有关事故报告……"

针对武钢锅炉发生爆炸的传言，武汉钢铁（集团）公司回应称武汉大雾天气与武钢生产无关。其官方微博称："今天，武钢没有接到任何事故报告，更不用说'锅炉爆炸'这样的特大事故了。今天的大雾并不只在青山区，远在黄陂的天河机场也被大雾笼罩。请大家等待市环保局和气象局的调查结果。"

回应五：

网传青山化工厂爆炸照片系伪造

6 月 11 日，武汉市部分地区出现了能见度低于一千米的雾霾天气，网络上随即出现青山区域的化工厂发生爆炸（泄漏）事故的传言，并附有一张自称是实地拍摄的爆炸现场照片。荆楚网记者调查证实，化工厂爆炸纯属谣言，该照片系 2012 年 1 月 2 日的旧照。

回应六：

武汉中心气象台纠正雾霾说法 称大雾状况将持续至 12 日上午

11 日 17 时许，武汉中心气象台传来最新消息，称 11 日全天的大雾天气不是雾霾，而是烟幕和霾的混合物。此种"大雾"状况也将由 11 日一直持续至 12 日上午。

回应七：

武汉 2 人涉嫌雾霾造谣遭行政拘留

6 月 11 日上午，江城天空被雾霾笼罩，有网友在微博上发布“青山地区化工厂氯气泄漏”、“武钢锅炉爆炸”等谣言，引起市民的不安，造成恶劣影响，也引起该市公安机关关注。经过技术侦查，网上编造谣言的易某、于某当晚被查获并被依法拘留。根据有关法律法规，网上传播谣言的喻某、宋某也被警方教育训诫。经审讯，4 人对编造、传播谣言的行为供认不讳，表示悔过。

五、舆情分析

1. 总体判断

该事件是一起突发公共性舆情事件。事件发生后，湖北省委、省政府高度重视，迅速组织气象、环保等部门展开应急工作，做好突发公共事件处置。湖北省网管办第一时间启动重大舆情处置应对预案：加强监测，及时启动应急预案；通力协作，及时发布权威信息；导控舆论，努力传播澄清信息；组织网评，坚持大范围正面推送，民众恐慌情况得到有效遏制。该事件的成功处置为我们今后处置类似案例提供了经验。

2. 媒体报道情况（表 13-2）

表 13-2 “武汉雾霾天气事件”媒体报道情况

时 间	标 题	媒 体	省 份
2012-06-11	今日上午武汉市出现雾霾天气	大楚网	湖北
2012-06-11	武汉雾霾天气成因查明 民间传言多 安监气象等辟谣	人民网	北京
2012-06-11	武汉、南京等地出现雾霾天气	南方周末	广东
2012-06-12	武汉紧急应对极端雾霾天气	人民网	北京

续表

时　间	标　题	媒　体	省　份
2012-06-12	武汉各方联动迎战雾霾网络谣言	湖北日报	湖北
2012-06-12	湖北省多地市昨现灰霾天气　为外省燃烧秸秆所致	楚天都市报	湖北
2012-06-12	武汉大面积雾霾因邻省烧秸秆将依法处理造谣者	人民网	北京
2012-06-12	武汉雾霾引发“氯气泄漏”传言	东方早报	上海
2012-06-15	雾霾再袭武汉　武汉发布雾霾黄色预警	新华网	北京

六、舆情点评

1. 评论摘要

(1) 从武汉“雾霾事件”看公信力如何跑赢谣言

这次网络谣传与过往有着不同，那便是“有图有真相”，这是谣言得以迅速传播，并为一些市民一开始深信不疑的重要原因所在。……

谣言成其为能够蛊惑公众的源头，往往需要一定时间。跑赢谣言，公共部门的公信力才会得到进一步提升，反之则会受到损害，甚至为公众不理解。就本次雾霾事件，有必要反思环境保护和监测预报等问题，仅就公共部门与网民信息互动来看，公共部门以及时坦承地公开信息，赢得市民的理解与信任，这或是本次雾霾事件的一大“收获”。

（摘自长江网 2012 年 6 月 13 日，陈斌、张亮）

(2) 抢占第一落点是争取舆论引导主动权的关键

传播学认为，首发信息形成第一印象很难改变，也就是通常所说“先入为主”。能否在突发事件发生后迅速及时发布权威消息，抢占第一落点，是争取舆论引导主动权的关键。

突发公共事件发生后，政府部门不仅要“快说”，迅速发声，做到不“失语”；更要“会说”，准确发声，做到不“乱语”。权威准确的信息发布是掌握突发事件舆论引导主动权的基础。随着互联网特别是微博迅猛发展，传播格局发生重大变化。突发事件的舆论引导，一方面要倚重主流媒体发出主流声音，另一方面要充分发挥网络、微博、手机等新型传播渠道作用，实现整合传播。也正因此，武汉雾霾气象事件的舆论引导，才得到社会的高度评价。

（摘自中共武汉市委宣传部官方网站 2012 年 7 月 26 日，梅华、李平）

（3）制止“雾霾谣言”是流言止于公开的示范

武汉市开“舆论舆情”之先河，大胆并不间断地公开检测最新的 PM2.5 数据……为武汉市各方科学而智慧地应对突发事件争取了时间，抢占时机，夺取主动权。正因为敢于直面问题和敢于面对现实，形成了这种理智、沉稳和科学地应对机制，从而深得广大市民拥护和支持，更有力地“智取”了可能引发的“舆论危机”。同时，武汉智取“雾霾谣言”，论证了一个真理，谣言犹如社会的一面镜子，越是开放透明的机制，谣言便无立足之地。故而，“制止”谣言的最佳“利剑”，最重要的就是做到启动应急预案、及时公开信息、政府政务透明、直面问题和现实等，其中，“公开透明”是谣言的最大“天敌”。

（摘自长江网 2012 年 6 月 13 日，熊传东）

（4）“黄雾”事件考验政府信息联动机制

总体来讲，有关“黄雾”的政府信息公开较为及时。当然，这次“黄雾”的信息战另有其特色：它有更多的动态信息，表现出了信息的递进性，政府部门不是坐等最终调查、分析结果出炉再予以总结陈词。当然，这里面仍有问题需要思考。焚烧秸秆是一直就有的现象，多地政府常年都有各种禁止措施，但问题一直没有根治，竟至于此次导致漫天“黄雾”出现。政府有必要反思的是：燃烧秸秆不能一禁了之，更不能只是宣传危害而已。如何建立疏导机制甚至引入经济机制，为秸秆寻找新的出路，这才是紧要的事。此次“黄雾”事件可以作为根治燃烧秸秆的契机，政府部门要借助这个契机，以新机制、新办法来根治这个老问题。

（摘自《长江商报》2012 年 6 月 12 日，肖畅）

2. 案例评析

（1）部门联动，及时发布权威信息

湖北省和武汉市相关职能部门采取了不同的应对举措，消防部门调查消防事故，气象部门定时播报气象，环保部门进行事件澄清，卫生部门进行安全健康防护等工作，不同部门之间进行信息共享和跨部门联动。

（2）及时辟谣，提高政府公信力

对于网络盛传的“化工厂有毒氯气泄漏”、“武钢锅炉发生爆炸”等谣言，省委宣传部、网管办协调湖北日报、荆楚网等主流媒体记者，第一时间与消防部门、武钢、中石化湖北分公司和青山区有关部门取得联系，通报、核实有关传言，通过微博、手机短信、电视媒体、纸质媒体进行立体式全方位回应。

案例二：

黄浦江死猪漂浮事件

一、事件概述

2013 年 3 月 10 日，上海市政府在浦江松江段水域打捞了 1200 头死猪，截至 3 月 17 日 15 时，上海市政府共打捞了 9460 头死猪。此事引起网友的极大关注。随后，上海市政府称死猪来源于浙江嘉兴，对此浙江嘉兴市的认猪态度极其暧昧。尽管检测结果显示部分死猪身上携带了猪圆环病毒，然而，上海市相关部门坚称水质十分安全。随着死猪事件的持续发酵，养猪产业链、地下死猪肉利益链条等相继被曝光。

二、舆情源头

1. 源头说明

2013 年 3 月 8 日，上海松江网友“少林寺的猪 1986”发布一条图文并茂的“黄浦江死猪”微博，引起网友和媒体的关注。

2. 原文内容摘要

> 这就是我们喝的水！黄浦江上游横潦泾段一级水源保护地，江里到处可见动物的尸体，附近恶臭连连。这种事情已经不是一次两次了，不知道我们的有关部门在干嘛！（摘自微博）

三、舆情传播进程

1. 舆情爆发期（2013 年 3 月 8 日）

2013 年 3 月 8 日，上海松江网友“少林寺的猪 1986”发布一条图文并茂的“黄浦江死猪”微博，引起网友和媒体的关注。

2. 舆情升温期（2013 年 3 月 9 日—2013 年 3 月 15 日）

2013 年 3 月 9 日，黄浦江上游松江水域发现死猪 929 头，相关部门全力打捞处理。3 月 12 日，该事件在微博平台上引发强烈热议，@人民日报@新华视点@央视新闻等官方大佬纷纷加入到了话题中。虽然传递的是持续累加中的死猪数量，但瞠目结舌、匪夷所思等意味已然渗透于字里行间。截至 3 月 15 日，“黄浦江”、“死猪”仍然在微博热搜榜中占据一席之地，而且在搜索栏中输入“黄浦江死猪”的关键字，得到的条目数多达百万，其中亦不乏意见领袖和官方声音。

3. 舆情平息期（2013 年 3 月 30 日以后）

截止到 2013 年 3 月 30 日，上海市政府回应，已基本完成漂浮死猪的清理打捞工作，且对打捞上来的死猪全部做了焚化等无害化处理。同时为保证市民饮用水安全，上海市环保、水务部门连日来加强了对相关区域原水水质和出厂水的检测，结果显示，上海市相关区域水质稳定，水厂出厂水符合国家卫生标准，舆论逐渐平息。

四、舆情回应

1. 回应情况（表 13-3）

表 13-3　**对“黄浦江死猪漂浮事件”的官方回应**

时　间	标　题	媒　体
2013-03-11 至 2013-03-17	上海积极应对黄浦江上游水域漂浮死猪事件	上海发布（官方微博）
2013-03-20	黄浦江漂浮死猪组织样品均未检出砷	农业部新闻办公室
2013-03-21 至 2013-04-02	黄浦江漂浮死猪抽检样本未发现禽流感病毒	上海发布（官方微博）

2. 回应内容摘要

回应一：

（3 月 11 日）至昨晚，松江、金山区水域已打捞起邻省漂至黄浦江上游的死猪 2800 余头，并作无害化处理。本市环保、水务部门加大取水口监测密度和水面巡察，松江、金山等供水企业出厂水符合国家卫生标准。经核查，初步确定死猪主要来自浙江嘉兴地区，本市没有发现向江中扔弃死猪现象，也没发现重大动物疫情。

回应二：

（3 月 20 日）日前，上海市兽医饲料检测所采集了 30 份从黄浦江及上游水域打捞的漂浮死猪的组织样品进行砷检测，所有样品均未检出砷。无机砷和有机胂，“砷”和“胂”虽是一字之差，但两类物质却完全不同。饲料中加入的是有机胂制剂，而不是无机砷。有机胂药物饲料添加剂，对于提高畜禽的饲料利用率、增强抗病能力有着明显作用。通过饲料添加剂进入动物机体的有机胂，基本以原形从粪便排出，规范、合理使用，不会造成残留超标。截止到目前，尚没有足够的科学数据表明有机胂在动物体内、环境中可能会转化为无机砷，也没有足够的科学数据证明规范、合理使用有机胂饲料添加剂会带来食品安全风险。

回应三：

（3月24日）据市政府新闻发言人徐威介绍，截至24日15时，市绿化市容部门当天在相关水域共打捞起漂浮死猪98具，已全部进行无害化焚烧处理。黄浦江主干流水域（即米市渡以下干流）已连续2天未打捞到漂浮死猪，本市水域（除省界水域外），已基本完成漂浮死猪的打捞工作。

回应四：

（4月2日）市政府今天举行专题会议，部署H7N9禽流感防控工作。目前与上海2名确诊病例的密切接触者未发现类似症状和发病情况。今年以来本市流感、肺炎发病率总体平稳。市动物疾控中心今天对近期打捞上来的黄浦江上游漂浮死猪抽检的34份留存样品，进行了禽流感通用引物检测，未发现禽流感病毒。

五、舆情分析

1. 总体判断

该事件是一起突发公共类舆情事件，最初只在网络平台上曝光，因事关水质污染、环境安全和食品安全等敏感话题，很快引起微博平台、论坛以及传统媒体的热议。舆情爆发后，上海、浙江两地政府就死猪来源、死猪死因、水质安全等问题拉开了口水战，如浙江农业厅称“死猪多系冻死无瘟，冬季雨多潮湿，小猪抵抗力弱”，尤其是就死猪来源问题两地政府互相推诿，相关部门负责人不解释不道歉不追究，即便被问起，也遮遮掩掩闪烁其词，引发民众愤慨，甚至西方媒体也来讽刺中国官方处理死猪事件，舆情迅速发酵。

2. 媒体报道情况（表 13-4）

表 13-4　**“黄浦江死猪漂浮事件”媒体报道情况**

时　间	标　题	媒　体	省　份
2013-03-06	死猪处理，一个养殖大村之痛	嘉兴日报	浙江
2013-03-12	浙江嘉兴回应黄浦江漂浮死猪事件：嘉兴没有疫情	中国新闻网	北京
2013-03-12	死猪事件凸显水源地保护困境 上海无法监管上游水域	东方网	上海
2013-03-15	上海打捞关口前移至省界 与浙江沟通防范乱抛死猪	东方网	上海
2013-03-15	网民认为黄浦江漂浮死猪事件涉嫌瞒报	新华网	北京
2013-03-17	上海高度重视死猪后续处置 在沪浙交界处加大作业量	东方网	上海
2013-03-19	“猪投上海”事件背后折射嘉兴养猪难	东方卫报	上海
2013-03-20	人民日报抛五问解析“死猪入江”疑团	东方网	上海
2013-03-25	浙江嘉兴村民称不知有 80 元生猪死亡补贴	京华时报	北京

六、舆情点评

1. 评论摘要

（1）“死猪漂浮”引发生态反思

为什么在事件发生后，连死猪源头这一望而知的问题，相关方都不愿认账？死猪的病死原因何以欲说还休，至今还是一笔糊涂账？对这些死猪，当地政府有否采取必要措施安全处置？农业部对动物无害化处置的三令五申，是否在当地得到落实？当大量死猪沿江漂流，上下游能否联合行动，而不是只靠上海方面的末端处置？漂浮的死猪暂时捞尽，还会不会卷土重来？毕竟，黄浦江上游河汊众多，面对这种"跨省市污染"，还需追根溯源，加强协同治理。

（摘自《人民日报》2013 年 3 月 20 日，李泓冰）

（2）"猪投上海"如何不再上演？

食品安全本质上仍然是一个经济问题，对食品安全监管系统的巨大依赖一方面是必要的，但是，监管只是外因，而本质性的内因则在于食品的生产、供给、销售等环节，在于市场的成本、价格、利润，而这些因素，从产业形态上看，就表现为产业的集约化、品牌等特点。一方面，在工业化大生产时代，只有大投入下的规模效应才能应对在工业化时代进行农业、养殖业生产的一系列技术、检验、环境问题。另一方面，集约化、品牌带来相对稳定的企业行为。

（摘自英国《金融时报》中文网 2013 年 3 月 20 日，刘远举）

（3）谁该为"猪投上海"乱象负责？

"猪投上海"这一乱象的责任不能全有养殖户来承担，政府的相关部门也要负起责任。如果在事件发展的初期环境监控部门监测到这一现象并预料到这种现象的后果就加以制止，事件不会发展到现在这样；如果农牧畜牧部门及早对养殖户情况进行摸底，预料到无害化处理池数量不够，也不会发展到这样；如果相关部门意识到村民养猪的密度太高、数量太多，许多养猪多的村子都面临死猪"无处可去"的窘境，事件同样不会发展到这样。太多的如果，但是事件还是发生了，说明相关部门并没有承担起应有的责任。

（摘自荆楚网 2013 年 3 月 14 日，思乡客）

（4）“猪投上海”、媒体与中国梦

从个体层面来看，“猪投上海”这一词汇的出现，凸显了掌握话语权的媒体与意见领袖以及构成这些媒体和意见领袖支持土壤的围观民众，娱乐至死的颓废精神。从媒体层面来看，“猪投上海”事件的相关报导，充分凸显了无冕之王权力过度膨胀之后带来的负面影响。从国家层面来看，“猪投上海”是一起典型的跨界事件，不是单一局部能够单独解决的复杂问题。“猪投上海”与中国梦的细致阐述出现在同一周，凸显了实现中国的复杂性与艰巨性，这是考验，也是机遇。

（摘自观察者网 2013 年 3 月 19 日，沈逸）

2. 案例评析

（1）信息公开透明，方可提升政府公信力

在此事件中，暴露出一些政府部门信息发布不及时、回应措辞不严谨、涉嫌瞒报实情等问题。比如面对打捞死猪的数量、水质是否受到影响、是否发生流行疫情等问题，官方和民间说法各执一词，媒体则紧追不舍层层追问，政府部门疲于招架，回应捉襟见肘，公信力备受质疑。在新媒体迅猛发展的今天，面对突发公共事件，相关部门的信息发布一定要主动、及时、准确。若等到互联网上已经群情沸腾、质疑声满天飞的时候再被动应对，只能让政府的公信力遭受二次伤害。

（2）各区域联动配合，有利于共同迎战舆情

本次事件源头在河流最上游的嘉兴地区。既然不同地区共享同一河流，那么公共责任就不可分割、不能过度碎片化。同一流域的公共治理，应该一以贯之。不同地区不同部门之间，则应资源整合、信息共享，一旦出现紧急情况，也有长效联动机制兜底，可以精诚合作，快速反应。该事件中，上海、浙江两地对死猪来源互相推诿。区域性舆情事件不但需要职能部门之间的配合，更需要跨区域联动，如果区域之间相互推诿，只会加速舆情发酵，最后各方俱损。“猪的奇幻漂流”这一戏谑性说法说明官方应对的迟缓。

第十四章　社会民生类舆情案例解析

民生问题就是与百姓生活密切相关的问题，最主要表现在吃穿住行、养老就医、子女教育等生活必需上面。比如油价上涨、食用油涨价、房价持续升温反映的物价上涨问题，地沟油、瘦肉精、毒胶囊暴露的食品药品安全问题，陕西孕妇强制引产、麻城自带课桌事件、农民工讨薪风波体现的弱势群体保障、收入分配等问题；这一系列舆情事件都是与百姓生活密切相关的民生热点，引发社会广泛关注并不同程度地引起了民众的恐慌、质疑和不满。舆情背后是民生，民生问题已成为中国网民最为关注的焦点。

第一节　舆情特点

一、民生问题社会关注度高，容易引起网友共鸣和围观

转型期社会的整体利益结构在迅速地调整，各种社会矛盾渐次显露，普遍的社会焦虑状态使民众对衣食住行、生老病死等关乎人的基本生存状态的问题的感受更为直接，寻求获得改善的欲望也更为强烈。大量的基层社会矛盾，在互联网的作用下被逐步放大，由于事件存在的普遍性和网友心理的接近性，一旦民生舆情事件在互联网传播，马上会成为舆论场热点。

二、“弱势心态”在社会民生类舆情事件中彰显

随着社会贫富差距的扩大，人们通过社会比较产生了被剥夺感，如今的高房价、高物价、食品药品安全问题、通胀压力更是强化了这种被剥夺感。网络调查显示，认为自己属于“弱势群体”

的人高达七成，如公司白领、记者、大学教授等。甚至不少官员也称自己属于弱势群体。在社会民生类舆情事件中，网友往往表现出仇官、仇富、同情弱者的感情倾向，这实质上体现了民众对公平正义的社会制度的渴望和向往。

三、伴随着大量的谣言、流言和不实信息

社会民生类舆情事件涉及范围广，传播周期相对较长，参与传播的民众文化程度参差不齐，为了吸引公众眼球，在传播过程中往往会夹杂大量的流言、不实信息，甚至一些骇人听闻的谣言。从广元橘蛆、抢盐风波到瘦肉精、工业明胶和塑化剂等一系列民生热点事件，往往都伴随着谣言等传播。有些是商业利益在幕后操纵，有些是善意地夸大现实，有些是部分网友的恶搞，这使社会民生类舆情事件总是一波未平，一波又起。

第二节　应对要点

一、第一时间正面回应，滚动式播报

此类舆情爆发时，公众迫切需要得到权威的、透明的信息，过去那种过于强调社会稳定和为方便事件真相调查而先封锁消息或进行“冷处理”的办法，已屡次被证明效果适得其反。这样的处理手法漠视了公众的知情权，更严重的是在事件发生后，政府的声音缺失或滞后，给流言甚至谣言的传播提供了土壤。相关部门必须深入调查，实时反馈，积极协调联动，及时回应网友质疑，变阶段式回应为滚动式回应。

二、多媒体联动，专家学者及科普机构要及时发声

在处理此类舆情事件时，政府应注意各种类型媒体的联动，充分发挥主流媒体的正面引导作用，注意对微博、微信等新媒体的恰当运用，当谣言、流言及不实信息传播时，相关专家学者和科普机构要及时发声，快速辟谣，澄清事实。

三、线上的应对最终还要靠线下对民生问题的重视

在应对社会民生类舆情事件的过程中，各级政府部门需要切实体察普通民众的喜怒哀乐，了解民众的人生冷暖，把握民众的主流诉求，从而有针对性地改进自身工作。线上的应对最终还要靠线下对民生问题的重视，将民生指数更多地纳入官员考核体系，对财政的民生投入比例做出具体规定，将为解决此类事件提供自上而下的强大动力。

案例分析

案例一：

食品、药品添加工业明胶事件

一、事件概述

2012年4月9日，一则“老酸奶使用工业明胶”的消息在微博上传播开来，称老酸奶和果冻中含有由破皮鞋皮革制成的工业明胶，一时间，关于老酸奶和果冻不能吃的话题引发人们的热议。4月15日，央视调查又发现医药厂商用皮革下脚料制造药用胶囊，由于皮革在工业加工时，要使用含铬的鞣制剂，因此这样制成的胶囊，往往重金属铬超标。经检测，修正药业等9家药厂13个批次药品，所用胶囊重金属铬含量超标。针对此事件，4月21日，卫生部要求毒胶囊企业所有胶囊药停用，药用胶囊接受审批检验。4月22日，公安部通报，公安机关已立案7起，依法逮捕犯罪嫌疑人9名，刑事拘留45人。

二、舆情源头

1. 源头说明

2012年4月9日，中央电视台著名主持人赵普等多位媒体人士发微博称，根据调查记者的爆料，老酸奶（固体形态）和果冻

不能吃，尤其是孩子不能吃，具体细节很恐怖，不便透露。一时间，关于老酸奶和果冻不能吃的话题引起人们的热议。

2. 原文内容摘要

> 央视主持人赵普（微博）称："来自调查记者短信：不要吃老酸奶（固体形态）和果冻，内幕很可怕。"而资深媒体人朱文强（微博）称："央视一哥们说，以后别吃果冻和酸奶，问为啥，他比喻说，哪天你扔了双破皮鞋，转眼就进你们肚子了。这哥们说，这才是今年3·15晚会重头，可惜没播。"网名"落魄书生周筱赟"的知名媒体人（微博）对此称："不用这么神秘兮兮啦。所谓老酸奶，就是更加浓稠，其实是大量添加工业明胶。工业明胶，就是用垃圾里面回收的破烂皮革之类做出来的。果冻更是如此。这本该是常识。"（摘自网络）

三、舆情传播进程

1. 舆情爆发期（2012年4月9日—2012年4月14日）

2012年4月9日，央视主持人赵普发微博称"不要再吃老酸奶和果冻"，引发网友猜测，使得舆论首次将"工业明胶"与食品药品安全联系起来。此微博引来了大量网民的围观，并被疯狂转发。

2. 舆情高峰期（2012年4月15日—2012年4月19日）

2012年4月15日，央视《每周质量报告》栏目播出《胶囊里的秘密》，揭秘了利用工业明胶制作食用胶囊的地下产业链，证实了持续近一周的有关"工业明胶"与食品药品相关的各种猜疑，并由此点燃了网络舆论。4月19日，国家食品药品监管局公布第一批抽检结果，被央视曝光的9家企业共有23个批次产品使用的胶囊铬含量超标。据中青·在线数据统计，从4月15日至4月19日，关于该事件的文章总数为14307篇，其中新闻6241篇，论坛5573篇，博客2493篇。文章总阅读数超过270万次，回复量达到46766次。

3. 短暂降温期（2012年4月20日—2012年4月22日）

2012年4月20日，国家食品药品监管局召开电视电话会议，指出本次媒体曝光的铬超标药用胶囊事件，是非法使用工业明胶生产药用胶囊及使用铬超标胶囊生产劣药案。4月21日后，随着事件处置不断进行，媒体及社会舆论关注度开始走低，舆情开始降温。

4. 舆情反复期（2012年4月23日—2012年4月27日）

2012年4月23日，因郑州一水渠中漂满了空壳胶囊，该事件再次引发关注，大河报的一篇报道《空壳胶囊“投渠自尽”郑州郑上路一渠沟成彩虹河》引发网媒广泛转载和网民关注，新闻量出现反弹，舆情出现了反复。

2012年4月25日，《检察日报》刊发报道《最高检派员督办问题胶囊事件背后职务犯罪》，新华网、法制网亦报道此事。4月27日开始，有关此事的深度报道开始出现，如《三联生活周刊》刊发《中国胶囊之乡的迷茫：药品稽查大队成空壳》、《经济观察报》刊发《毒胶囊损毁新昌声誉 官员直言“关就关吧”》。在这一阶段，涉案企业的赔偿与“毒胶囊”消费者权益的保护问题成为讨论重点，如网络知名爆料人周筱赟就在《南方周末》刊文《毒胶囊事件，当激活惩罚性赔偿制度》。一些法律界人士则关注了赔偿的操作性问题，如《每日经济新闻》的报道《毒胶囊事件公益律师团：惩罚性赔偿难度大》及《时代商报》的报道《法官提问：如何证明吃过“毒胶囊”?》等。

5. 舆情平息期（2012年4月28日以后）

2012年4月28日开始，随着五一小长假的到来，相关报道逐渐归于沉寂，舆论渐渐平息。

四、舆情回应

1. 回应情况（表14-1）

表14-1　对“食品、药品添加工业明胶事件”的官方回应

时　间	标　题	媒　体
2012-04-15	国家食品药品监管局明确表示 坚决查处药用空心胶囊铬超标企业	国家食品药品监督管理总局官网

续表

时 间	标 题	媒 体
2012-04-15	新昌县紧急查封问题胶囊企业 生产线仓库等均被查封	浙江在线新闻网
2012-04-16	13个药用空心胶囊产品暂停销售和使用	国家食品药品监督管理总局官网
2012-04-19	关于疑似铬超标羚羊感冒胶囊处理进程的通告	修正药业官网
2012-04-18	卫生部部长回应胶囊铬超标：对药品仍要有信心	中国广播网
2012-04-19	公安部部署彻查严打“毒胶囊”犯罪共抓获53人	新华社
2012-04-21	关于配合召回和暂停使用部分药品生产企业胶囊剂药品的通知	中华人民共和国国家卫生和计划生育委员会官网
2012-04-27	国家食品药品监管局公布药用明胶和胶囊抽验结果	国家食品药品监督管理总局官网

2. 回应内容摘要

回应一：

国家食品药品监管局明确表示 坚决查处药用空心胶囊铬超标企业

国家食品药品监管局高度重视中央电视台报道的药用空心胶囊铬超标消息，立即责成相关省食品药品监管局开展监督检查和产品检验，并派员赴现场进行督查。

《中国药典》对明胶空心胶囊有明确的标准。生产药用空心胶囊必须取得药品生产许可证，产品检验合格后方能出厂销售。药品生产企业必须从具有药品生产许可证的企业采购空心胶囊，经检验合格后方可入库和使用。

国家食品药品监管局发出紧急通知，要求对媒体报道的13个铬超标产品暂停销售和使用。待监督检查和产品检验结果明确后，合格产品继续销售，不合格产品依法处理。对违反规定生产销售使用药用空心胶囊的企业，将依法严肃查处。

回应二：

新昌县紧急查封问题胶囊企业 生产线仓库等均被查封

截至15日下午6时，新昌县已紧急查封媒体曝光涉嫌使用工业明胶制作空心胶囊的相关问题企业，公安机关已对4名企业负责人实行控制，并立案调查处理。目前相关问题企业生产线、原料仓库及成品仓库已被全部查封，相关原料、产品已被抽样送检。

新昌县委、县政府表示，将切实加大对胶囊行业的规范整治，并对所有胶囊企业先停产检查，待查清情况后符合条件的企业按规定恢复生产，对发现问题的企业和问题企业责任人坚决依法处理，绝不姑息，并迅速查明问题胶囊流向，防止问题胶囊再次流向市场。

回应三：

13个药用空心胶囊产品暂停销售和使用

国家食品药品监督管理局今日发出紧急通知，要求对修正药业、通化颐生药业等9家药企共13个涉嫌铬超标的药用空心胶囊产品暂停销售和使用。

回应四：

关于疑似铬超标羚羊感冒胶囊处理进程的通告

通告中称，4月15日，公司连夜召开紧急电话会议部署停止羚羊感冒胶囊销售，全面召回并封存该批次产品。据悉，上述产品批次为2010年9月生产，主销往吉林地区，共199件。修正药业还表示："羚羊感冒胶囊生产线已全部停产自查，安全小组已展开内部质检、采购、流通等环节的检查和责任追溯，并积极配合国家药监机构对胶囊产品的检验。"

此外，公司决定，整合上游产业链，计划在未来2年内，投资3亿元自建胶囊生产企业。并解释称，此举是为了药品的安全，确保修正生产使用的空心胶囊的质量。在通告的最后，修正药业认为此事件对企业是一个警醒，对此事件带给消费者、客户、政府及媒体的不便影响，他们表示深表歉意。并表示在今后的行动中，会就后续进展及时向公众进行通报。

回应五：

卫生部部长回应胶囊铬超标：对药品仍要有信心

铬含量超标胶囊事件经媒体曝光，引发社会关注。卫生部部长陈竺今天下午表示：胶囊重金属超标要依法管理，有责任的企业家应承担起社会责任。

陈竺表示，药物胶囊的重金属限量早就有标准。2010年的药典就有规定，药典既是标准又是法律，所以我们现在要依法严加管理。"毒胶囊"曝光后，有患者自行打开胶囊，只服用药粉。对此陈竺表示，服用胶囊药品一定要遵医嘱。

回应六：

公安部部署彻查严打"毒胶囊"犯罪 共抓获53人

针对日前媒体曝光的"毒胶囊"事件，继前期部署各涉案地公安机关迅速开展案件侦办工作后，公安部19日召开视频会议，部署全国公安机关积极配合有关部门严密排查、严厉打击"毒胶囊"犯罪，全力维护人民群众生命健康安全。

截至目前，各地公安机关已立案6起，抓获犯罪嫌疑人53名，查封工业明胶和胶囊生产厂家10个，现场查扣涉案工业明胶230余吨。公安部要求各地快侦快破、一查到底，对浙江、河北、江西、山东等地在侦案件，公安部一律挂牌督办。

回应七：

关于配合召回和暂停使用部分药品生产企业胶囊剂药品的通知

4月19日，国家食品药品监督管理局印发了《关于查处部分药品生产企业使用铬含量超标胶囊行为的通知》（国食药监电〔2012〕6号）。为保障医疗质量与安全，维护患者权益，现提出以下工作要求：

一、各级各类医疗机构要积极配合药监部门召回本通知附件所列药品生产企业生产的检验不合格批次药品。

二、各级各类医疗机构立即暂停购入和使用本通知附件所列药品生产企业生产的所有胶囊剂药品，待检验合格后方可购入和使用。

三、各级各类医疗机构要认真贯彻落实《卫生部办公厅关于立即暂停使用媒体曝光的13个铬超标产品的通知》（卫发明电〔2012〕6号）有关要求。

回应八：

国家食品药品监管局公布药用明胶和胶囊抽验结果

按照企业全覆盖、品种全覆盖、产品批次随机抽样的原则，国家食品药品监管局在全国范围内对药用明胶和胶囊生产企业进行了全面排查，对18家药用明胶生产企业抽验了166批明胶，检出1批产品铬超标；对117家药用胶囊生产企业抽验了941批药用胶囊，检出15家企业74批胶囊铬超标，不合格率为7.9%。

国家食品药品监管局负责人强调，对铬超标药用明胶和胶囊企业及相关责任人员，必须依法从重从快查处。药用明胶和胶囊生产企业产品铬超标，坚决吊销企业药品生产许可证；其企业主要负责人和直接责任人，一律列入黑名单，不得再从事药品生产、经营活动；使用工业明胶生产药用胶囊的，一经查实，立即移送公安机关侦办，追究刑事责任。

五、舆情分析

1. 总体判断

工业明胶制作食用胶囊事件是自2008年三聚氰胺奶粉事件后，又一起引起举国哗然、涉及食品药品安全的公共事件。值得注意的是，“毒胶囊”事件所引发的大范围的指责舆论和愤怒情绪，不但指向了涉事的9家药企，更把相关政府部门推向了舆论的风口浪尖，质疑有关部门的监管不力和不作为。而涉事企业在突发舆情事件应对方面的态度和方法，导致舆论转而对监管部门产生不满，这一现象值得深思。对于危机事件，各企业应当给予足够的重视，而且这种重视不能仅仅局限于事后的应对和研判，而且要在事前和事后从制度、人员、服务等各方面进行企业形象的管理和维护，从根本上消除危机形成的隐患，做到防患于未然。

2. 媒体报道情况

表14-2　**“食品、药品添加工业明胶事件”媒体报道情况**

时　间	标　题	媒　体	省　份
2012-04-15	胶囊里的秘密	中央电视台	北京
2012-04-16	央视曝光“毒胶囊”北京部分涉事产品下架	证券时报网	北京
2012-04-16	浙江新昌警方抓获问题胶囊涉案人员22名 胶囊企业全部停产整顿	新华网	北京
2012-04-17	治理有毒胶囊，用什么药?	中央电视台	北京
2012-04-19	媒体称毒胶囊越揭越多 药监局仍在躲猫猫	北京晨报	北京

续表

时　间	标　题	媒　体	省　份
2012-04-20	打击“毒胶囊”不能靠公安单枪匹马	荆楚网	湖北
2012-04-22	卫生部要求召回毒胶囊 涉九家企业(名单)	北京晚报	北京
2012-04-23	空壳胶囊“投渠自尽”郑州郑上路一渠沟成彩虹河	大河报	河南
2012-04-24	国家药监局严防“毒胶囊”流回市场	新京报	北京
2012-05-03	最高检察要求坚决查处“毒胶囊”事件所涉职务犯罪	人民网	北京

六、舆情点评

1. 评论摘要

(1)“毒胶囊”源于企业集体道德失守

“毒胶囊”横行，源于企业集体道德失守和监管失范。从报道中来看，使用工业明胶生产药品胶囊已是业内公开的秘密，为了逃避监管部门的追究和打击，原料供应企业明知道自己是用工业废料生产“工业明胶”，却强迫胶囊生产企业同自己签订“食用明胶”供货合同以推脱责任，而胶囊生产企业为了图便宜居然毫无异议；更为不可思议的是药品生产企业，明知道这种工业明胶生产的胶囊危及患者身体健康，竟然也无所顾忌地投入药品生产使用。明胶厂、胶囊厂、药厂，对“有毒胶囊”的来龙去脉都心知肚明，却集体失守了企业的责任底线，心照不宣地开展合作。

(摘自《海南日报》2013 年 4 月 17 日，陈岚桦)

(2) 胶囊“毒”于体制

医药产业政策致使劣药泛滥的链条延伸。在医改新政下，市场的大扩容对医药辅料产业的发展有着强大驱动作用。在此背景下，药品辅料相比于药品，一个显著特点是进入门槛低、技术难度不高、投资要求不大，而利润回报却很可观。于是，进入者越来越多，一多就乱。药品招标的“唯低价论”招商模式在某种程度上恶化了药品的安全事故，为不法分子牟利提供了“机会”。部分省份不少品种的中标价格明显低于品牌企业购买原料药、包材及辅料等必需成本，被认为是此次生产企业通过采用有毒原材料等非正常手段来牟取暴利的根源之一。

（摘自《中国经济时报》2012年4月25日，李国鹏）

(3) 毒胶囊丑闻：官员问责与行业整顿应并行

对官员的问责与对全行业的彻底整顿，本身并不冲突，无须分出先后顺序。而且对官员严苛追责与否，直接决定了行业乱象是否能够彻底扭转和改观；也必须要用对负责官员的严苛追责，以儆后来者，树立起权责统一的标杆。官员引咎辞职，并不代表政府机构工作就此停顿，而官员对社会和公众，也应当具备起码的责任感和羞耻心。用对涉事高官的问责来表达歉意和诚意，不仅是政府信任危机的最好公关，更是政府责任感之所在。

（摘自《南方都市报 · 社论》2012年4月23日）

(4) 彻查毒胶囊，别怕个别药厂倒闭

严查毒胶囊，有关部门要拿出刮骨疗毒的决心，为保民众健康，严格执法，不遗余力，哪怕因此倒下几个药企，也再所不惜。我们的食品药品为何难绝隐患，很重要的原因，就是一些地方政府和行政部门在食品药品管理中，瞻前顾后，总害怕执法太严太重，会损害地方经济，危及行业利益，因此，一些堪称地方经济支柱和产业龙头的企业卷入食品药品丑闻时，有的地方监管部门往往“板子高高举起，轻轻落下”。违法成本太低不用担心倒闭关门，那些无良企业当然有恃无恐。

（摘自《新京报·社论》2012 年 4 月 17 日）

（5）毒胶囊事件，当激活惩罚性赔偿制度

在我国，长期以来，产品质量法有关损害赔偿的规定中，都属于补偿性赔偿，而在现在食品药品事故频繁的背景下，这些法律规定明显滞后，导致侵权成本很低、维权成本很高，对无良企业根本起不到任何威慑作用。2010 年施行的侵权责任法首次提出了“惩罚性赔偿”，但这只是一条原则性的规定，至今没见相关判例。在毒胶囊事件中，除了尽快追查流入市场的产品外，对于早已流入市场、被患者服用的毒胶囊，损害赔偿工作也应提上议事日程。要以该事件为契机，尽快出台相关司法解释，细化“惩罚性赔偿”的规定，这对加大违法成本，震慑无良企业的不法行为有着重大的意义。

（摘自《南方周末》2012 年 4 月 30 日，周筱赟）

2. 案例评析

第一，政府层面。事件爆发后，相关部门及时介入调查，实时公开食品药品问题的处理过程、召回的食品药品的数量以及涉事企业的处理结果等多方信息，同时，强化民众对于食品药品安全问题的认知。

第二，社会组织层面。发挥行业协会的作用，“老酸奶事件”中，中国乳制品工业协会发表声明称：主流品牌老酸奶不会添加工业明胶。在行业协会以及第三方机构发布声明的过程中，应当注意提供更直观、可靠、充分、科学的检测分析数据和权威的监管结果。

第三，企业层面。鼓励优秀企业在面对行业负面舆情时公开其产品信息，以稳定消费者情绪。同时，优秀企业可以联合第三方机构进行评测。鼓励专业人士以及第三方机构对食品药品安全问题进行监督。

案例二：

农夫山泉标准门事件

一、事件概述

2013年3月15日，媒体报道农夫山泉现黑色不明物。4月10日，农夫山泉被曝水源地垃圾围城，水质标准不如自来水。4月11日，农夫山泉称这是“蓄意策划的，隐藏在幕后的就是国有控股饮用水企业——华润怡宝”。5月3日，北京桶装水销售协会通知农夫山泉桶装水下架。5月5日，桶装水销售协会资质被质疑。5月6日，农夫山泉召开发布会，向京华时报报社索赔6000万。5月6日下午3点，农夫山泉在北京召开“饮用天然水标准新闻发布会”。在“农夫山泉标准门”事件过程中，网民最关心的是农夫山泉水质有没有低于国家标准，《京华时报》的报道是不是符合事实，有没有涉及个人的利益，相关部门为何“躲猫猫”等。

二、舆情源头

1. 源头说明

2013年3月15日，21世纪网刊发“农夫山泉水中现黑色不明物 5年来屡被投诉”，爆料称，有消费者李女士于2013年3月8日向媒体投诉，其公司购买的多瓶未开封的农夫山泉380ml饮用天然水中出现很多黑色的悬浮不明物。其中，24瓶水中都能够看到黑色不明物，有13瓶非常明显。这些水来自农夫山泉湖北丹江口有限公司，生产日期为2012年10月30日，尚在保质期内。

2. 原文内容摘要

“农夫山泉有点甜”是很多人耳熟能详的广告语，而这家号称选取天然优质水源，仅对水做最小限度的、必要的物理处理，有利于人体长期饮用的饮料企业，其产品却不断被曝出质量问题。2013年3月8日，消费者李女士向21世纪网表示，其公司购买的多瓶未开封农夫山泉380ml饮用天然水中出现很多黑色的不明物。

发现这些水中的黑色不明物后，消费者李女士曾与农夫山泉联系，但是农夫山泉坚称产品合格的做法让其很气愤，也并未解答其黑色不明物究竟是何物的疑问，李女士这才诉诸媒体。2013 年 3 月 11 日，21 世纪网致电农夫山泉服务热线 8008571058，就农夫山泉的饮用天然水如何辨别真伪的问题进行询问，其工作人员表示“目前 380ml 的水在市场上没有假冒伪劣产品”。①

三、舆情传播进程

1. 舆情爆发期（2013 年 3 月 15 日—2013 年 4 月 9 日）

2013 年 3 月 15 日，21 世纪网刊发“农夫山泉水中现黑色不明物 5 年来屡被投诉”，爆料称，有消费者李女士于 2013 年 3 月 8 日向媒体投诉，其公司购买的多瓶未开封的农夫山泉 380ml 饮用天然水中出现很多黑色的悬浮不明物。其中，24 瓶水中都能够看到黑色不明物，有 13 瓶非常明显。这些水来自农夫山泉湖北丹江口有限公司，生产日期为 2012 年 10 月 30 日，尚在保质期内。

舆情爆发后，在不到 20 天的时间里，农夫山泉先后被曝出喝出黑色不明物、棕色漂浮物以及“水源地垃圾围城”等消息。号称“大自然的搬运工”的农夫山泉接二连三地陷入“质量门”，令消费者心头蒙上了一层阴影。

2. 舆情高峰期（2013 年 4 月 10 日—2013 年 5 月 5 日）

2013 年 4 月 10 日，《京华时报》刊发《农夫山泉被指标准不如自来水》，自此拉开了这场争论的序幕。到 2013 年 5 月 6 日，连续 27 天，《京华时报》用了 67 个版面反反复复地报道，矛头直指农夫山泉。与此同时，农夫山泉也连续 4 次回应，并在多个媒体刊登澄清报道。

---

① 摘自《农夫山泉水中现黑色不明物　5 年来屡被投诉》，21 世纪网 2013 年 3 月 15 日。

3. 舆情平息期（2013 年 5 月 6 日以后）

2013 年 5 月 6 日下午，针对《京华时报》的一系列报道，农夫山泉股份有限公司召开天然水标准新闻发布会，针对文章中的地标、浙标、标签、酸性 4 个问题进行回应。发布会上，农夫山泉公司董事长、总裁钟睒睒用了 1 个多小时阐述饮用水的标准、农夫山泉的标准及《京华时报》相关报道等。

5 月 9 日，浙江省卫生厅相关负责人接受记者采访时表示，农夫山泉抽查全合格。北京桶装饮用水协会常务副会长袁军在接受《证券日报》独家采访时说，我们没有资格让农夫山泉下架。舆情渐渐平息。

四、舆情回应

1. 回应情况（表 14-3）

表 14-3　　对“农夫山泉标准门事件”的官方回应

时　间	标　题	媒　体
2013-04-11	农夫山泉郑重声明	农夫山泉官方微博
2013-04-12	农夫山泉就华润怡宝声明的回复	农夫山泉官方微博
2013-04-16	农夫山泉第四次声明	农夫山泉官方微博
2013-04-18	《京华时报》& 农夫山泉 到底谁在撒谎?	农夫山泉官方微博
2013-05-06	农夫山泉天然饮用水标准新闻发布会实况直播	农夫山泉官方微博

2. 回应内容摘要

回应一：

农夫山泉郑重声明

就近日来媒体上陆续发表及转载的《农夫山泉被指标准不如自来水》、《农夫山泉自订产品标准，允许霉菌存在》等文章，我公司郑重声明如下：

一、农夫山泉饮用天然水的产品品质始终高于国家现有的任何饮用水标准，远远优于现行的自来水标准，即《生活饮用水卫生标准》GB5749。农夫山泉产品的砷、镉含量低于检测限值，含量低至无法检出。霉菌和酵母菌亦均无法检出。

二、我们有理由相信近期针对农夫山泉的一系列的报道是蓄意策划的，隐藏在幕后的就是国有控股饮用水企业——华润怡宝。与此同时，湖南、广东、四川、重庆、湖北等地出现了竞争对手雇佣人员，挨家挨户向零售店和消费者散发攻击农夫山泉内容的传单。

三、4月10日，又有“业内人士”爆料农夫山泉标准不如自来水。该报道进一步打击了消费者对农夫山泉的信心，严重伤害了农夫山泉的声誉。为了让消费者客观了解瓶装饮用水生产真实情况，农夫山泉邀请电视、报纸和网络媒体以及消费者对农夫山泉水源、生产过程和产品品质进行全面的实地访问和监督。

回应二：

农夫山泉就华润怡宝声明的回复

就媒体报道的质量与标准问题，我们声明如下：

GB5749-2006《生活饮用水标准》是所有瓶装饮用水都必须符合的最低标准，如果农夫山泉连最低标准都无法符合，能生存至今吗？

（一）一个完整的标准体系必须具备两个维度。其一是行政维度，依次分为国家、行业、地方和企业四个级别，级别越高越具有强制性。其二是时间维度，即标准自然刷新，企业必须符合最新的标准。

（二）《京华时报》近日连发两篇报道指农夫山泉标准不如自来水、浙江标准低于广东标准或者国家标准，是不严谨不科学的。

（三）推动制定科学可行的标准是标准参与者的责任。我们始终认为饮用水安全性原则必须遵循世界卫生组织提出的"终生饮用安全"原则，即按人均寿命70岁为基数，以每人每天2L计算，因饮水而患病的风险应要低于1/1000000，即100万人中仅有1人患病。

我们再次声明：农夫山泉的产品品质远高于现在的国家标准、行业标准和地方标准。

回应三：

农夫山泉第四次声明

农夫山泉产品全面优于GB5749-2006国家自来水标准，其中21项指标优于国标12～1000倍。农夫山泉比照全套106项检测指标及31项内控指标共计137项的检测报告全面公布。我们希望《京华时报》看到检测报告后，是不是该摸一摸，你的新闻道德良知，还在吗？

回应四：

《京华时报》& 农夫山泉 到底谁在撒谎？

我们可以清楚地锁定，《京华时报》在4月10日早上6点以前，已经刊发了《农夫山泉标准被指不如自来水》一文。在此之前，《京华时报》只于4月9日17点24分向农夫山泉发去过一个采访提纲。在这个采访提纲中，没有一个字提到"自来水标准"或"国家饮用水标准"，没有向农夫山泉作过任何关于"农夫山泉标准不如自来水"的采访。

4月10日17：30之后的采访往来，已不能改变《京华时报》的第一篇报道没有就此问题采访过农夫山泉的事实。《京华时报》你没有问农夫山泉怎么答？

回应五：

农夫山泉天然饮用水标准新闻发布会实况直播

农夫山泉在今天的发布会上还宣布，今后将不再设北京工厂，供水将全面停产。“农夫山泉曾为北京10万用户提供饮用水，5年间，从未因质量或标准发生问题。”钟睒睒称，一个协会可以决定一家桶装水下架，这样的环境让农夫山泉难以为继，只能选择退出，“我们会在3个月内对消费者进行相关补偿。”

五、舆情分析

1. 总体判断

这是一起涉及民生的企业舆情事件，事件跨度为3个月，舆情的焦点是矿泉水的标准问题、质量问题。事件节点刚好在2013年3月15日，时间敏感，有人为炒作的嫌疑，主要涉事单位有农夫山泉矿泉水、京华时报社、怡宝矿泉水、北京桶装饮用水协会、21世纪网等。该事件起源于网站，发酵于微博，引起传统主流媒体的关注，进而引发了一场席卷全国的舆论风潮。

2. 媒体报道情况（表14-4）

表14-4

时间	标题	媒体	省份
2013-03-14	农夫山泉有点悬：水中现黑色不明物 5年来屡被投诉	21世纪网	广东
2013-04-10	农夫山泉安全事件频发 如何走出“三重门”？	新华网	北京
2013-04-17	农夫山泉事件引“食品安全标准”诘问	中国经济网	北京
2013-04-22	舆情观察：农夫山泉有点“烦”：“标准门”还是“质量门”？	新华网	北京

续表

时　间	标　题	媒　体	省　份
2013-05-07	“农夫”员工对记者高喊“滚出去”	京华时报	北京
2013-05-07	新华社：“山泉”概念误导消费者	京华时报	北京
2013-05-09	农夫山泉事件背后的真相	新民周刊	上海
2013-05-10	农夫山泉和中乳协危机处理分析	齐鲁晚报	山东

六、舆情点评

1. 评论摘要

(1) 农夫山泉事件引“食品安全标准”诘问

“标准之争”背后，折射出的更是我国饮用水标准中，“一个水‘N’种标”乱象。饮用水国标就有生活饮用水、饮用天然矿泉水、瓶（桶）装饮用水、瓶（桶）装饮用纯净水等四个；地标更是“山头林立”，仅广东就有天然净水、天然山泉水两个标准。

2003版瓶（桶）装饮用水国标出台后，对镉、霉菌、酵母菌等含量的上限规定宽松于2002版浙江地标。不到三年时间，浙江就“与时俱进”“步调一致”地跟进“调松”，理由是“顺应企业要求”。这种“就低”却不“追高”的做法令人深思。

“地标”不论如何细化，都不应低于国家“大标”，否则就失去意义，应该自动废除或无效，更不能为了本地的利益，而给予企业特殊门槛“便利”。“标准之争，背后是利益博弈。”中国食品工业协会专家委员会委员汪国钧说，政府如果不主动“调高”，企业为了节省成本，自然乐意默不作声。

（摘自新华网2013年4月12日，周琳、刘元旭）

(2) 民族卫生协会称农夫山泉不如自来水引关注

运用自媒体并非可以任意发挥。“运用新媒体需要掌握一个度。”姜晓峰强调，自媒体上可以做的东西很多，但并不是什么都要做。比如不能用水军回应负面声音，稍有不注意会激起大论战。无论是否能战赢，在危机处理上都是输的。多大程度上的干预，如何干预，很考验央企的危机管理能力。无论央企采取什么方式去应对，都希望央企在危机处理中更能表现大企业的担当，不藏着掖着、诉苦、喊冤，而是要透明的制度、透明的信息。央企是共和国长子，理应在危机公关方面做出表率。

（摘自《国企》杂志 2013 年 6 月 10 日，王平）

(3) 农夫山泉“标准门”：不为人察的多赢案例

农夫山泉这次被“扒”到近乎裸奔，恰恰也给了其显示真实身材和肤质的机会。试想，一个人是愿意在灯影扑朔、脂粉扑鼻的夜店里找相伴终生的另一半呢？还是会在清水出芙蓉的游泳池畔寻找呢？至少，梁锦松、霍启刚都给出了答案。况且，“标准门”说到底，无非是标准或是“标签”的理解错位，至少目前农夫山泉的产品质量本身未被发现问题。不出意外的话，时间应该可以证明，在部分舍弃北京市场后，农夫山泉将在全国市场迎来更大的空间。与京华时报类似，农夫山泉也是在用一棵树木去换整个森林。

（摘自《证券日报》2013 年 5 月 13 日，贺骏）

(4) 农夫山泉危机处理分析

农夫山泉和京华时报的纷争被誉为“开中国历次发布会之先河”。在这两场危机漩涡中，当事人忙于自证清白，网友群起围观，消费者一片茫然，相关部门集体失声。农夫山泉和京华时报的大战，说穿了是标准之争。运动员在打架，裁判员在旁观。质量的监控部门、标准的制定部门应站出来说话。虽然裁判员没有发声，但对于危机公关中的双方来说，目前已是双输格局。舆论危机中的双方，就像站在大街上打架的两个人，围观的人都在看热闹。对于企业来讲，每一次关注都是一次打击。一方会失去公信力，另一方会失去市场。事实印证了这一点，农夫山泉退出了已培育10万用户的北京桶装水市场。

（摘自《齐鲁晚报》2013年5月21日，刘红杰）

2. 案例评析

第一，第一时间正面回应，滚动式播报真实信息，用正面的信息流引导网民。此次事件中，农夫山泉的应对速度非常缓慢。此类舆情爆发时，农夫山泉应该请相关权威部门深入调查，拿出权威信息，实时反馈，而不是任由负面信息泛滥成灾后才仓促应对。农夫山泉的应对速度非常缓慢，需要引以为戒。

第二，要充分意识到网络舆情的威力，多媒体联动，专家学者及科普机构要及时发声。面对媒体的质疑，农夫山泉的应对不仅不及时，还一错再错，没有抓住问题的本质，甚至对媒体抱有敌意，引起媒体的反感，从而引发负面信息的迅速发酵。实际上，内因才是决定性的。农夫山泉尽管对食品安全的社会脆弱心理有着一定的认识，但显然洞见不足：舆论关注的核心并非标准，也不全是质量，其核心在于品质，也即农夫山泉饮用天然水的质量与其可持续性的保证，以及对消费者的责任。

第三，面对舆情，绝不可意气用事，更不能“断臂求生”。农夫山泉赌气退出北京市场，置10万消费者的感受于不顾，是一种“断臂求生”的舆情应对法，此法不仅不能得到广大消费者的认同，更是对消费者缺乏责任感的表现，容易伤害无辜的消费者。与消费者的利益相比，即使再过分偏激的舆论监督、竞争对手等的压力，都是渺小而不足为惧的。

附　　录

中华人民共和国突发事件应对法

（2007年8月30日第十届全国人民代表大会常务委员会第二十九次会议通过）

目　　录

第一章　总　　则

第一条　为了预防和减少突发事件的发生，控制、减轻和消除突发事件引起的严重社会危害，规范突发事件应对活动，保护人民生命财产安全，维护国家安全、公共安全、环境安全和社会秩序，制定本法。

第二条　突发事件的预防与应急准备、监测与预警、应急处置与救援、事后恢复与重建等应对活动，适用本法。

第三条　本法所称突发事件，是指突然发生，造成或者可能造成严重社会危害，需要采取应急处置措施予以应对的自然灾害、事故灾难、公共卫生事件和社会安全事件。

按照社会危害程度、影响范围等因素，自然灾害、事故灾难、公共卫生事件分为特别重大、重大、较大和一般四级。法律、行政法规或者国务院另有规定的，从其规定。

突发事件的分级标准由国务院或者国务院确定的部门制定。

第四条 国家建立统一领导、综合协调、分类管理、分级负责、属地管理为主的应急管理体制。

第五条 突发事件应对工作实行预防为主、预防与应急相结合的原则。国家建立重大突发事件风险评估体系，对可能发生的突发事件进行综合性评估，减少重大突发事件的发生，最大限度地减轻重大突发事件的影响。

第六条 国家建立有效的社会动员机制，增强全民的公共安全和防范风险的意识，提高全社会的避险救助能力。

第七条 县级人民政府对本行政区域内突发事件的应对工作负责；涉及两个以上行政区域的，由有关行政区域共同的上一级人民政府负责，或者由各有关行政区域的上一级人民政府共同负责。

突发事件发生后，发生地县级人民政府应当立即采取措施控制事态发展，组织开展应急救援和处置工作，并立即向上一级人民政府报告，必要时可以越级上报。

突发事件发生地县级人民政府不能消除或者不能有效控制突发事件引起的严重社会危害的，应当及时向上级人民政府报告。上级人民政府应当及时采取措施，统一领导应急处置工作。

法律、行政法规规定由国务院有关部门对突发事件的应对工作负责的，从其规定；地方人民政府应当积极配合并提供必要的支持。

第八条 国务院在总理领导下研究、决定和部署特别重大突发事件的应对工作；根据实际需要，设立国家突发事件应急指挥机构，负责突发事件应对工作；必要时，国务院可以派出工作组指导有关工作。

县级以上地方各级人民政府设立由本级人民政府主要负责人、相关部门负责人、驻当地中国人民解放军和中国人民武装警察部队有关负责人组成的突发事件应急指挥机构，统一领导、协调本级人民政府各有关部门和下级人民政府开展突发事件应对工作；根据实际需要，设立相关类别突发事件应急指挥机构，组织、协调、指挥突发事件应对工作。

上级人民政府主管部门应当在各自职责范围内，指导、协助下级人民政府及其相应部门做好有关突发事件的应对工作。

第九条 国务院和县级以上地方各级人民政府是突发事件应对工作的行政领导机关，其办事机构及具体职责由国务院规定。

第十条 有关人民政府及其部门作出的应对突发事件的决定、命令，应当及时公布。

第十一条 有关人民政府及其部门采取的应对突发事件的措施，应当与突发事件可能造成的社会危害的性质、程度和范围相适应；有多种措施可供选择的，应当选择有利于最大程度地保护公民、法人和其他组织权益的措施。

公民、法人和其他组织有义务参与突发事件应对工作。

第十二条 有关人民政府及其部门为应对突发事件，可以征用单位和个人的财产。被征用的财产在使用完毕或者突发事件应急处置工作结束后，应当及时返还。财产被征用或者征用后毁损、灭失的，应当给予补偿。

第十三条 因采取突发事件应对措施，诉讼、行政复议、仲裁活动不能正常进行的，适用有关时效中止和程序中止的规定，但法律另有规定的除外。

第十四条 中国人民解放军、中国人民武装警察部队和民兵组织依照本法和其他有关法律、行政法规、军事法规的规定以及国务院、中央军事委员会的命令，参加突发事件的应急救援和处置工作。

第十五条 中华人民共和国政府在突发事件的预防、监测与预警、应急处置与救援、事后恢复与重建等方面，同外国政府和有关国际组织开展合作与交流。

第十六条 县级以上人民政府作出应对突发事件的决定、命令，应当报本级人民代表大会常务委员会备案；突发事件应急处置工作结束后，应当向本级人民代表大会常务委员会作出专项工作报告。

第二章　预防与应急准备

第十七条　国家建立健全突发事件应急预案体系。

国务院制定国家突发事件总体应急预案，组织制定国家突发事件专项应急预案；国务院有关部门根据各自的职责和国务院相关应急预案，制定国家突发事件部门应急预案。

地方各级人民政府和县级以上地方各级人民政府有关部门根据有关法律、法规、规章、上级人民政府及其有关部门的应急预案以及本地区的实际情况，制定相应的突发事件应急预案。

应急预案制定机关应当根据实际需要和情势变化，适时修订应急预案。应急预案的制定、修订程序由国务院规定。

第十八条　应急预案应当根据本法和其他有关法律、法规的规定，针对突发事件的性质、特点和可能造成的社会危害，具体规定突发事件应急管理工作的组织指挥体系与职责和突发事件的预防与预警机制、处置程序、应急保障措施以及事后恢复与重建措施等内容。

第十九条　城乡规划应当符合预防、处置突发事件的需要，统筹安排应对突发事件所必需的设备和基础设施建设，合理确定应急避难场所。

第二十条　县级人民政府应当对本行政区域内容易引发自然灾害、事故灾难和公共卫生事件的危险源、危险区域进行调查、登记、风险评估，定期进行检查、监控，并责令有关单位采取安全防范措施。

省级和设区的市级人民政府应当对本行政区域内容易引发特别重大、重大突发事件的危险源、危险区域进行调查、登记、风险评估，组织进行检查、监控，并责令有关单位采取安全防范措施。

县级以上地方各级人民政府按照本法规定登记的危险源、危险区域，应当按照国家规定及时向社会公布。

第二十一条　县级人民政府及其有关部门、乡级人民政府、街道办事处、居民委员会、村民委员会应当及时调解处理可能引发社会安全事件的矛盾纠纷。

第二十二条 所有单位应当建立健全安全管理制度，定期检查本单位各项安全防范措施的落实情况，及时消除事故隐患；掌握并及时处理本单位存在的可能引发社会安全事件的问题，防止矛盾激化和事态扩大；对本单位可能发生的突发事件和采取安全防范措施的情况，应当按照规定及时向所在地人民政府或者人民政府有关部门报告。

第二十三条 矿山、建筑施工单位和易燃易爆物品、危险化学品、放射性物品等危险物品的生产、经营、储运、使用单位，应当制定具体应急预案，并对生产经营场所、有危险物品的建筑物、构筑物及周边环境开展隐患排查，及时采取措施消除隐患，防止发生突发事件。

第二十四条 公共交通工具、公共场所和其他人员密集场所的经营单位或者管理单位应当制定具体应急预案，为交通工具和有关场所配备报警装置和必要的应急救援设备、设施，注明其使用方法，并显著标明安全撤离的通道、路线，保证安全通道、出口的畅通。

有关单位应当定期检测、维护其报警装置和应急救援设备、设施，使其处于良好状态，确保正常使用。

第二十五条 县级以上人民政府应当建立健全突发事件应急管理培训制度，对人民政府及其有关部门负有处置突发事件职责的工作人员定期进行培训。

第二十六条 县级以上人民政府应当整合应急资源，建立或者确定综合性应急救援队伍。人民政府有关部门可以根据实际需要设立专业应急救援队伍。

县级以上人民政府及其有关部门可以建立由成年志愿者组成的应急救援队伍。单位应当建立由本单位职工组成的专职或者兼职应急救援队伍。

县级以上人民政府应当加强专业应急救援队伍与非专业应急救援队伍的合作，联合培训、联合演练，提高合成应急、协同应急的能力。

第二十七条 国务院有关部门、县级以上地方各级人民政府及其有关部门、有关单位应当为专业应急救援人员购买人身意外伤害保险，配备必要的防护装备和器材，减少应急救援人员的人身风险。

第二十八条 中国人民解放军、中国人民武装警察部队和民兵组织应当有计划地组织开展应急救援的专门训练。

第二十九条 县级人民政府及其有关部门、乡级人民政府、街道办事处应当组织开展应急知识的宣传普及活动和必要的应急演练。

居民委员会、村民委员会、企业事业单位应当根据所在地人民政府的要求，结合各自的实际情况，开展有关突发事件应急知识的宣传普及活动和必要的应急演练。

新闻媒体应当无偿开展突发事件预防与应急、自救与互救知识的公益宣传。

第三十条 各级各类学校应当把应急知识教育纳入教学内容，对学生进行应急知识教育，培养学生的安全意识和自救与互救能力。

教育主管部门应当对学校开展应急知识教育进行指导和监督。

第三十一条 国务院和县级以上地方各级人民政府应当采取财政措施，保障突发事件应对工作所需经费。

第三十二条 国家建立健全应急物资储备保障制度，完善重要应急物资的监管、生产、储备、调拨和紧急配送体系。

设区的市级以上人民政府和突发事件易发、多发地区的县级人民政府应当建立应急救援物资、生活必需品和应急处置装备的储备制度。

县级以上地方各级人民政府应当根据本地区的实际情况，与有关企业签订协议，保障应急救援物资、生活必需品和应急处置装备的生产、供给。

第三十三条 国家建立健全应急通信保障体系，完善公用通信网，建立有线与无线相结合、基础电信网络与机动通信系统相配套的应急通信系统，确保突发事件应对工作的通信畅通。

第三十四条 国家鼓励公民、法人和其他组织为人民政府应对突发事件工作提供物资、资金、技术支持和捐赠。

第三十五条 国家发展保险事业，建立国家财政支持的巨灾风险保险体系，并鼓励单位和公民参加保险。

第三十六条 国家鼓励、扶持具备相应条件的教学科研机构培养应急管理专门人才，鼓励、扶持教学科研机构和有关企业研究开发用于突发事件预防、监测、预警、应急处置与救援的新技术、新设备和新工具。

第三章 监测与预警

第三十七条 国务院建立全国统一的突发事件信息系统。

县级以上地方各级人民政府应当建立或者确定本地区统一的突发事件信息系统，汇集、储存、分析、传输有关突发事件的信息，并与上级人民政府及其有关部门、下级人民政府及其有关部门、专业机构和监测网点的突发事件信息系统实现互联互通，加强跨部门、跨地区的信息交流与情报合作。

第三十八条 县级以上人民政府及其有关部门、专业机构应当通过多种途径收集突发事件信息。

县级人民政府应当在居民委员会、村民委员会和有关单位建立专职或者兼职信息报告员制度。

获悉突发事件信息的公民、法人或者其他组织，应当立即向所在地人民政府、有关主管部门或者指定的专业机构报告。

第三十九条 地方各级人民政府应当按照国家有关规定向上级人民政府报送突发事件信息。县级以上人民政府有关主管部门应当向本级人民政府相关部门通报突发事件信息。专业机构、监测网点和信息报告员应当及时向所在地人民政府及其有关主管部门报告突发事件信息。

有关单位和人员报送、报告突发事件信息，应当做到及时、客观、真实，不得迟报、谎报、瞒报、漏报。

第四十条 县级以上地方各级人民政府应当及时汇总分析突发

事件隐患和预警信息，必要时组织相关部门、专业技术人员、专家学者进行会商，对发生突发事件的可能性及其可能造成的影响进行评估；认为可能发生重大或者特别重大突发事件的，应当立即向上级人民政府报告，并向上级人民政府有关部门、当地驻军和可能受到危害的毗邻或者相关地区的人民政府通报。

第四十一条 国家建立健全突发事件监测制度。

县级以上人民政府及其有关部门应当根据自然灾害、事故灾难和公共卫生事件的种类和特点，建立健全基础信息数据库，完善监测网络，划分监测区域，确定监测点，明确监测项目，提供必要的设备、设施，配备专职或者兼职人员，对可能发生的突发事件进行监测。

第四十二条 国家建立健全突发事件预警制度。

可以预警的自然灾害、事故灾难和公共卫生事件的预警级别，按照突发事件发生的紧急程度、发展势态和可能造成的危害程度分为一级、二级、三级和四级，分别用红色、橙色、黄色和蓝色标示，一级为最高级别。

预警级别的划分标准由国务院或者国务院确定的部门制定。

第四十三条 可以预警的自然灾害、事故灾难或者公共卫生事件即将发生或者发生的可能性增大时，县级以上地方各级人民政府应当根据有关法律、行政法规和国务院规定的权限和程序，发布相应级别的警报，决定并宣布有关地区进入预警期，同时向上一级人民政府报告，必要时可以越级上报，并向当地驻军和可能受到危害的毗邻或者相关地区的人民政府通报。

第四十四条 发布三级、四级警报，宣布进入预警期后，县级以上地方各级人民政府应当根据即将发生的突发事件的特点和可能造成的危害，采取下列措施：

（一）启动应急预案；

（二）责令有关部门、专业机构、监测网点和负有特定职责的人员及时收集、报告有关信息，向社会公布反映突发事件信息的渠道，加强对突发事件发生、发展情况的监测、预报和预警工作；

（三）组织有关部门和机构、专业技术人员、有关专家学者，随时对突发事件信息进行分析评估，预测发生突发事件可能性的大小、影响范围和强度以及可能发生的突发事件的级别；

（四）定时向社会发布与公众有关的突发事件预测信息和分析评估结果，并对相关信息的报道工作进行管理；

（五）及时按照有关规定向社会发布可能受到突发事件危害的警告，宣传避免、减轻危害的常识，公布咨询电话。

第四十五条　发布一级、二级警报，宣布进入预警期后，县级以上地方各级人民政府除采取本法第四十四条规定的措施外，还应当针对即将发生的突发事件的特点和可能造成的危害，采取下列一项或者多项措施：

（一）责令应急救援队伍、负有特定职责的人员进入待命状态，并动员后备人员做好参加应急救援和处置工作的准备；

（二）调集应急救援所需物资、设备、工具，准备应急设施和避难场所，并确保其处于良好状态、随时可以投入正常使用；

（三）加强对重点单位、重要部位和重要基础设施的安全保卫，维护社会治安秩序；

（四）采取必要措施，确保交通、通信、供水、排水、供电、供气、供热等公共设施的安全和正常运行；

（五）及时向社会发布有关采取特定措施避免或者减轻危害的建议、劝告；

（六）转移、疏散或者撤离易受突发事件危害的人员并予以妥善安置，转移重要财产；

（七）关闭或者限制使用易受突发事件危害的场所，控制或者限制容易导致危害扩大的公共场所的活动；

（八）法律、法规、规章规定的其他必要的防范性、保护性措施。

第四十六条　对即将发生或者已经发生的社会安全事件，县级以上地方各级人民政府及其有关主管部门应当按照规定向上一级人民政府及其有关主管部门报告，必要时可以越级上报。

第四十七条　发布突发事件警报的人民政府应当根据事态的发展，按照有关规定适时调整预警级别并重新发布。

有事实证明不可能发生突发事件或者危险已经解除的，发布警报的人民政府应当立即宣布解除警报，终止预警期，并解除已经采取的有关措施。

第四章　应急处置与救援

第四十八条　突发事件发生后，履行统一领导职责或者组织处置突发事件的人民政府应当针对其性质、特点和危害程度，立即组织有关部门，调动应急救援队伍和社会力量，依照本章的规定和有关法律、法规、规章的规定采取应急处置措施。

第四十九条　自然灾害、事故灾难或者公共卫生事件发生后，履行统一领导职责的人民政府可以采取下列一项或者多项应急处置措施：

（一）组织营救和救治受害人员，疏散、撤离并妥善安置受到威胁的人员以及采取其他救助措施；

（二）迅速控制危险源，标明危险区域，封锁危险场所，划定警戒区，实行交通管制以及其他控制措施；

（三）立即抢修被损坏的交通、通信、供水、排水、供电、供气、供热等公共设施，向受到危害的人员提供避难场所和生活必需品，实施医疗救护和卫生防疫以及其他保障措施；

（四）禁止或者限制使用有关设备、设施，关闭或者限制使用有关场所，中止人员密集的活动或者可能导致危害扩大的生产经营活动以及采取其他保护措施；

（五）启用本级人民政府设置的财政预备费和储备的应急救援物资，必要时调用其他急需物资、设备、设施、工具；

（六）组织公民参加应急救援和处置工作，要求具有特定专长的人员提供服务；

（七）保障食品、饮用水、燃料等基本生活必需品的供应；

（八）依法从严惩处囤积居奇、哄抬物价、制假售假等扰乱市场秩序的行为，稳定市场价格，维护市场秩序；

（九）依法从严惩处哄抢财物、干扰破坏应急处置工作等扰乱社会秩序的行为，维护社会治安；

（十）采取防止发生次生、衍生事件的必要措施。

第五十条 社会安全事件发生后，组织处置工作的人民政府应当立即组织有关部门并由公安机关针对事件的性质和特点，依照有关法律、行政法规和国家其他有关规定，采取下列一项或者多项应急处置措施：

（一）强制隔离使用器械相互对抗或者以暴力行为参与冲突的当事人，妥善解决现场纠纷和争端，控制事态发展；

（二）对特定区域内的建筑物、交通工具、设备、设施以及燃料、燃气、电力、水的供应进行控制；

（三）封锁有关场所、道路，查验现场人员的身份证件，限制有关公共场所内的活动；

（四）加强对易受冲击的核心机关和单位的警卫，在国家机关、军事机关、国家通讯社、广播电台、电视台、外国驻华使领馆等单位附近设置临时警戒线；

（五）法律、行政法规和国务院规定的其他必要措施。

严重危害社会治安秩序的事件发生时，公安机关应当立即依法出动警力，根据现场情况依法采取相应的强制性措施，尽快使社会秩序恢复正常。

第五十一条 发生突发事件，严重影响国民经济正常运行时，国务院或者国务院授权的有关主管部门可以采取保障、控制等必要的应急措施，保障人民群众的基本生活需要，最大限度地减轻突发事件的影响。

第五十二条 履行统一领导职责或者组织处置突发事件的人民政府，必要时可以向单位和个人征用应急救援所需设备、设施、场地、交通工具和其他物资，请求其他地方人民政府提供人力、物力、财力或者技术支援，要求生产、供应生活必需品和应急救援物资的企业组织生产、保证供给，要求提供医疗、交通等公共服务的组织提供相应的服务。

履行统一领导职责或者组织处置突发事件的人民政府，应当组织协调运输经营单位，优先运送处置突发事件所需物资、设备、工具、应急救援人员和受到突发事件危害的人员。

第五十三条 履行统一领导职责或者组织处置突发事件的人民政府，应当按照有关规定统一、准确、及时发布有关突发事件事态发展和应急处置工作的信息。

第五十四条 任何单位和个人不得编造、传播有关突发事件事态发展或者应急处置工作的虚假信息。

第五十五条 突发事件发生地的居民委员会、村民委员会和其他组织应当按照当地人民政府的决定、命令，进行宣传动员，组织群众开展自救和互救，协助维护社会秩序。

第五十六条 受到自然灾害危害或者发生事故灾难、公共卫生事件的单位，应当立即组织本单位应急救援队伍和工作人员营救受害人员，疏散、撤离、安置受到威胁的人员，控制危险源，标明危险区域，封锁危险场所，并采取其他防止危害扩大的必要措施，同时向所在地县级人民政府报告；对因本单位的问题引发的或者主体是本单位人员的社会安全事件，有关单位应当按照规定上报情况，并迅速派出负责人赶赴现场开展劝解、疏导工作。

突发事件发生地的其他单位应当服从人民政府发布的决定、命令，配合人民政府采取的应急处置措施，做好本单位的应急救援工作，并积极组织人员参加所在地的应急救援和处置工作。

第五十七条 突发事件发生地的公民应当服从人民政府、居民委员会、村民委员会或者所属单位的指挥和安排，配合人民政府采取的应急处置措施，积极参加应急救援工作，协助维护社会秩序。

第五章　事后恢复与重建

第五十八条 突发事件的威胁和危害得到控制或者消除后，履行统一领导职责或者组织处置突发事件的人民政府应当停止执行依照本法规定采取的应急处置措施，同时采取或者继续实施必要措施，防止发生自然灾害、事故灾难、公共卫生事件的次生、衍生事件或者重新引发社会安全事件。

第五十九条 突发事件应急处置工作结束后，履行统一领导职责的人民政府应当立即组织对突发事件造成的损失进行评估，组织受影响地区尽快恢复生产、生活、工作和社会秩序，制定恢复重建计划，并向上一级人民政府报告。

受突发事件影响地区的人民政府应当及时组织和协调公安、交通、铁路、民航、邮电、建设等有关部门恢复社会治安秩序，尽快修复被损坏的交通、通信、供水、排水、供电、供气、供热等公共设施。

第六十条 受突发事件影响地区的人民政府开展恢复重建工作需要上一级人民政府支持的，可以向上一级人民政府提出请求。上一级人民政府应当根据受影响地区遭受的损失和实际情况，提供资金、物资支持和技术指导，组织其他地区提供资金、物资和人力支援。

第六十一条 国务院根据受突发事件影响地区遭受损失的情况，制定扶持该地区有关行业发展的优惠政策。

受突发事件影响地区的人民政府应当根据本地区遭受损失的情况，制定救助、补偿、抚慰、抚恤、安置等善后工作计划并组织实施，妥善解决因处置突发事件引发的矛盾和纠纷。

公民参加应急救援工作或者协助维护社会秩序期间，其在本单位的工资待遇和福利不变；表现突出、成绩显著的，由县级以上人民政府给予表彰或者奖励。

县级以上人民政府对在应急救援工作中伤亡的人员依法给予抚恤。

第六十二条 履行统一领导职责的人民政府应当及时查明突发事件的发生经过和原因，总结突发事件应急处置工作的经验教训，制定改进措施，并向上一级人民政府提出报告。

第六章　法律责任

第六十三条 地方各级人民政府和县级以上各级人民政府有关部门违反本法规定，不履行法定职责的，由其上级行政机关或者监察机关责令改正；有下列情形之一的，根据情节对直接负责的主管人员和其他直接责任人员依法给予处分：

（一）未按规定采取预防措施，导致发生突发事件，或者未采取必要的防范措施，导致发生次生、衍生事件的；

（二）迟报、谎报、瞒报、漏报有关突发事件的信息，或者通报、报送、公布虚假信息，造成后果的；

（三）未按规定及时发布突发事件警报、采取预警期的措施，导致损害发生的；

（四）未按规定及时采取措施处置突发事件或者处置不当，造成后果的；

（五）不服从上级人民政府对突发事件应急处置工作的统一领导、指挥和协调的；

（六）未及时组织开展生产自救、恢复重建等善后工作的；

（七）截留、挪用、私分或者变相私分应急救援资金、物资的；

（八）不及时归还征用的单位和个人的财产，或者对被征用财产的单位和个人不按规定给予补偿的。

第六十四条　有关单位有下列情形之一的，由所在地履行统一领导职责的人民政府责令停产停业，暂扣或者吊销许可证或者营业执照，并处五万元以上二十万元以下的罚款；构成违反治安管理行为的，由公安机关依法给予处罚：

（一）未按规定采取预防措施，导致发生严重突发事件的；

（二）未及时消除已发现的可能引发突发事件的隐患，导致发生严重突发事件的；

（三）未做好应急设备、设施日常维护、检测工作，导致发生严重突发事件或者突发事件危害扩大的；

（四）突发事件发生后，不及时组织开展应急救援工作，造成严重后果的。

前款规定的行为，其他法律、行政法规规定由人民政府有关部门依法决定处罚的，从其规定。

第六十五条　违反本法规定，编造并传播有关突发事件事态发展或者应急处置工作的虚假信息，或者明知是有关突发事件事态发展或者应急处置工作的虚假信息而进行传播的，责令改正，给予警告；造成严重后果的，依法暂停其业务活动或者吊销其执业许可证；负有直接责任的人员是国家工作人员的，还应当对其依法给予处分；构成违反治安管理行为的，由公安机关依法给予处罚。

第六十六条 单位或者个人违反本法规定，不服从所在地人民政府及其有关部门发布的决定、命令或者不配合其依法采取的措施，构成违反治安管理行为的，由公安机关依法给予处罚。

第六十七条 单位或者个人违反本法规定，导致突发事件发生或者危害扩大，给他人人身、财产造成损害的，应当依法承担民事责任。

第六十八条 违反本法规定，构成犯罪的，依法追究刑事责任。

第七章 附 则

第六十九条 发生特别重大突发事件，对人民生命财产安全、国家安全、公共安全、环境安全或者社会秩序构成重大威胁，采取本法和其他有关法律、法规、规章规定的应急处置措施不能消除或者有效控制、减轻其严重社会危害，需要进入紧急状态的，由全国人民代表大会常务委员会或者国务院依照宪法和其他有关法律规定的权限和程序决定。

紧急状态期间采取的非常措施，依照有关法律规定执行或者由全国人民代表大会常务委员会另行规定。

第七十条 本法自 2007 年 11 月 1 日起施行。

中华人民共和国政府信息公开条例

第一章　总　　则

第一条　为了保障公民、法人和其他组织依法获取政府信息，提高政府工作的透明度，促进依法行政，充分发挥政府信息对人民群众生产、生活和经济社会活动的服务作用，制定本条例。

第二条　本条例所称政府信息，是指行政机关在履行职责过程中制作或者获取的，以一定形式记录、保存的信息。

第三条　各级人民政府应当加强对政府信息公开工作的组织领导。

国务院办公厅是全国政府信息公开工作的主管部门，负责推进、指导、协调、监督全国的政府信息公开工作。

县级以上地方人民政府办公厅（室）或者县级以上地方人民政府确定的其他政府信息公开工作主管部门负责推进、指导、协调、监督本行政区域的政府信息公开工作。

第四条　各级人民政府及县级以上人民政府部门应当建立健全本行政机关的政府信息公开工作制度，并指定机构（以下统称政府信息公开工作机构）负责本行政机关政府信息公开的日常工作。

政府信息公开工作机构的具体职责是：

（一）具体承办本行政机关的政府信息公开事宜；

（二）维护和更新本行政机关公开的政府信息；

（三）组织编制本行政机关的政府信息公开指南、政府信息公开目录和政府信息公开工作年度报告；

（四）对拟公开的政府信息进行保密审查；

（五）本行政机关规定的与政府信息公开有关的其他职责。

第五条 行政机关公开政府信息，应当遵循公正、公平、便民的原则。

第六条 行政机关应当及时、准确地公开政府信息。行政机关发现影响或者可能影响社会稳定、扰乱社会管理秩序的虚假或者不完整信息的，应当在其职责范围内发布准确的政府信息予以澄清。

第七条 行政机关应当建立健全政府信息发布协调机制。行政机关发布政府信息涉及其他行政机关的，应当与有关行政机关进行沟通、确认，保证行政机关发布的政府信息准确一致。

行政机关发布政府信息依照国家有关规定需要批准的，未经批准不得发布。

第八条 行政机关公开政府信息，不得危及国家安全、公共安全、经济安全和社会稳定。

第二章　公开的范围

第九条 行政机关对符合下列基本要求之一的政府信息应当主动公开：

（一）涉及公民、法人或者其他组织切身利益的；

（二）需要社会公众广泛知晓或者参与的；

（三）反映本行政机关机构设置、职能、办事程序等情况的；

（四）其他依照法律、法规和国家有关规定应当主动公开的。

第十条 县级以上各级人民政府及其部门应当依照本条例第九条的规定，在各自职责范围内确定主动公开的政府信息的具体内容，并重点公开下列政府信息：

（一）行政法规、规章和规范性文件；

（二）国民经济和社会发展规划、专项规划、区域规划及相关政策；

（三）国民经济和社会发展统计信息；

（四）财政预算、决算报告；

（五）行政事业性收费的项目、依据、标准；

（六）政府集中采购项目的目录、标准及实施情况；

（七）行政许可的事项、依据、条件、数量、程序、期限以及申请行政许可需要提交的全部材料目录及办理情况；

（八）重大建设项目的批准和实施情况；

（九）扶贫、教育、医疗、社会保障、促进就业等方面的政策、措施及其实施情况；

（十）突发公共事件的应急预案、预警信息及应对情况；

（十一）环境保护、公共卫生、安全生产、食品药品、产品质量的监督检查情况。

第十一条 设区的市级人民政府、县级人民政府及其部门重点公开的政府信息还应当包括下列内容：

（一）城乡建设和管理的重大事项；

（二）社会公益事业建设情况；

（三）征收或者征用土地、房屋拆迁及其补偿、补助费用的发放、使用情况；

（四）抢险救灾、优抚、救济、社会捐助等款物的管理、使用和分配情况。

第十二条 乡（镇）人民政府应当依照本条例第九条的规定，在其职责范围内确定主动公开的政府信息的具体内容，并重点公开下列政府信息：

（一）贯彻落实国家关于农村工作政策的情况；

（二）财政收支、各类专项资金的管理和使用情况；

（三）乡（镇）土地利用总体规划、宅基地使用的审核情况；

（四）征收或者征用土地、房屋拆迁及其补偿、补助费用的发放、使用情况；

（五）乡（镇）的债权债务、筹资筹劳情况；

（六）抢险救灾、优抚、救济、社会捐助等款物的发放情况；

（七）乡镇集体企业及其他乡镇经济实体承包、租赁、拍卖等情况；

（八）执行计划生育政策的情况。

第十三条 除本条例第九条、第十条、第十一条、第十二条规定的行政机关主动公开的政府信息外，公民、法人或者其他组织还可以根据自身生产、生活、科研等特殊需要，向国务院部门、地方各级人民政府及县级以上地方人民政府部门申请获取相关政府信息。

第十四条 行政机关应当建立健全政府信息发布保密审查机制，明确审查的程序和责任。

行政机关在公开政府信息前，应当依照《中华人民共和国保守国家秘密法》以及其他法律、法规和国家有关规定对拟公开的政府信息进行审查。

行政机关对政府信息不能确定是否可以公开时，应当依照法律、法规和国家有关规定报有关主管部门或者同级保密工作部门确定。

行政机关不得公开涉及国家秘密、商业秘密、个人隐私的政府信息。但是，经权利人同意公开或者行政机关认为不公开可能对公共利益造成重大影响的涉及商业秘密、个人隐私的政府信息，可以予以公开。

第三章 公开的方式和程序

第十五条 行政机关应当将主动公开的政府信息，通过政府公报、政府网站、新闻发布会以及报刊、广播、电视等便于公众知晓的方式公开。

第十六条 各级人民政府应当在国家档案馆、公共图书馆设置政府信息查阅场所，并配备相应的设施、设备，为公民、法人或者其他组织获取政府信息提供便利。

行政机关可以根据需要设立公共查阅室、资料索取点、信息公告栏、电子信息屏等场所、设施，公开政府信息。

行政机关应当及时向国家档案馆、公共图书馆提供主动公开的政府信息。

第十七条 行政机关制作的政府信息，由制作该政府信息的行政机关负责公开；行政机关从公民、法人或者其他组织获取的政府信息，由保存该政府信息的行政机关负责公开。法律、法规对政府信息公开的权限另有规定的，从其规定。

第十八条 属于主动公开范围的政府信息，应当自该政府信息形成或者变更之日起 20 个工作日内予以公开。法律、法规对政府信息公开的期限另有规定的，从其规定。

第十九条 行政机关应当编制、公布政府信息公开指南和政府信息公开目录，并及时更新。

政府信息公开指南，应当包括政府信息的分类、编排体系、获取方式，政府信息公开工作机构的名称、办公地址、办公时间、联系电话、传真号码、电子邮箱等内容。

政府信息公开目录，应当包括政府信息的索引、名称、内容概述、生成日期等内容。

第二十条 公民、法人或者其他组织依照本条例第十三条规定向行政机关申请获取政府信息的，应当采用书面形式（包括数据电文形式）；采用书面形式确有困难的，申请人可以口头提出，由受理该申请的行政机关代为填写政府信息公开申请。

政府信息公开申请应当包括下列内容：

（一）申请人的姓名或者名称、联系方式；

（二）申请公开的政府信息的内容描述；

（三）申请公开的政府信息的形式要求。

第二十一条 对申请公开的政府信息，行政机关根据下列情况分别作出答复：

（一）属于公开范围的，应当告知申请人获取该政府信息的方式和途径；

（二）属于不予公开范围的，应当告知申请人并说明理由；

（三）依法不属于本行政机关公开或者该政府信息不存在的，应当告知申请人，对能够确定该政府信息的公开机关的，应当告知申请人该行政机关的名称、联系方式；

（四）申请内容不明确的，应当告知申请人作出更改、补充。

第二十二条 申请公开的政府信息中含有不应当公开的内容，但是能够作区分处理的，行政机关应当向申请人提供可以公开的信息内容。

第二十三条 行政机关认为申请公开的政府信息涉及商业秘密、个人隐私，公开后可能损害第三方合法权益的，应当书面征求第三方的意见；第三方不同意公开的，不得公开。但是，行政机关认为不公开可能对公共利益造成重大影响的，应当予以公开，并将决定公开的政府信息内容和理由书面通知第三方。

第二十四条 行政机关收到政府信息公开申请，能够当场答复的，应当当场予以答复。

行政机关不能当场答复的，应当自收到申请之日起 15 个工作日内予以答复；如需延长答复期限的，应当经政府信息公开工作机构负责人同意，并告知申请人，延长答复的期限最长不得超过 15 个工作日。

申请公开的政府信息涉及第三方权益的，行政机关征求第三方意见所需时间不计算在本条第二款规定的期限内。

第二十五条 公民、法人或者其他组织向行政机关申请提供与其自身相关的税费缴纳、社会保障、医疗卫生等政府信息的，应当出示有效身份证件或者证明文件。

公民、法人或者其他组织有证据证明行政机关提供的与其自身相关的政府信息记录不准确的，有权要求该行政机关予以更正。该行政机关无权更正的，应当转送有权更正的行政机关处理，并告知申请人。

第二十六条 行政机关依申请公开政府信息，应当按照申请人要求的形式予以提供；无法按照申请人要求的形式提供的，可以通过安排申请人查阅相关资料、提供复制件或者其他适当形式提供。

第二十七条 行政机关依申请提供政府信息，除可以收取检索、复制、邮寄等成本费用外，不得收取其他费用。行政机关不得通过其他组织、个人以有偿服务方式提供政府信息。

行政机关收取检索、复制、邮寄等成本费用的标准由国务院价格主管部门会同国务院财政部门制定。

第二十八条 申请公开政府信息的公民确有经济困难的，经本人申请、政府信息公开工作机构负责人审核同意，可以减免相关费用。

申请公开政府信息的公民存在阅读困难或者视听障碍的，行政机关应当为其提供必要的帮助。

第四章　监督和保障

第二十九条　各级人民政府应当建立健全政府信息公开工作考核制度、社会评议制度和责任追究制度，定期对政府信息公开工作进行考核、评议。

第三十条　政府信息公开工作主管部门和监察机关负责对行政机关政府信息公开的实施情况进行监督检查。

第三十一条　各级行政机关应当在每年 3 月 31 日前公布本行政机关的政府信息公开工作年度报告。

第三十二条　政府信息公开工作年度报告应当包括下列内容：

（一）行政机关主动公开政府信息的情况；

（二）行政机关依申请公开政府信息和不予公开政府信息的情况；

（三）政府信息公开的收费及减免情况；

（四）因政府信息公开申请行政复议、提起行政诉讼的情况；

（五）政府信息公开工作存在的主要问题及改进情况；

（六）其他需要报告的事项。

第三十三条　公民、法人或者其他组织认为行政机关不依法履行政府信息公开义务的，可以向上级行政机关、监察机关或者政府信息公开工作主管部门举报。收到举报的机关应当予以调查处理。

公民、法人或者其他组织认为行政机关在政府信息公开工作中的具体行政行为侵犯其合法权益的，可以依法申请行政复议或者提起行政诉讼。

第三十四条　行政机关违反本条例的规定，未建立健全政府信息发布保密审查机制的，由监察机关、上一级行政机关责令改正；情节严重的，对行政机关主要负责人依法给予处分。

第三十五条　行政机关违反本条例的规定，有下列情形之一的，由监察机关、上一级行政机关责令改正；情节严重的，对行政机关直接负责的主管人员和其他直接责任人员依法给予处分；构成犯罪的，依法追究刑事责任：

（一）不依法履行政府信息公开义务的；

（二）不及时更新公开的政府信息内容、政府信息公开指南和政府信息公开目录的；

（三）违反规定收取费用的；

（四）通过其他组织、个人以有偿服务方式提供政府信息的；

（五）公开不应当公开的政府信息的；

（六）违反本条例规定的其他行为。

第五章　附　则

第三十六条　法律、法规授权的具有管理公共事务职能的组织公开政府信息的活动，适用本条例。

第三十七条　教育、医疗卫生、计划生育、供水、供电、供气、供热、环保、公共交通等与人民群众利益密切相关的公共企事业单位在提供社会公共服务过程中制作、获取的信息的公开，参照本条例执行，具体办法由国务院有关主管部门或者机构制定。

第三十八条　本条例自 2008 年 5 月 1 日起施行。

全国人民代表大会常务委员会关于加强网络信息保护的决定

（2012年12月28日第十一届全国人民代表大会常务委员会第三十次会议通过）

为了保护网络信息安全，保障公民、法人和其他组织的合法权益，维护国家安全和社会公共利益，特作如下决定：

一、国家保护能够识别公民个人身份和涉及公民个人隐私的电子信息。

任何组织和个人不得窃取或者以其他非法方式获取公民个人电子信息，不得出售或者非法向他人提供公民个人电子信息。

二、网络服务提供者和其他企业事业单位在业务活动中收集、使用公民个人电子信息，应当遵循合法、正当、必要的原则，明示收集、使用信息的目的、方式和范围，并经被收集者同意，不得违反法律、法规的规定和双方的约定收集、使用信息。

网络服务提供者和其他企业事业单位收集、使用公民个人电子信息，应当公开其收集、使用规则。

三、网络服务提供者和其他企业事业单位及其工作人员对在业务活动中收集的公民个人电子信息必须严格保密，不得泄露、篡改、毁损，不得出售或者非法向他人提供。

四、网络服务提供者和其他企业事业单位应当采取技术措施和其他必要措施，确保信息安全，防止在业务活动中收集的公民个人电子信息泄露、毁损、丢失。在发生或者可能发生信息泄露、毁损、丢失的情况时，应当立即采取补救措施。

五、网络服务提供者应当加强对其用户发布的信息的管理，发现法律、法规禁止发布或者传输的信息的，应当立即停止传输该信息，采取消除等处置措施，保存有关记录，并向有关主管部门报告。

六、网络服务提供者为用户办理网站接入服务，办理固定电话、移动电话等入网手续，或者为用户提供信息发布服务，应当在与用户签订协议或者确认提供服务时，要求用户提供真实身份信息。

七、任何组织和个人未经电子信息接收者同意或者请求，或者电子信息接收者明确表示拒绝的，不得向其固定电话、移动电话或者个人电子邮箱发送商业性电子信息。

八、公民发现泄露个人身份、散布个人隐私等侵害其合法权益的网络信息，或者受到商业性电子信息侵扰的，有权要求网络服务提供者删除有关信息或者采取其他必要措施予以制止。

九、任何组织和个人对窃取或者以其他非法方式获取、出售或者非法向他人提供公民个人电子信息的违法犯罪行为以及其他网络信息违法犯罪行为，有权向有关主管部门举报、控告；接到举报、控告的部门应当依法及时处理。被侵权人可以依法提起诉讼。

十、有关主管部门应当在各自职权范围内依法履行职责，采取技术措施和其他必要措施，防范、制止和查处窃取或者以其他非法方式获取、出售或者非法向他人提供公民个人电子信息的违法犯罪行为以及其他网络信息违法犯罪行为。有关主管部门依法履行职责时，网络服务提供者应当予以配合，提供技术支持。

国家机关及其工作人员对在履行职责中知悉的公民个人电子信息应当予以保密，不得泄露、篡改、毁损，不得出售或者非法向他人提供。

十一、对有违反本决定行为的，依法给予警告、罚款、没收违法所得、吊销许可证或者取消备案、关闭网站、禁止有关责任人员从事网络服务业务等处罚，记入社会信用档案并予以公布；构成违反治安管理行为的，依法给予治安管理处罚。构成犯罪的，依法追究刑事责任。侵害他人民事权益的，依法承担民事责任。

十二、本决定自公布之日起施行。

参 考 文 献

[1] [英] 安德鲁·查德威克．互联网政治学：国家、公民与新传播技术 [M]．任孟山，译．北京：华夏出版社，2010.
[2] [美] 曼纽尔·卡斯特．网络社会的崛起 [M]．夏铸九等，译．北京：社会科学文献出版社，2006.
[3] [英] 麦克奈尔．政治传播学引论 [M]．殷祺，译．北京：新华出版社，2005.
[4] [美] 詹姆斯·R. 汤森，布兰特利·沃马克．中国政治 [M]．顾速，董方，译．南京：江苏人民出版社，2005.
[5] [美] 马克·斯劳卡．大冲突：赛博空间和高科技对现实的威胁 [M]．黄锫坚，译．南昌：江西教育出版社，1999.
[6] [美] 凯斯·桑斯坦．网络共和国：网络社会中的民主问题 [M]．黄维明，译．上海：上海人民出版社，2003.
[7] 费孝通．基层行政的僵化 [M] //费孝通选集（第四卷）．北京：群言出版社，1999.
[8] 陈家刚．协商民主：民主范式的复兴和超越 [M]．上海：上海三联书店，2004.
[9] 郑永年．中国模式：经验与困局 [M]．杭州：浙江人民出版社，2010.
[10] 张静．法团主义 [M]．北京：中国社会科学出版社，1998.
[11] 贾春增．外国社会学史 [M]．修订本．北京：中国人民大学出版社，2000.
[12] 成伯清．格奥尔格·齐美尔：现代性的诊断 [M]．杭州：杭州大学出版社，1999.
[13] 谢岳．当代中国政治沟通 [M]．上海：上海人民出版

社，2008.

[14] 蔡前．以互联网为媒介的集体行动研究［M］．南昌：江西人民出版社，2010.

[15] 刘建明．社会舆论学原理［M］．北京：华夏出版社，2002.

[16] 侯东阳．中国舆情调控的渐进与优化［M］．广东：暨南大学出版社，2011.

[17] 李永刚．我们时代的防火墙：网络时代的表达和监管［M］．南宁：广西师范大学出版社，2009.

[18] 刘毅．网络舆情研究概论［M］．天津：天津人民出版社，2007.

[19] 中共中央宣传部舆情信息局．网络舆情信息工作理论与实务［M］．北京：学习出版社，2009.

[20] 王宏伟．舆情信息工作策略与方法［M］．北京：中国人事出版社，2011.

[21] 龙力莉．突发公共事件中媒体运用和舆论应对案例与启示［M］．北京：人民出版，2010.

[22] 唐钧．应急管理与危机公关：突发事件处置、媒体舆情应对和信任危机管理［M］．北京：中国人民大学出版社，2012.

[23] 曾胜泉．突发事件舆情应对指南：中国突发事件舆情应对理论手册和实战指南［M］．广东：南方日报出版社，2012.

[24] 崔蕴芳．网络舆论形成机制研究［M］．北京：中国传媒大学出版社，2012.

[25] 孟建，裴增雨．网络舆情的收集研判与有效沟通［M］．北京：五洲传播出版社，2013.

[26] 邹建华．突发事件舆论引导策略：政府媒体危机公关案例回放与点评［M］．北京：中共中央党校出版社，2009.

[27] 蒲红果．说什么怎么说：网络舆论引导与舆情应对［M］．北京：新华出版社，2013.

[28] 刘笑盈．突发事件处置与舆论引导［M］．北京：五洲传播出版社，2013.

[29] 刘上洋．中外应对网络舆情100例［M］．江西：百花洲文

艺出版社，2011.
［30］陈剩勇，杜洁．互联网公共论坛与协商民主：现状、问题和对策［J］．《浙江大学学报》，2005年第3期．
［31］刘文富．《国外学者对网络政治的研究》［J］．政治学研究，2001（6）．
［32］尹冬华．幻觉与现实：互联网在中国的民主功能—基于西方文献的述评［J］．经济社会体制比较，2009（1）．
［33］王国华，等．论舆论场及其分化问题［J］．情报杂志，2012（8）．
［34］余秀才．网络舆论场的构成及其研究方法探析［J］．现代传播，2010（5）．
［35］李彪，郑满宁．微博时代网络水军在网络舆情传播中的影响效力研究［J］．国际新闻界，2012（10）．
［36］吴绍忠，李淑华．互联网络舆情预警机制研究［J］．中国人民公安大学学报（自然科学版），2008（3）．
［37］张小明．公共危机预警机制设计与指标体系构建［J］．中国行政管理，2006（7）．
［38］曾润喜，徐晓林．网络舆情突发事件预警系统、指标与机制［J］．情报杂志，2009（11）．
［39］人民日报评论部．以包容心对待“异质思维”［N］．人民日报，2011-4-28.
［40］人民日报社论．执政者要在众声喧哗中倾听“沉没的声音”［N］．人民日报，2011-5-26.

后　记

本书为湖北省社科基金重大项目课题“网络舆情研判体系建设与实践”（项目编号：2012WT007）的研究成果，在本课题研究和书稿的撰写过程中，国家互联网信息办公室互联网新闻中心和湖北省互联网信息管理办公室给予了极大的鼓励和支持。

本书在撰写的过程中，力求凸显以下几点特性：一是体现时代性，强调必须立足于我国互联网发展基本国情和网络舆情发展、网络社会治理的最新实践；二是增强可操作性，超越传统的网络舆情研判数学模型分析方式，提出了核心原则、流程和环节，力求简明、规范、实用；三是把握科学性，提炼了一些新观点，如“先进工具论”、“群体性隔膜”等；四是提高实效性，服务党和政府的工作与参考决策，在实践基础上总结出一些新举措、新办法，如“舆情导向原则”、“两个真实结合”、“两个同步部署”等；五是厘清了一些理论问题，如针对学界探讨的网络舆情指标体系主要是评估指标体系，探索构建新的网络舆情指标体系。

本书具体分工如下：第一章，张厚远；第二章，张厚远、张梅贞；第三章，张厚远、徐迪；第四章，张梅贞；第五章，徐迪；第六章，周小情；第七章，叶宽；第八章，张梅贞；第九章，徐迪；第十章，张梅贞；第十一章，张厚远；第十二章，叶宽；第十三章，周小情；第十四章，张厚远。

在赴京的课题评审会上，专家评审组对书稿给予了高度的评价。在此特别感谢中央党校秦露教授、人民网舆情监测室祝华新秘书长、中央传媒大学李未柠研究员、上海网管办赵彦龙副主任、湖南省网宣办贺弘联副主任、安徽省网宣办王刘生处长、重庆市网信办舆情处雷志宇处长、新华网互动部刘娟主任、光明网陈建栋副总